Stundenblätter
Das Dritte Reich – Beispiel eines faschistischen Staates

Wolf-Rüdiger Größl / Harald Herrmann

Stundenblätter
Das Dritte Reich – Beispiel eines faschistischen Staates

Sekundarstufe II

32 Seiten Beilage

Ernst Klett Stuttgart

Die Stundenblätter Geschichte / Gemeinschaftskunde
werden herausgegeben von:
Prof. Gerhart Maier und Dr. phil. Hans Georg Müller

CIP-Kurztitelaufnahme der Deutschen Bibliothek

Größl, Wolf-Rüdiger:
Stundenblätter Das Dritte Reich –
Beispiel eines faschistischen Staates :
Sekundarstufe II / Wolf-Rüdiger Größl ; Harald Herrmann. –
1. Aufl. – Stuttgart : Klett, 1981. & Beil.
(Stundenblätter Geschichte, Gemeinschaftskunde)
ISBN 3-12-927721-8

NE: Herrmann, Harald:

1. Auflage 1981

Satz: G. Müller, Heilbronn
Druck: Wilhelm Röck, Weinsberg
Einbandgestaltung: Zembsch' Werkstatt, München

Inhalt

I. Allgemeine Vorbemerkung

1. Begründung des Themas und Vorinformation

Die Notwendigkeit einer intensiven Behandlung des Nationalsozialismus als ein Beispiel faschistischer Herrschaft auch in der Reformierten Oberstufe des Gymnasiums ist in der didaktischen Literatur und in den Lehrplänen mit Recht besonders hervorgehoben. Die Kultusministerkonferenz hat am 21. April 1978 auch in Anbetracht neofaschistischer Tätigkeiten eine intensive Besprechung des Themas an den Schulen beschlossen, um einem Verdrängungsprozeß oder gar einer Verharmlosung oder Verleugnung der NS-Vergangenheit entgegenzuwirken.

Dabei soll die Geschichte des Nationalsozialismus dargestellt werden, „nicht um zu moralisieren, sondern um auch diese Zeit historisch, d.h. in ihren geschichtlichen Wurzeln und epochalen Bezügen zu verstehen und von daher über sie zu urteilen" (K. Hildebrandt, Das Dritte Reich, München 2/1979, S.2).

Die Schüler sollen lernen, Schlußfolgerungen zu ziehen, die dem Heute und dem Morgen dienen, denn der deutsche Faschismus war Ergebnis und Folge von Traditionen, von politischen und ökonomischen Umständen nicht nur der deutschen, sondern auch der europäischen Geschichte. Diese Voraussetzungen werden in dem vorliegenden Unterrichtsmodell im Segment „Ideologie des Nationalsozialismus" behandelt.

Es erscheint dabei wichtig, daß man die zentrale Frage „Wie war es möglich?" nicht allein dadurch beantwortet, „daß man kognitiv erkennbare, logisch-rational erklärbare Fakten [betrachtet], sondern daß man auch Emotionen, Stimmungen, ‚Atmosphären' vermittelt" (H. Glaser, Aufarbeitung von Vergangenheit, in: Aus Politik und Zeitgeschichte, B 16/80, S.4). Dies geschieht hier besonders in den Stunden, die sich mit dem Vorgehen gegen die Juden beschäftigen.

Der Schüler soll sensibilisiert werden für Unrecht und schrankenlosen Machtmißbrauch, aber auch für Zivilcourage und Kritikfähigkeit. Dazu muß das „Faktische" des Nationalsozialismus besprochen werden, aber zugleich auch gefragt werden, „mit welchen ‚Versprechungen' der ‚Führer', seine Mitkämpfer und die NSDAP an die Macht kamen, auf welche Weise es ihnen gelang, die demokratischen Rechte wie die Tugenden humaner Lebensgestaltung schrittweise abzubauen und dem Unrecht und Unheil den Weg zu bereiten" (H. Glaser, Aufarbeitung von Vergangenheit, in: Aus Politik und Zeitgeschichte, B 16/80, S.4).

Dabei muß deutlich werden, daß der Nationalsozialismus in einem „Prozeß einer stufenweisen Zersetzung, Durchdringung und betont legalen Gleichschaltung aller politisch relevanten Lebensbereiche" die Macht in Deutschland errang (K. D. Bracher, Stufen der Machtergreifung, in: K. D. Bracher/G. Schulz/W. Sauer, Die nationalsozialistische Machtergreifung. Studien zur Errichtung des totalitären Herrschaftssystems in Deutschland 1933/34, Ullstein Tb, Bd.1, S.18).

„Die nationalsozialistische Machtergreifung und die Errichtung des totalen Führerstaates in Deutschland sind zum eindringlichen Zeugnis dafür geworden, wie sich auf dem Rücken und mit den Mitteln eines demokratischen Rechtsstaates auf scheinbar demokratischem Weg ein durchaus gegensätzliches Herrschaftssystem durchzusetzen ver-

mag.“ (K. D. Bracher, Stufen der Machtergreifung, S. 18)
Daraus sollen Bereitschaft und Fähigkeit gefördert werden, allen antidemokratischen Vorstellungen und Bewegungen in unserem Staate entgegenzutreten.
Für die Planung einer Unterrichtseinheit über den Nationalsozialismus wirkt sich erleichternd und erschwerend zugleich aus, daß „kaum ein Gegenstand der neueren Geschichte [...] in den letzten Jahrzehnten so intensiv bearbeitet worden [ist] wie das Dritte Reich und die nationalsozialistische Bewegung [...], daß die nationalsozialistische Zeit [...] als eine der am besten erforschten Epochen betrachtet werden kann“ (H. Mommsen, Nationalsozialismus, in: C. D. Kernig [hg.], Marxismus im Systemvergleich, Geschichte Bd. 5, Freiburg 1974, Sp. 173). Angesichts der ständig neu erscheinenden Publikationen ist es nahezu unmöglich, auch nur einigermaßen alle Aspekte zu erfassen und zu verarbeiten.
Die für die Unterrichtsgestaltung wichtigen fachwissenschaftlichen Hinweise finden sich in den Vorbemerkungen zu den Einzelstunden; ergänzende Literatur zur Vertiefung ist ebenfalls dort genannt.

2. Wahl der Schwerpunkte

Die Verfasser schlagen für die Behandlung des Nationalsozialismus im Unterricht der Reformierten Oberstufe 18 Stunden vor, die sich in drei Abschnitte gruppieren; dabei dienen die Stunden 1 und 18, die beide den Faschismusbegriff zum Thema haben, als Klammer.
Den Schülern soll deutlich gemacht werden, daß der Nationalsozialismus ein Beispiel für eine faschistische Bewegung darstellt, daß die Ideologie des Nationalsozialismus in einem interdependenten Gefüge verwirklicht wurde, das durchaus nicht rational durchorganisiert und effizient war, wie es nach außen hin scheinen mochte, in dem es vielmehr vielfältige Probleme gab.
Das Dritte Reich wird verstanden als Beispiel eines faschistischen Staates, nicht als totalitärer Staat im Sinne *der* Faschismustheorie, die von einer gewissen Identität von Nationalsozialismus, italienischem Faschismus und sowjetischem Stalinismus ausgeht (= sog. ‚Totalitarismustheorie‘) (vgl. C. J. Friedrich, Totalitäre Diktatur, Stuttgart 1957), weil „Herrschaftsinstitutionen, ideologische Normen und Wertskalen, wirtschaftlich-gesellschaftliche Realität der [...] Systeme [...] so verschieden [...] sind, daß ein gemeinsamer Begriff fragwürdig ist“ (H. Meyer, in: H. Meyer [Hg.], Probleme des Totalitarismus, Hannover 2/1980, S. 10).
Der Nationalsozialismus soll nicht als Prototyp des Faschismus dargestellt werden, sondern als *eine* faschistische Bewegung, denn in der Forschung wird der Begriff ‚Faschismus‘ kontrovers diskutiert, so daß von einer einheitlichen Definition faschistischer Bewegungen nicht ausgegangen werden kann (vgl. W. Wippermann, Faschismustheorien, Darmstadt 1972, S. 148).
Eine Darstellung des Dritten Reiches im Unterricht darf nicht auf eine Untersuchung der NS-Ideologie verzichten, weil entscheidende Elemente der Politik des Dritten Reiches – v. a. Rassen- und Außenpolitik – eine konsequente Umsetzung ideologischer Grundsätze bedeuteten, und weil im Neofaschismus wesentliche Inhalte der NS-Ideologie wieder auftauchen (vgl. die jeweiligen Verfassungsschutzberichte der Bundesländer).
„Dies betrifft die Neigung zur Intoleranz, zur Betonung der staatlichen Autorität gegenüber protestierenden Randgruppen, die Vorurteile gegenüber Außenseiterpositionen, einen ausschließlich emotional gefärbten Antikommunismus, ein unpolitisches Ordnungsdenken und einen [...] hervortre-

tenden Antiintellektualismus" (H. Mommsen, Zur Behandlung des Nationalsozialismus im historischen Zusammenhang, in: Bundeszentrale für politische Bildung [hg.]. Der Nationalsozialismus als didaktisches Problem, Bonn 1980, S. 69).

Dennoch sollte die Politik des Nationalsozialismus nicht nur als Umsetzung der Ideologie betrachtet werden, vielmehr sollten auch „die politischen Antagonismen des nationalsozialistischen Programms und der Widerspruch zwischen konkreten innenpolitischen Zielen und tatsächlicher innenpolitischer Entwicklung" dargelegt werden (H. Mommsen, Zur Behandlung des Nationalsozialismus, S. 67f).

Das Dritte Reich wird als interdependentes Gefüge verstanden, bei dem nicht einzelne Teile herausgelöst werden können, um das Phänomen des deutschen Faschismus zu erklären.

Da das Thema in 18 Stunden behandelt werden soll, gilt es, den Stoff zu reduzieren:

a) Auf die Darstellung der Person Hitlers und seines Lebenslaufs wird bewußt verzichtet, weil es „fragwürdig wäre, den Nationalsozialismus auf einen ‚Hitlerismus' zu reduzieren" (D. Riesenberger, Der Nationalsozialismus im Unterricht, in: Der Nationalsozialismus als didaktisches Problem, S. 19); die Bedeutung der Person Hitlers für den Nationalsozialismus wird dennoch nicht ausgeklammert, denn es entspräche nicht den historischen Befunden, wenn man ihn nur als Marionette kapitalistischer Kreise darstellen würde.

b) Auch die Entwicklung der NSDAP während ihrer „Kampfzeit" 1919 bis 1933 wird nicht besprochen; lediglich ihre soziologische Struktur wird näher untersucht, ebenso die Ideologie, weil beide Themen für die Klärung des Faschismusbegriffs (z. B. „Faschismus als Büttel des Kapitals", „Faschismus als Mittelstandsbewegung") wichtig sind (vgl. die Stunden 1 und 18).

Die zeitliche Beschränkung verlangt eine Reduzierung auf die für die Herrschaftspraxis des Dritten Reiches unmittelbar wichtigen Inhalte (Ideologie, Soziologie). Für die Anfänge der NSDAP sei der Lehrer auf Werke verwiesen, die z. B. in Stunde 9 (NSDAP – eine faschistische Partei) als Grundlagen für Schülerreferate dienen können:

- W. Horn, Führerideologie und Parteiorganisation der NSDAP (1919 bis 1933), Düsseldorf 1972;
- W. Horn, Der Marsch zur Feldherrnhalle, Königstein/Ts. 1980;
- W. Maser, Die Frühgeschichte der NSDAP. Hitlers Weg bis 1924, Frankfurt 1965;
- A. Tyrell, Führer befiehl, Selbstzeugnisse aus der Kampfzeit der NSDAP, Düsseldorf 1969;
- A. Tyrell, Vom „Trommler" zum „Führer". Der Wandel von Hitlers Selbstverständnis zwischen 1919 und 1924 und die Entwicklung der NSDAP, Düsseldorf 1975;
- G. Schulz, Der Aufstieg des Nationalsozialismus, Frankfurt 1975;

als Quellenband unentbehrlich für den Zeitabschnitt bis 1924 ist

- E. Jäckel (hg.), Hitler – Sämtliche Aufzeichnungen 1905 bis 1924, Stuttgart 1980.

c) Eine eingehende Behandlung des SS-Staates, die sich an die Besprechung der Machtergreifung anschließen könnte, erfolgt aus zeitökonomischen Gründen nicht. Bei einer Umstrukturierung der Unterrichtseinheit kann diese Erörterung nach Stunde 9 eingeschoben werden. Zur Einarbeitung in den Themenkomplex „SS-Staat" eignen sich besonders:

- H. Buchheim, SS und Polizei im NS-Staat, Duisburg 1964;
- H. Buchheim (hg.), Anatomie des SS-Staates, Freiburg 1965 (auch als dtv-Tb Nr. 462/463 erschienen);

- H. Höhne, Der Orden unter dem Totenkopf. Die Geschichte der SS, München 1977;
- F. Ringel, Die Konzentrationslager, in: P. Meyer/D. Riesenberger (hg.), Der Nationalsozialismus in der politischen Bildung, Göttingen 1979, S. 147–163;
- A. Speer, Der Sklavenstaat. Meine Auseinandersetzung mit der SS, Stuttgart 1981.

d) Die Haltung der Bevölkerung in den einzelnen Phasen des Dritten Reiches wird nur in den Stunden 7, 11 bis 13, 16 und 17 sowie in der Alternativstunde über die Schule im Dritten Reich angesprochen. Auf eine eigene Stunde muß aus zeitlichen Gründen verzichtet werden.
Geeignete Materialien zu diesem Komplex bieten:
- H. Boberach (hg.), Meldungen aus dem Reich, Berlin 1965;
- H. Focke/U. Reimer (hg.), Alltag unterm Hakenkreuz, Rowohlt-Tb, Reinbek 1979;
- H. Focke/U. Reimer (hg.), Alltag der Entrechteten, Rowohlt-Tb, Reinbek 1980;
- G. L. Mosse (hg.), Der Nationalsozialistische Alltag, Königstein/Ts. 1979.

3. Bemerkungen zur Materialauswahl und zu den Tafelbildern

Zu den einzelnen Unterrichtsschritten werden Vorschläge für Materialien gemacht, die nach Meinung der Autoren zur Erreichung der Stundenziele geeignet sind. Diese Auswahl ist eine subjektive; andere Quellen, Statistiken oder Auszüge aus der Sekundärliteratur sind ebenso geeignet, die Unterrichtsziele zu realisieren. Die hier vorgeschlagenen Materialien sollen nur Hinweis sein, in welche Richtung die Beschaffung des Materials erfolgen sollte.
In den meisten Fällen wird ein Maximum an Materialien angeboten, damit der Lehrer je nach Unterrichts- und Klassensituation eine eigene Auswahl treffen kann.
Auch die vorgeschlagenen Tafelbilder sind lediglich Anregungen. Da sie teilweise sehr ausführlich gestaltet sind, können sie in der vorliegenden Form nicht immer an der Tafel realisiert werden; aber sie bieten dem Lehrer ein Strukturmuster, auf das er sein Tafelbild aufbauen kann.

Übersicht über die Unterrichtseinheit

1. Stunde:
Einführung

2. bis 4. Stunde:
Die Ideologie des Nationalsozialismus

- 2. Stunde: Der Rassenantisemitismus
- 3. Stunde: Die Rolle des Staates und das sog. Führerprinzip
- 4. Stunde: Das außenpolitische Programm: 1919–1924

5. bis 6. Stunde:
Der Nationalsozialismus als massenpsychologisches Problem

- 5. Stunde: Die nationalsozialistische Propaganda
- 6. Stunde: Die Soziologie der NSDAP

7. bis 17. Stunde:
Der Nationalsozialismus an der Macht

- 7. Stunde: Machtergreifung und Gleichschaltung
- 8. Stunde: Die Röhm-Krise
- 9. Stunde: Die NSDAP - eine faschistische Partei
- 10. Stunde: Wirtschafts- und Sozialpolitik im Dritten Reich
- 11. Stunde: Die Kirchen im Dritten Reich
- 12. Stunde: Das Vorgehen gegen die Juden bis 1941
- 13. Stunde: „Holocaust" – die „Endlösung" der Judenfrage
- 14. Stunde: NS-Außenpolitik: 1. Die vorbereitende Phase 1933–1936/37
- 15. Stunde: NS-Außenpolitik: 2. Der Weg in den Krieg
- 16. Stunde: Der deutsche Widerstand
- 17. Stunde: Der deutsche Widerstand (Gruppenarbeit)

18. Stunde:
Faschismus-problem

Der Nationalsozialismus – ein interdependentes Gefüge

II. Literaturverzeichnis

Vorbemerkung

Die Literatur zum Thema „Nationalsozialismus" ist Legion, die Auswahl für den Lehrer trotz der verschiedenen Bibliographien äußerst schwierig. Die Verfasser beschränken sich daher auf eine knappe Auswahl von für die Schule geeigneten Quellenausgaben, auf Literaturberichte und auf Forschungsübersichten sowie auf eine Auswahl didaktischer Literatur. Auf Angaben über Schulbücher und Handbücher wird ebenso verzichtet wie auf Detailstudien; besonders wichtige Werke finden sich in den Vorbemerkungen zu den Einzelstunden.

A) Quellen für den Unterricht

W. Conze (hg.), Der Nationalsozialismus, Teil I: 1919–1934, Klett, Stuttgart 6/1979

W. Conze (hg.), Der Nationalsozialismus, Teil II: 1934–1945, Klett, Stuttgart 2/1979

E. Deuerlein (hg.), Der Aufstieg der NSDAP in Augenzeugenberichten, Düsseldorf 1968, auch als dtv-Tb Nr. 2701

W. Elben / H. Mommsen / L. Niethammer (hg.), Voraussetzungen und Methoden nationalsozialistischer (faschistischer) Herrschaft, in: Politische Bildung 5 (1972) H 2, S. 89ff.

H. Focke / U. Reimer (hg.), Alltag unter dem Hakenkreuz. Wie die Nazis das Leben der Deutschen veränderten, Rowohlt-Tb Nr. 4431, Reinbek 1979

H. Focke / U. Reimer (hg.), Alltag der Entrechteten. Wie die Nazis mit ihren Gegnern umgingen, Rowohlt-Tb Nr. 4625, Reinbek 1980

H.-G. Herrenleben (hg.), Totalitäre Herrschaft. Faschismus – Nationalsozialismus – Stalinismus, Ploetz-Arbeitsmaterialien, Freiburg / Würzburg 1978

H. Heumann (hg.), Demokratie und Diktatur 1919–1945. Quellentexte zur Zeitgeschichte, Hirschgraben, Frankfurt/Main

B. Hey / J. Radkau (hg.), Nationalsozialismus und Faschismus. Politische Weltkunde II, Klett, Stuttgart 1976

A. Hitler, Mein Kampf, München 58/1933

(A. Hitler), Hitlers Zweites Buch. Ein Dokument aus dem Jahre 1928, eingeleitet und herausgegeben von G. L. Weinberg, Stuttgart 1967

(A. Hitler), Reden des Führers. Politik und Propaganda Adolf Hitlers 1922–1945, hg. E. Klöss, dtv-Tb Nr. 436, München 1967

(A. Hitler), Hitler – Sämtliche Aufzeichnungen 1905 bis 1924, hg. E. Jäckel unter Mitarbeit von A. Kuhn, Stuttgart 1980

H. Hofacker (hg.), Versäumte Lektionen: Deutschland 1890–1949. Materialien zum historisch-politischen Unterricht, Metzler, Stuttgart 1975

W. Hofer (hg.), Der Nationalsozialismus. Dokumente 1933–1945, Frankfurt/Main 1957, neu als Fischer-Tb Nr. 6084

H.-A. Jacobsen / W. Jochmann (hg.), Ausgewählte Dokumente zur Geschichte des Nationalsozialismus 1933–1945, Bielefeld 1960–1966

W. v. Kampen (hg.) Holocaust. Materialien zur Fernsehserie, Sonderausgabe der Landeszentrale für politische Bildung Baden-Württemberg 1978

H. Kistler (hg.), Der Pogrom vom November 1938, hg. Bundeszentrale für politische Bildung, Bonn 1978

E. Krautkrämer (hg.), Internationale Politik im 20. Jahrhundert, 2 Bände, Diesterweg, Frankfurt/Main 1976 und 1977

A. Krink (hg.), Die NS-Diktatur, Diesterweg, Frankfurt/Main 3/1975
R. Kühnl (hg.), Der deutsche Faschismus in Quellen und Dokumenten, Pahl-Rugenstein, Köln 2/1977
H. Meyer (hg.), Probleme des Totalitarismus. Materialien für die Sekundarstufe II, Schroedel, Hannover 2/1980
G. L. Mosse (hg.), Der nationalsozialistische Alltag, Königstein/Ts. 1979
G. Niedhart (hg.), Internationale Beziehungen im 19. und 20. Jahrhundert, Schwann, Düsseldorf 1978
G. van Norden (hg.), Dokumente und Berichte aus dem Dritten Reich, Hirschgraben, Frankfurt/Main 1970
H.-G. Oomen/H.-D. Schmid (hg.), Vorurteile gegen Minderheiten. Antisemitismus, Reclam, Stuttgart 1978
D. Petzina/W. Abelshauser/A. Faust (hg.), Sozialgeschichtliches Arbeitsbuch Bd. III: Materialien zur Statistik des Deutschen Reiches 1914–1945, Beck'sche Elementarbücher, München 1974
W. Scheffler (hg.), Dokumente zum Novemberpogrom 1938, in: Aus Politik und Zeitgeschichte, Beilage zur Wochenzeitung Das Parlament, hg. Bundeszentrale für politische Bildung, B44/78 (4.11.1978)
G. Schönbrunn (hg.), Weltkriege und Revolutionen 1914–1945. Geschichte in Quellen, hg. W. Lautemann/M. Schlenke, Bayrischer Schulbuch-Verlag, München 1979
A. Tyrell (hg.), Führer befiehl ... Selbstzeugnisse aus der „Kampfzeit" der NSDAP, Düsseldorf 1969, auch als Athenäum/Droste Tb-Geschichte Nr. 7226
L. Graf v. Westphalen (hg.), Geschichte des Antisemitismus in Deutschland, Klett, Stuttgart 1978
Chr. Zentner, Adolf Hitlers „Mein Kampf". Eine kommentierte Auswahl, München 1974

B) Bibliographien

P. Hüttenberger, Bibliographie zur Geschichte des Nationalsozialismus. Arbeitsbücher zur modernen Geschichte Bd. 8, Göttingen 1979 (Vandenhoeck & Ruprecht)
H. Mommsen, Literaturübersicht, in: A. Mannzmann (hg.), Hitlerwelle und historische Fakten. Historie Heute 1, Scriptor, Königstein/Ts. 1979

C) Forschungsberichte und Literaturberichte

K. D. Bracher, Zeitgeschichtliche Kontroversen. Um Faschismus, Totalitarismus, Demokratie, Serie Piper, München 1979
J. W. Falter, Wer verhalf der NSDAP zum Sieg? Neuere Forschungsergebnisse zum parteipolitischen und sozialen Hintergrund der NSDAP-Wähler 1924–1939. in: Aus Politik und Zeitgeschichte, B 28–29/79 (14.7.1979)
K. Fritzsche, Faschismustheorien – Kritik und Perspektiven, in: F. Neumann (hg.), Handbuch politischer Theorien und Ideologien, Rowohlt-Tb Nr. 6214, Reinbek 1978, S. 467–528
H. Grebing, Aktuelle Theorien über Faschismus und Konservatismus. Eine Kritik, Stuttgart 1974
H. Henning, Bürgerliche Gesellschaft und Faschismus in Deutschland. Ein Forschungsbericht, edition suhrkamp Nr. 875, Frankfurt/Main 1977
A. Hillgruber, Literaturbericht. Innen- und Außenpolitik Deutschlands 1933–1945, in: GWU 26 (1975) H 9, S. 578 ff.; in GWU 27 (1976) H 8, S. 509 ff.; in: GWU 29 (1978) H 3, S. 197 ff.; in: GWU 30 (1978) H 3, S. 187 ff.; in GWU 31 (1980)

H 4, S. 254 ff.; in: GWU 31 (1980) H 12, S. 772 ff.
R. Kühnl, Faschismustheorien. Texte zur Faschismusdiskussion 2. Ein Leitfaden, Rowohlt-Tb Nr. 4353, Reinbek 1979
A. Kuhn, Das faschistische Herrschaftssystem und die moderne Gesellschaft, Hamburg 1973
H. Mommsen, Aufstieg der NSDAP und nationalsozialistisches Herrschaftssystem. Eine Problemskizze, in: A. Mannzmann (hg.), Hitlerwelle, S. 14 ff.
R. Saage, Faschismustheorien. Eine Einführung, Beck'sche Schwarze Reihe, München 1976
B. Seidel / S. Jenkner, Wege der Totalitarismus-Forschung, Wege der Forschung Bd. 140, Darmstadt 1974
W. Schieder, Faschismus, in: C. D. Kernig (hg.), Marxismus im Systemvergleich. Geschichte Bd. 2, Sp. 1–46, Freiburg 1974
G. Schulz, Faschismus – Nationalsozialismus. Versionen und theoretische Kontroversen, Berlin 1974
W. Wippermann, Faschismustheorien. Zum Stand der gegenwärtigen Diskussion, Darmstadt 3/1976

D) Didaktische Literatur und Unterrichtsmodelle

Bundeszentrale für politische Bildung (hg.), Der Nationalsozialismus als didaktisches Problem. Beiträge zur Behandlung des NS-Systems und des deutschen Widerstandes im Unterricht, Schriftenreihe der Bundeszentrale für politische Bildung Nr. 156, Bonn 1980
W. Elben, Voraussetzungen und Methoden nationalsozialistischer (faschistischer) Herrschaft – Unterrichtsmodell, in: Politische Bildung 5 (1972) H 1, S. 71–89
R. Kampe / K. Ch. Lingelbach, Der europäische Faschismus, in: J. Rohlfes / H. Körner (hg.), Historische Gegenwartskunde. Handbuch für den politischen Unterricht, Göttingen 1970, S. 174–236
E. Kosthorst, Zeitgeschichte und Zeitperspektive. Versuch einer didaktischen Ortsbestimmung, in: Aus Parlament und Zeitgeschichte B. 22/75 (31. 5. 1975)
W. Loch / A. Hoffmann, Der Nationalsozialismus in Unterrichtsbildern. Stundenvorbereitung Bd. 18, Limburg 1977 (mit Medienheft für Schüler)
P. Meyers / D. Riesenberger (hg.), Der Nationalsozialismus in der historisch-politischen Bildung, Kl. Vandenhoeck-Reihe Nr. 1457. Göttingen 1979
G. Moltmann / F. Reimers (hg.), Zeitgeschichte im Bild und Tondokument, Göttingen 1970
H. Müller, Die Stellung des Arbeiters im nationalsozialistischen Staat, in: GWU 26 (1975) H 1, S. 1–21
G. van Norden, Das Dritte Reich im Unterricht, Hirschgraben, Frankfurt/Main 3/1977
G. van Norden, Nationalsozialistische Judenverfolgung. Didaktische und methodische Überlegungen zu einem Unterrichtsproblem, in: GWU 21 (1970) H 11, S. 660–671

III. Beschreibung der Einzelstunden

1. Stunde: Einführung in die Unterrichtseinheit

Vorbemerkung:

Der Einführungsstunde kommt eine wesentliche Aufgabe zu: Sie soll den Leitbegriff der Einheit, „Faschismus", problematisieren und darüber hinaus wesentliche Aspekte der gesamten Unterrichtseinheit antizipieren, ohne die auftauchenden Fragen und Probleme endgültig und umfassend zu beantworten. Dies soll in den Stunden 2 bis 18 sukzessive geschehen.

Für die Gestaltung der ersten Stunde gibt es mehrere Möglichkeiten:

- der Lehrer kann sie allein auf das Vorwissen und die Einstellung der Schüler gründen.

  Im Mittelpunkt stehen dann Reaktionen von Schülern auf Fragen zum Nationalsozialismus oder eine Auseinandersetzung mit dem Neofaschismus und der „Hitlerwelle" in der Bundesrepublik Deutschland.

  Materialien hierzu finden sich u. a. in den Verfassungsschutzberichten des Bundesministeriums des Innern und der jeweiligen Länder, ferner in:

  - A. Mannzmann (hg.), Hitlerwelle und historische Fakten, Königstein / Ts. 1979, S. 126ff.;
  - K. Helf, Neofaschismus – Problemskizze, in: Wochenschau 31 (1980), S. 50–83;

- man fordert die Schüler auf, Bilder aus der Realität der nationalsozialistischen Herrschaft zu analysieren, um ihnen über das optische Medium den Zugang zum Problem „Das Dritte Reich – Beispiel eines faschistischen Staates" zu erleichtern und sie eventuell betroffen zu machen, um somit die Frage nach der Wirklichkeit des Nationalsozialismus zu antizipieren.

  Folgende Dia-Serien eignen sich für den Unterrichtseinsatz:

  - Deutschland unter Hitler (35 Farbdias – erhältlich bei den Landesbildstellen);
  - Das Dritte Reich (99 Dias + Tonband), Jünger Verlag.

  Auch Bilder aus den jeweiligen Lehrbüchern können herangezogen werden.

In beiden Fällen ist es sinnvoll, schon hier eine, wenn auch vorläufige Bestimmung des Begriffs ‚Faschismus' zu treffen und seine Beziehung zum Nationalsozialismus als dessen deutsche Variante anzudeuten.

Dabei werden Hypothesen aufgestellt, die man im Verlauf der Unterrichtseinheit überprüft und verifiziert.

Für den zweiten Weg spricht, daß die erste Stunde einer Unterrichtseinheit nicht nur motivierende und antizipatorische Elemente enthalten soll, sondern daß sie zusammen mit der Stunde 18 („Das Faschismusproblem") einen inhaltlichen Rahmen bildet, der die einzelnen Stunden eng zusammenhält. Den Schülern wird so deutlich, daß der Nationalsozialismus und die Geschichte des Dritten Reiches nicht im chronologischen Ablauf der Geschehnisse behandelt werden können, sondern daß es gilt, Strukturen zu erarbeiten, den ideologischen Hintergrund zu erkennen, „Einsichten in Sach- und Ereigniszusammenhänge faschistischer Politik" zu gewinnen (W. Elben, Unterrichtsmodell: Voraussetzungen und Methoden nationalsozialistischer (faschistischer) Herrschaft, in: Politische Bildung 5 [1972], S. 73).

Ziele der Stunde:

Die Schüler erarbeiten
- Merkmale des NS-Staates und seiner Herrschaft
- eine vorläufige Definition des Begriffs ‚Faschismus'

Die Schüler erkennen
- das „Doppelgesicht" des Dritten Reiches
- wesentliche Merkmale faschistischer Herrschaft

Die Schüler beurteilen
- die Beschäftigung mit dem Dritten Reich, seiner Ideologie und seiner Herrschaftspraxis als wichtig und notwendig für den Erhalt der freiheitlich-rechtsstaatlichen Ordnung der Bundesrepublik Deutschland.

Verlaufsskizze:

Unterrichtsschritt 1:
Einführung in die Unterrichtseinheit

Den Schülern wird das neue Thema anhand des Lehrplanes und der dort genannten übergeordneten Lernziele vorgestellt. Dies geschieht durch Lehrervortrag in Verbindung mit einem Informationsblatt – die Übersicht auf S. 11 des vorliegenden Heftes könnte als Vorlage dienen.
Die Schüler erkennen so
- die Gliederung der Unterrichtseinheit in drei Teile
- die zentrale Themenstellung: „Das Dritte Reich – Beispiel eines faschistischen Staates"
- den Nationalsozialismus als interdependentes Gefüge.

Unterrichtsschritt 2:
Das „Doppelgesicht" des Dritten Reiches

Unvermittelt werden die Schüler mit zwei Bildern aus der Realität des Dritten Reiches konfrontiert. Als Vorlagen eignen sich besonders zwei Bilder vom Aufmarsch der Hitlerjugend auf einem der Reichsparteitage in Nürnberg und vom Appell der Häftlinge im Konzentrationslager Sachsenhausen (abgedruckt in: Zeiten und Menschen, B 4, Schöningh, S. 82f.).
Die Interpretation dieser beiden Bilder steht unter den Leitfragen:
- Welche Aussagen über das Dritte Reich lassen die Bilder zu?
- Welche Merkmale eines faschistischen Systems glauben Sie erkennen zu können?

Als mögliche Ergebnisse eines Unterrichtsgesprächs werden erwartet:
- Beide Bilder sind gegensätzlich und zeigen das „Doppelgesicht" des NS-Staates:
  das eine Bild zeigt den NS-Staat, wie er gesehen werden wollte (Symbol der Macht und der Einheit von Volk, Staat und Führer, versinnbildlicht in den von Menschen gebildeten Initialen AH);
  das andere Bild zeigt den Unrechtsstaat, das System der Unterdrückung, den Gewaltstaat, der den Terror zum System erhob.
- Beide Bilder haben aber auch Gemeinsamkeiten: sie betonen beide nationalsozialistische Grundwerte wie Ordnung, Disziplin, Gehorsam, Uniformierung (= militärische Werte);
  beide zeigen die Geringschätzung des Individuums, die sog. „Vermassung".
  Sowohl das Bild vom Reichsparteitag, als auch das aus Sachsenhausen stellen – verharmlosend – eine reale Situation im Alltag des Dritten Reiches dar:
  neben glanzvollen, Einheit suggerierenden Massenversammlungen steht die brutale Gewalt der KZ, der Terror von SA und SS.

- Unterdrückung des Individuums, Uniformierung und Militarisierung, Unterwerfung unter einen Führer, ein System von Befehl und Gehorsam, die Inanspruchnahme ethisch wertvoller Begriffe (siehe Barackeninschrift: „Wahrhaftigkeit“, „Opfersinn“ und „Liebe“) für ein diktatorisches Regime.

Ein Tafelbild hält die wichtigsten Ergebnisse fest.

Unterrichtsschritt 3:
Vorläufige Definition des Begriffs ‚Faschismus‘

Den Schülern wird ein Text vorgelegt, mit dessen Hilfe sie den Faschismusbegriff erläutern können. Für die Textvorlage bieten sich verschiedene Möglichkeiten an; allerdings sollte auf solche Textauszüge verzichtet werden, welche die historische Entwicklung des Faschismus aufzeigen, da deren Besprechung über den Rahmen einer Einführung hinausginge; in Stunde 18 wird auf dieses Thema eingegangen. Die Verfasser schlagen einen Auszug aus E. Hennig, Faschismus vor 1933 und nach 1945 – Anmerkungen zu einem Kampfbegriff, in: G. Paul/B. Schoßig (hg.), Jugend und Neofaschismus. Provokation oder Identifikation, Frankfurt 1979, S. 67f, vor (siehe Vorschlag für ein Arbeitsblatt zu Stunde 1).
Die Schüler werden gebeten, die wesentlichen Merkmale des Faschismus zu formulieren. Dabei wird – wie schon in Unterrichtsschritt 2 – auf eine ausführliche Analyse verzichtet – diese kann erst zum Abschluß der Einheit erfolgen –, vielmehr soll den Schülern ein erster Eindruck vermittelt werden, der sie befähigt, die folgenden Unterrichtsstunden unter dem Aspekt der hier getroffenen Definition zu befragen.
Folgende Stichworte werden als Ergebnis des Unterrichtsgesprächs erwartet:

- „populistisch-plebejische“ Bewegung (Betonung der Massen gegenüber dem Individuum; Präsentation von Massen);
- Entstehung des Faschismus als Folge „der politischen und ökonomischen Krise ‚des Kapitalismus‘ und ‚der parlamentarischen Demokratie‘“;
- doppelte Frontstellung gegen die Arbeiterbewegung (Kommunismus und Sozialdemokratie) und gegen den Kapitalismus (Faschismus als Verkörperung der „antikapitalistischen Sehnsucht“ des Mittelstandes);
- Faschismus als antidemokratische und antiparlamentarische Bewegung;
- „Machteinsetzung“ des Faschismus durch konservative Kreise der herrschenden bürgerlichen Schicht;
- Kennzeichen des faschistischen Herrschaftssystems:
  a) eine antidemokratische Willensbildung und Entscheidung;
  b) Beteiligung der Massen an der „Präsentation der Politik“ (Entpolitisierung des Volkes);
  c) ein Terrorsystem und durch gewaltsame Ausschaltung jeglicher Opposition;
  d) die Stabilisierung der kapitalistischen Ordnung.

Die Schüler halten diese Stichworte fest und werden darauf hingewiesen, daß die gefundenen Aspekte in den folgenden Stunden auf ihre Gültigkeit überprüft werden sollen.

Exkurs: Neofaschismus in der Bundesrepublik Deutschland
Anhand kurzer Textauszüge (abgedruckt in: Wochenschau 31 [1980], S. 60ff) erarbeiten die Schüler wesentliche Programmpunkte neofaschistischer Gruppen.
Erwartete Ergebnisse:
- extremer Nationalismus verbunden mit Rassismus;
- Bekämpfung von Minderheiten, besonders auch der Juden
- Antibolschewismus;
- Doppelgegnerschaft zu Marxismus und Kapitalismus;

– Ablehnen der Demokratie als „führerlose Zeit“ mit sittlichem und geistigem „Verfall“;
– Ablehnen der Klassengesellschaft und Forderung nach einer „Volksgemeinschaft“.

Daran schließt sich ein Gespräch über mögliche Gefahren des Neofaschismus in der Bundesrepublik Deutschland an. Zur Illustration könnte den Schülern eine Graphik über die Entwicklung rechtsextremistischer Ausschreitungen zwischen 1971 und 1978 vorgelegt werden, die ein deutliches Anwachsen seit 1974 zeigt (abgedruckt in: Wochenschau 31 [1980], S. 58).

Hausaufgabe:

Die Schüler sollen Hitlers „Rassenantisemitismus“ aus dem Parteiprogramm der NSDAP (1920) und aus dem Brief Hitlers vom 16.9.1919 erarbeiten (Aufgabenstellung und Fundorte siehe 2. Stunde, Unterrichtsschritt 3).

Vorschlag für ein Arbeitsblatt
(zu Unterrichtsschritt 3)

Dimension des Begriffs ‚Faschismus‘

Faschismus bezieht sich auf politische Organisationen, die sich vom Konservatismus durch populistisch-plebejische Formen und Entlehnungen aus der Arbeiterbewegung, schlicht: durch ihre ausdrückliche Massenhaftigkeit und durch ihre Bejahung der politischen Präsentation von Massen, abgrenzen. Aufgrund der politischen und ökonomischen Krise „des Kapitalismus“ und „der parlamentarischen Demokratie“ sind sie, sozial hauptsächlich aus Kreisen „der Mittelschichten“ gebildet, Organisationen der „großen antikapitalistischen Sehnsucht“ (G. Strasser) und des Kampfes gegen „das System“ schlechthin. Sie wenden sich vor allem gegen die gesamte Arbeiterbewegung, die (SPD und Gewerkschaften) als ein wesentlicher Träger „des Systems“ oder (KPD, Komintern) als terroristische Fraktion des nicht-nationalen und alle Werte zerstörenden Weltkommunismus vorgestellt werden. Faschistische Organisationen distanzieren sich allerdings auch scharf von bürgerlich-demokratischen Parteien und von parlamentarischer Diskussion, weil diese Politikformen der Radikalität der angenommenen Entscheidungssituation – vor allem der von den Faschisten behaupteten Alternative Faschismus oder Bolschewismus – nicht entsprechen. In einer Schilderung der Erlebnisse der „Kampfzeit“ hat ein „alter Kämpfer“ der NSDAP diese doppelte Frontstellung faschistischer Parteien auf die prägnante Formel vom „Kampf gegen bürgerliche Feigheit und marxistischen Terror“ gebracht.
Faschistische Bewegungen kommen nur im arbeitsteiligen Bündnis mit Fraktionen der „herrschenden Klasse“ an die Macht, so daß statt von einer „Machtergreifung“ von einer „Machteinsetzung“ geredet werden sollte.
Faschismus bezeichnet ferner ein politisches System, das charakterisiert wird durch extrem undemokratische Willens- und Entscheidungsbildungsprozesse, bei gleichzeitiger Beteiligung von Massen am Prozeß der Demonstration von Politik; ferner wird es charakterisiert durch eine Kombination von Terror gegen Opponenten und Integrationsbestrebungen durch paternalistisch-wohlfahrtsstaatliche Inszenierungen.
Als Herrschaftssystem bedeutet Faschismus vor allem die Zerschlagung der gesamten Arbeiterbewegung und die gewaltsame Verhinderung aller Gegenmachttendenzen, die eine autonome Interessenpolitik betreiben wollen oder die für die Position autonomer (nicht-faschistisch sozialisierter) Individuen und Personen eintreten.
Ökonomisch impliziert der Begriff eine forcierte Aufrüstung, durch die die Arbeitslosigkeit der Weltwirtschaftskrise beseitigt und die nicht nachgefragten Kapazitäten der Industrie wieder ausgenutzt werden. Ökonomisch steht Faschismus für ein System, innerhalb dessen die Weltwirtschaftskrise, international betrachtet, in kurzer Zeit überwunden worden ist. Besondere Charakteristika erhält die Re-Stabilisierung der ökonomischen Ordnung durch die Zerschlagung der Arbeiterbewegung und die forcierte Aufrüstung.
In Deutschland werden die Tariflöhne auf dem tiefen Niveau der Weltwirtschaftskrise (1932) politisch festgefroren, so daß die Überführung der Krise in Konjunktur sich durch die Einmaligkeit auszeichnet, daß die (Tarif-)Löhne im „Boom“ nicht ansteigen. Dies macht einen politisch bedingten Extragewinn für Kapitaleigner aus, obwohl darauf hingewiesen werden muß, daß diese Tendenz im Zug der Vollbeschäftigung und Rüstungskonjunktur ab 1936 stark abnimmt. Schließlich zeichnen sich faschistische Systeme durch extrem ungleichgewichtige Verteilungen des Produktes gesellschaftlicher Arbeit aus.

(Eike Hennig, Faschismus vor 1933 und nach 1945 – Anmerkungen zu einem Kampfbegriff; in: G. Paul / B. Schoßig [hg.], Jugend und Neofaschismus. Provokation oder Identifikation. Frankfurt am Main 1979, S. 67 f) (abgedruckt in: Wochenschau 30 [1979], S. 225)

Aufgabe:
Welche Merkmale des Faschismus nennt der Text?

2.–4. Stunde: Die Ideologie des Nationalsozialismus

Vorbemerkung:

Die historische Forschung hat sich lange Zeit schwer getan, dem „Gedankenbild" Hitlers den Begriff „Weltanschauung" oder „Ideologie" zuzubilligen. Einige Autoren (z. B. Friedrich Glum, Der Nationalsozialismus, Werden und Vergehen, München 1962; Edith Eucken-Erdsiek, Hitler als Ideologe, in: Der Führer ins Nichts, 1960) gingen dabei so weit, die Rolle Hitlers entweder herabzuspielen oder gar ganz zu leugnen, was durch die zahlreichen biographischen Forschungen widerlegt wurde (z. B. Alan Bullock, Hitler. Eine Studie über Tyrannei, 1969; Joachim C. Fest, Hitler. Eine Biographie, 1974; Werner Maser, Hitler, Legende, Mythos, Wirklichkeit, 5/1973). 1963 faßte Ernst Nolte (Der Faschismus in seiner Epoche, 1963) die Gedankenwelt Hitlers erstmals als „Weltanschauung" zusammen, die „trotz aller Beschränkungen ein Ideengebäude bilde, ‚dessen Folgerichtigkeit und Konsistenz den Atem verschlägt'" (vgl. E. Jäckel, Hitlers Weltanschauung, Tübingen 1969, S. 21).
Heute leugnet wohl kein „ernstzunehmender" Historiker, daß Hitler 1933 mit einem festumrissenen Programm klar definierter und ideologisch „untermauerter" innen- und außenpolitischer Ziele an die Macht kam, das zwar nicht in allen Punkten mit dem offiziellen Parteiprogramm der NSDAP von 1920 (1926 für unabänderlich erklärt!) übereinstimmte, das aber anhand von Hitlers Reden, Schriften – v. a. der ‚Programmschrift' „Mein Kampf", 1925/26 erschienen –, geheimen Protokollen usw. nahezu lückenlos nachgewiesen werden kann (vgl. A. Kuhn, Hitlers außenpolitisches Programm, Stuttgart 1970, S. 11 f.) und das zwischen 1919 und 1924 „genetisch gewachsen" ist. Weil dieses Programm und die dahinterstehende Weltanschauung einen wesentlichen Einfluß auf die deutsche und internationale Politik von 1933–1945 hatte, muß man mit E. Jäckel (Hitlers Weltanschauung, S. 25) fragen: „Wie sah [Hitler] die Welt und die Menschen? Wie beurteilte er das Leben und die Gesellschaft in Vergangenheit, Gegenwart und Zukunft? Welche Ziele, Wünsche, Utopien hatte er?" Was war es, das auf die Menschen damals wirkte? Was an diesem Programm war verbrecherisch?
Erst die Kenntnis von Hitlers Ideologie, von seinen Plänen und Zielen ermöglicht eine effektive Auseinandersetzung mit dem Phänomen „Nationalsozialismus" und erleichtert eine wirkliche Überwindung nicht nur des Nationalsozialismus als Institution – dies geschah bereits 1945 –, sondern auch als ideengeschichtliches Phänomen. Es gilt also, das „Abwehrbewußtsein" der Schüler zu wecken und zu verstärken.
Dabei erscheint es uns wichtig, die Schüler auf folgende Tatsache hinzuweisen: „Der Nationalsozialismus baute auf ideengeschichtlichen Traditionen, die schon vor ihm in der deutschen und in der österreichischen,

ja in der europäischen Gesellschaft fest verankert waren" (A. Pelinka, Die Wurzeln der nationalsozialistischen Ideologie, in: Aus Politik und Zeitgeschichte, B 22/79, S. 25). Das waren einmal der ‚Nationalismus' in der übersteigerten, negativen Form der nationalen Selbstüberschätzung und des ‚Chauvinismus', dann der ‚Militarismus' in seinen außen- und innenpolitischen Varianten (aggressive Außenpolitik und Militarisierung der Gesellschaft), ferner der ‚Antisemitismus' als ‚Rassenantisemitismus', basierend auf dem ‚Sozialdarwinismus' und neben anderem auch noch die v. a. kleinbürgerliche, vom Luthertum beeinflußte ‚Ordnungsmentalität' (alle, die sich außerhalb dieser Ordnung befanden – Juden, Freimaurer, Liberale, Demokraten, Sozialisten usw. – galten als Verschwörer gegen diese Ordnung). Dies alles findet sich in der Ideologie des Nationalsozialismus und wurde hier zu einem Programm verschmolzen, das Richtlinie der deutschen Politik nach 1933 wurde, „denn die Weltanschauung ist unduldsam und kann sich mit der Rolle einer ‚Partei neben anderen' nicht begnügen, sondern fordert gebieterisch ihre eigene, ausschließliche und restlose Anerkennung sowie die vollkommene Umstellung des gesamten öffentlichen Lebens nach ihren Anschauungen" (A. Hitler, Mein Kampf, 58/1933, S. 506), nur so kann nach Auffassung Hitlers ein fanatischer Glaube, eine echte Volksgemeinschaft als ‚Solidargemeinschaft' geschaffen werden, eine Zielsetzung, die u. a. den Wünschen der Industrie nach sozialer Stabilisierung entgegenkam.
Über die Quellen und Ursprünge der nationalsozialistischen Ideologie informiert kurz, aber dennoch umfassend G. L. Mosse, Ein Volk, ein Reich, ein Führer: Die völkischen Ursprünge des Nationalsozialismus, Königstein/Ts. 1979.
Um den für manche Lerngruppen etwas abstrakten Bereich der Ideologie anschaulicher zu gestalten, werden als Alternativen zur 2. Stunde Vorschläge für einen problemorientierten Einsatz geeigneter Medien (Film, Bilder) genannt.

Als Alternative für die Gestaltung der Stunden 2 bis 4 – „Ideologie des Nationalsozialismus" – wird eine selbsttätige Erarbeitung der NS-Ideologie durch die Schüler in Gruppenarbeit vorgeschlagen, wobei sich die Gruppen in einer „Vorstunde" unter thematischen Aspekten bilden sollen. Als Themen für die Gruppenarbeit eignen sich
1. Der Antisemitismus vor Hitler
2. Die nationalsozialistische Rassenlehre
3. Das nationalsozialistische Herrschaftsmodell des ‚Führerprinzips'
4. Entstehung und Inhalt des außenpolitischen Konzepts der NSDAP
5. Beurteilung der NS-Ideologie in der Forschung.

Aus folgenden Materialien wird eine Auswahl getroffen und den Gruppen vorgelegt:

Gruppe 1:
- H.-G. Oomen/H.-D. Schmid (hg.), Vorurteile gegen Minderheiten, Reclam, S. 10–19 (Abriß über die Entwicklung des Antisemitismus); S. 53 ff., T2: Wilhelm Marr, Antisemitismus als Kampf ums Dasein, 1879; S. 81 ff., T7: Eugen Dühring, Antisemitismus als Rassenlehre, 1881,
- L. Graf v. Westphalen (hg.), Geschichte des Antisemitismus in Deutschland, Klett, S. 1–5 (Überblick über die historische Entwicklung des Antisemitismus); S. 41 ff., T43: A. Graf Gobineau, Die Ungleichheit der Menschenrassen, 1856; S. 44 ff., T46: H. St. Chamberlain, Grundlage des 19. Jahrhunderts, 2/1900; S. 49 f., T 50: G. v. Schönerer, Gesetzesvorlage für ein „Antisemitengesetz" im österreichischen Reichsrat 1887
- W. Scheffler, Judenverfolgung im Dritten Reich, Colloquium Verlag, Berlin 1964, S. 6–14.

Gruppe 2:
- Brief Hitlers an Adolf Gemlich (16. 9. 1919) (siehe Vorschlag für ein Arbeitsblatt, 2. Stunde, S. 27f.);
- Parteiprogramm der NSDAP (Fundstellen siehe 2. Stunde, Unterrichtsschritt 3, S. 25);
- Auszüge aus „Mein Kampf“ (z.B. in: L. Graf v. Westphalen [hg.], Geschichte des Antisemitismus in Deutschland, Klett, S. 58ff., T 59);
- H. F. K. Günther, Der Idealtyp der nordischen Rasse, 1933, in: G. L. Mosse (hg.), Der nationalsozialistische Alltag, Athenäum, S. 101–105.

Gruppe 3:
- Auszüge aus „Mein Kampf“ (Fundstellen siehe 2. Stunde, Unterrichtsschritt 3)
- Weltgeschichte im Aufriß, 3/1, Diesterweg, S. 381f., T 11: J. Goebbels, Nationalsozialismus und Demokratie, 1934; S. 383, T 13: C. Schmitt, Über das Führerprinzip, 1933; S. 384, T 14: E. R. Huber, Der Führer und das befragte Volk, 1934;
- Alfred Rosenberg, Idee und Führer, 1930, in: R. Kühnl (hg.), Der deutsche Faschismus in Quellen und Dokumenten, Pahl-Rugenstein, S. 121f., T 65.

Gruppe 4:
- Parteiprogramm der NSDAP (Fundstellen vgl. 2. Stunde, Unterrichtsschritt 3, S. 25);
- Auszüge aus Hitler-Reden (vgl. Vorschlag für ein Arbeitsblatt, 4. Stunde, S. 39f.)
- Auszüge aus „Mein Kampf“ (Fundstellen siehe 4. Stunde, Unterrichtsschritt 3, S. 36);
- Kontroverser Text: z. B. „Aufruf der Otto-Strasser-Gruppe vom 4. Juli 1930: ‚Die Sozialisten verlassen die NSDAP‘“ (auch für Gruppe 3 verwendbar), in: R. Kühnl (hg.), Der deutsche Faschismus in Quellen und Dokumenten, Pahl-Rugenstein, S. 122ff., T 66.

Gruppe 5:
Texte aus H. Nitschke (hg.), Umstrittene Probleme der neuesten Geschichte, Schöningh, Paderborn 1969, S. 185–202.

Jede Gruppe erhält den Auftrag, ein Thesenblatt zu erarbeiten, das in der 3. Stunde Basis des jeweiligen Vortrages des Gruppensprechers ist; ein zusammenhängendes, dynamisches Tafelbild wird nach dem in Stunde 4 gegebenen Muster (siehe Vorschlag für ein Arbeitsblatt S. 41) entwickelt, wobei lediglich die Spalte „Propaganda“ entfallen muß, da sie erst nach der 4. Stunde inhaltlich gefüllt werden kann.

2. Stunde: Der Rassenantisemitismus

Vorbemerkung:

An den Beginn der Unterrichtseinheit stellen wir den Antisemitismus Hitlers, denn er bildete den Hauptpunkt der nationalsozialistischen Ideologie, von dem alle anderen Programmpunkte beeinflußt wurden; der Vernichtung der Juden in Europa diente darüber hinaus auch die Verlängerung des Krieges, den Hitler selbst nicht mehr zu gewinnen glaubte (vgl. R. Binion, „…daß ihr mich gefunden habt“, Hitler und die Deutschen; eine Psychohistorie, Stuttgart 1978, S. 56). Hitlers Antisemitismus ist zudem „früher nachweisbar als die Anfänge des außenpolitischen Konzepts“ (E. Jäckel, Hitlers Weltanschauung, S. 60) oder die Idee vom ‚Führerprinzip‘.
Als Quelle erhalten die Schüler einen Brief Hitlers vom 16. September 1919 (siehe Vorschlag für ein Arbeitsblatt, S. 27f.). Dieser Text bietet sich an, weil der Brief einmal zu den frühesten Zeugnissen von Hitlers politischer Laufbahn zählt (vgl. E. Jäckel, Hitlers

Weltanschauung, S. 60), zum anderen, weil in ihm bereits die Kerngedanken des NS-Antisemitismus enthalten sind, die später nur noch ausgebaut und ergänzt wurden (vgl. E. Jäckel, Hitlers Weltanschauung, S. 60f.). Zugleich zeigt der Brief deutlich Hitlers Verwurzelung im sozialdarwinistisch begründeten ‚Rassenantisemitismus', wie er im letzten Drittel des 19. Jahrhunderts verstärkt aufkam (vgl. E. Nolte, Der Faschismus in seiner Epoche, S. 408; Shaul Esh, Eine neue literarische Quelle Hitlers?, in: GWU 15 [1964], S. 487ff.).
Als übergeordnete Leitfragen bieten sich an: „Welche Vorwürfe erhob Hitler gegen die Juden? [...] Welche Ziele und Mittel erstrebte er bei der Lösung des Problems?" (E. Jäckel, Hitlers Weltanschauung, S. 62). Wie kam Hitler zu diesen „Ideen"?
Die unmittelbaren Einflüsse auf Hitlers Weltanschauung während seiner Wiener Zeit (1907–1913) – Groschenhefte wie die billigen „Ostera-Hefte" des ehem. Mönchs Lanz v. Liebenfels, Richard Wagners antisemitische Schriften – können im Unterricht vernachlässigt werden. Statt dessen werden die Wurzeln für Hitlers Antisemitismus, die Lehren des ‚Sozialdarwinismus' und deren Rezeption z. B. durch die ‚Alldeutschen' und die ‚Völkischen' näher betrachtet (vgl. hierzu u.a. E. Jäckel, Hitlers Weltanschauung, S. 58–85; H. Holborn, Ursprünge und Charakter der NS-Ideologie, in: Aus Politik und Zeitgeschichte, B 11/64, S. 20; G. L. Mosse, Ein Volk, ein Reich, ein Führer, S. 99–119, bes. S. 136–160).
Hervorgehoben werden sollte auch die Tradition des Antisemitismus in Europa, der kein rein deutsches Problem war, in Deutschland aber besonders pervertiert wurde.
Da die Stunde den Schülern eine Fülle an Informationen bietet, liegt ein methodischer Schwerpunkt auf dem Vortrag und auf der Auswertung einer Hausarbeit – vorbereitende Textarbeit zu Hitlers ‚Rassenantisemitismus' –, damit eine ‚Überladung' der Stunde mit umfangreicher Textarbeit vermieden werden kann.

Ziele der Stunde:

Die Schüler erkennen,
- daß der Antisemitismus der NSDAP seine Wurzeln zum einen im kleinbürgerlichen Antisemitismus, zum anderen im sozialdarwinistisch geprägten pseudowissenschaftlichen Antisemitismus des 19. Jahrhunderts hatte
- den Inhalt der „Ideologien" ‚Sozialdarwinismus', ‚Antisemitismus' und ‚Rassenantisemitismus' sowie deren Hauptvertreter.

Die Schüler erarbeiten
- aus Quellen die wesentlichen Forderungen des ‚Rassenantisemitismus' des 19. Jahrhunderts und die Konsequenzen, die Hitler und der Nationalsozialismus daraus zogen.

Die Schüler beurteilen
- Hitlers Vorstellungen vom Judentum als unmenschlichen Rassenwahn
- Chancen und Wege zur Verhinderung erneuter rassistischer Einstellungen und Verhaltensweisen.

Verlaufsskizze:

Unterrichtsschritt 1:
Der Begriff „Antisemitismus"

Als Einstieg in das Thema wird die Erläuterung des Begriffs „Antisemitismus" gewählt. Die Schüler werden aufgefordert, aus ihrem Erfahrungsbereich Stellung zu nehmen. Der Lehrer ergänzt sie zu einer gültigen Definition. Als Grundlage einer solchen Definition bietet sich das Stichwort ‚Antisemitismus' des „Staatslexikons" im Herder Verlag Freiburg 1957 an: Danach versteht man unter

‚Antisemitismus' einen Sammelbegriff für verschieden motivierte Einstellungen und Bewegungen, die sich gegen die als Minderheitsgruppen in anderen Staaten lebenden Juden richten, nicht also gegen alle Semiten! Der Begriff selbst wurde 1879 von dem Deutschen Wilhelm Marr geprägt und fand rasch Eingang in die anderen Sprachen. Bei den antisemitischen Verhaltensweisen handelt es sich

1. um die Forderung, den Juden die Gleichberechtigung, die sie allmählich nach 1791 erlangt hatten, zu entziehen und sie der Fremdengesetzgebung zu unterstellen;
2. um die Forderung, die Juden per Gesetz aus dem Staatsgebiet eines Volkes auszuweisen (hier könnte man das „Madagaskar-Projekt" des Dritten Reiches erwähnen; vgl. hierzu auch 12. und 13. Stunde);
3. um das Entfachen von feindseligen Volksstimmungen und Pogromen gegen die Juden;
   – hier muß der Lehrer den Begriff ‚Pogrom' erläutern: „russ. ‚Verwüstung', ‚Verheerung', zuerst für die Gewaltsamkeiten gegen die Juden in Rußland Ende des 19. und Anfang des 20. Jahrhunderts gebraucht [...] [und meint] Übergriffe auf Eigentum und Leben [...] einer nationalen, religiösen, rassischen, wirtschaftlichen oder sonstigen Bevölkerungsgruppe durch eine systematisch aufgehetzte Menge. Im deutschen Sprachgebrauch meist nur für Judenverfolgung verwendet." (H. Kistler, Der Pogrom vom November 1938, hg. Bundeszentrale für politische Bildung, Bonn 1978, S. 1);
4. um die physische Vernichtung der Juden.

Ergänzungsmöglichkeiten

Als Einstieg in das Thema „Rassenantisemitismus" bieten sich weitere Möglichkeiten an, die den Vorteil einer größeren Anschaulichkeit haben:

1. Der Lehrer liest Auszüge aus einem Brief einer Lehrerin an die Schulbehörde nach der Machtergreifung vor (z. B. in: H. Focke / U. Reimer [hg.], Alltag unterm Hakenkreuz, Rowohlt-Tb Nr. 4431, S. 100–102)
2. Den Schülern kann durch einen Dokumentarfilm (z. B. „9. November 1938" – Laufzeit 15 Min.) im Vorgriff auf die Stunden 12 und 13 das Problem „Judenverfolgung" nähergebracht werden. Dahinter steckt die Frage: wie konnte das passieren?
   Dadurch gelingt eine Verbindung zwischen Ideologie und realer Politik – einer der Leitgedanken dieses Unterrichtsmodells.
3. Auch eignen sich Karikaturen aus dem „Stürmer" oder aus einem Bilderbuch für deutsche Kinder (1935) (abgedruckt in: Die Reise in die Vergangenheit, Bd. 4, Westermann, S. 137) als Überleitung zu der Frage nach dem Menschenbild des Nationalsozialismus, das geprägt ist von der Rassenlehre (siehe auch 12. Stunde).

Unterrichtsschritt 2: Formen und Ursachen des Antisemitismus

Im Mittelpunkt dieses Unterrichtsschrittes sollen die Formen und Ursachen des Antisemitismus vom Mittelalter bis zum 19. Jahrhundert stehen. Dies kann natürlich nur in sehr vereinfachter Form geschehen – der Leistungskurs bietet hier erweiterte Möglichkeiten.

Die notwendigen Informationen können durch einen Lehrervortrag oder durch ein Schülerreferat gegeben werden; in beiden Fällen sollte ein knappes Informationsblatt den Vortrag begleiten.

Einen knappen Überblick bieten u. a.:

– W. Scheffler, Judenverfolgung im Dritten Reich, Colloquium Verlag Berlin, 1964;
– L. Sievers, Juden in Deutschland. Die Geschichte einer 2000jährigen Tragödie, Verlag Gruner & Jahr, Hamburg 1977, auch als Goldmann-Taschenbuch Nr. 11239 erschienen;
– W. Kampmann, Deutsche und Juden, Die Geschichte der Juden in Deutschland vom Mittelalter bis zum Beginn des Ersten Weltkrieges, Heidelberg 1963, auch als Fischer Taschenbuch Nr. 3429, 1979 erschienen.

Für das 19. Jahrhundert eignet sich auch
- G. L. Mosse, Ein Volk, ein Reich, ein Führer, Königstein/Ts. 1979.

Vorschlag für einen Lehrervortrag:
- Seit dem Mittelalter werden die Juden „als Folge eines Bedürfnisses nach Geschlossenheit und nach irrationalen Vorgängen [...] in Europa viele Jahrhunderte hindurch verfolgt", weil sie als „Fremdkörper" im christlichen Mittelalter galten und als „Sündenböcke" dienen konnten (A. Pelinka, Wurzeln der nationalsoz. Ideologie, S. 22).
- Mit Scheffler (Judenverfolgung, S. 6ff.) lassen sich für die Zeit bis zur Aufklärung drei wesentliche Ursachen des Judenhasses feststellen:
  1. die Vorstellung, daß die Juden „Christusmörder" sind, die besonders während der Kreuzzüge zu blutigen Ausschreitungen führte;
  2. die Juden lebten außerhalb der christlichen Ordnung (Brauchtum, Berufe usw.), daher waren sie willkommene „Sündenböcke" etwa im Katastrophenfall (Seuchen, Hungersnöte, Feuersbrünste usw.);
  3. die Vorstellung, daß die Juden mit ihrem Handelsgebaren (sog. „Finanzwucher") schuld an sozialen und ökonomischen Mißständen seien.
  - Hier muß ein Hinweis auf das kanonische Zinsverbot für Christen, die Beschränkung der Juden zumeist auf Geldgeschäfte und mobilen Handel durch Verbot des Grundbesitzes, die weitgehende Nichtzulassung zu zunftmäßigem Gewerbe usw. erfolgen, da sonst den Schülern der Zusammenhang nicht klar wird.
  - Folgen: Pogrome, Isolierung der Juden zunächst in „Judenhäusern", dann in „Judengassen" und schließlich in „Ghettos" mit Zuzugsbeschränkung, häufig mit willkürlicher Begrenzung der Heiraten und Geburten.
- Seit der Französischen Revolution zunehmende Gleichberechtigung entsprechend den Forderungen der Aufklärung (vgl. in Deutschland u. a. Lessing „Nathan der Weise"; 1812: preußisches ‚Emanzipationsedikt').
- Folgen: zunehmender Antisemitismus
  Gründe: Furcht in den konservativen Kreisen wegen der Auflösung der patriarchalisch-feudalistischen Verhaltensweisen durch die industrielle Revolution und den aufkommenden Liberalismus, Juden als „Sündenböcke";
  Bank- und Börsenwesen gewann an Bedeutung; hier aber traten besonders die Juden hervor, Konkurrenzneid gegenüber den Juden;
  Juden erhielten Zugang zu Ämtern in der Verwaltung;
  Furcht vor „Überfremdung".
  (Die „Abgrenzung" gegenüber den Juden „funktionierte besonders in der kaiserlichen Armee, in der es bis 1910 keinen jüdischen Berufsoffizier und 1911 ganze 21 jüdische Reserveoffiziere [gab]. Hier bestätigte sich Rathenaus Wort von den ‚Bürgern zweiter Klasse'" [H.-U. Wehler, Das Deutsche Kaiserreich 1871–1918, Göttingen, 2/1975, S. 162]).
  Im Tafelbild werden nur die Hauptthesen des Sozialdarwinismus, seine Hauptvertreter (Joseph Arthur Graf de Gobineau [1816–1882], Houston Stewart Chamberlain [1855–1927], der Hitler kurz vor seinem Tod noch besuchte, Wilhelm Marr [1819–1904]), ferner die Gruppen genannt, die davon beeinflußt wurden und die ihrerseits auf das Gedankengut des Nationalsozialismus wirkten (u. a. ‚Alldeutsche', ‚Völkische').

Alternative:
Auswertung eines Textes des Franzosen Edouard Drumont aus dem Jahre 1886 (siehe Vorschlag für ein Arbeitsblatt) über die Vorstellungen des ‚Ras-

senantisemitismus‘. Andere geeignete Texte finden sich u.a. in L. Graf v. Westphalen (hg.), Geschichte des Antisemitismus in Deutschland, Klett, S.21–33, bes. S.41–53; H.-G. Oomen/H.-D. Schmid (hg.), Vorurteile gegen Minderheiten, Reclam, S.50–111.
Als Aufgabenstellungen bieten sich an:
- Fassen Sie die Thesen Drumonts stichwortartig zusammen!
- Worauf liegt Ihrer Meinung nach die Betonung?
- Versuchen Sie, den Begriff ‚Rassenantisemitismus‘ zu erklären!

Unterrichtsschritt 3:
Hitlers Rassenantisemitismus

Besprechung der Hausaufgabe, welche die Konsequenzen, die Hitler aus dem Rassismus des 19. Jahrhunderts zog, verdeutlichen soll.
Als Textgrundlage werden empfohlen:
- Auszüge aus dem Brief Hitlers vom 16. 9. 1919 (vgl. Vorschlag für ein Arbeitsblatt)
- Auszüge aus „Mein Kampf“
- Auszüge aus dem Parteiprogramm der NSDAP 1920 (z.B. in:
  Politik und Gesellschaft, Bd. 2, Hirschgraben, S.150,
  F. Esche u.a., Parteiendemokratie. Wahlen und Parteien in der Bundesrepublik Deutschland, Hoffmann und Campe, 1978, S.203,
  A. Krink (hg.), Die NS-Diktatur, Diesterweg, S.13–15,
  L. Graf v. Westphalen (hg.), Geschichte des Antisemitismus in Deutschland, Klett, S.57f.,
  B. Hey/J. Radkau (hg.), Nationalsozialismus und Faschismus, Politische Weltkunde II, Klett, S.13
  Weltgeschichte im Aufriß, Bd.3/1, Diesterweg, S.342ff.

Als Erschließungsfragen bieten sich an:
- Welche Formen des Antisemitismus unterscheidet Hitler?
- Was sind ihre wesentlichen Kennzeichen und möglichen Folgen?
- Wen bezeichnet Hitler als „Juden“?
  Wie wird dies begründet?
- Welche Aufgabe hat für Hitler jeder Staat vorrangig zu erfüllen?
- Welche Lösungsmöglichkeiten bietet Hitler an?

Die Schülerbeiträge werden gesammelt, vom Lehrer ergänzt und in einem Tafelbild festgehalten (siehe Tafelbild).
Im Lehrervortrag wird ergänzt:
„Aber der Antisemitismus war nur ein Teil von Hitlers Rassenlehre“ (H. Holborn, Ursprünge, S.18). Auch die slawischen Völker galten als „minderwertige“ Rasse, die man zwar nicht ausrotten wollte wie die „jüdischen Untermenschen“, denen man aber nur ein Knechtsdasein gewähren wollte. Ebenso ist das Vorgehen gegen körperlich und geistig behinderte Menschen – das sog. Euthanasieprogramm – unter dem rassistischen, inhumanen Biologismus der nationalsozialistischen Ideologie zu sehen.

Exkurs:
Zur Vertiefung der erarbeiteten Kerngedanken des NS-Rassenantisemitismus kann ein Ausschnitt aus Hitlers „grundlegender“ Rede zum Thema „Warum wir Antisemiten sind“ (13.8.1920) herangezogen werden (abgedruckt in: R. Phelps, Hitlers „grundlegende“ Rede über den Antisemitismus, in: VfZG 16 [1968], S.360–420). Hitlers Argumentation gegen die Juden ging aus vom Begriff ‚Arbeit‘:
- nur die nordischen Menschen könnten dauerhafte Staaten bilden, da sie, „von Not und Kälte getrieben, das Prinzip der Arbeit als soziale Pflicht erkannten“ (E. Jäckel, Hitlers Weltanschauung, S.63);
- Juden dagegen betrachteten Arbeit als Strafe und Zwang (Verweis auf 1. Mose 3, 19); erst Arbeit aber zwinge Menschen zur Gemeinschaft; das Judentum könne daher nicht national sein, sondern nur international;
- der Arier allein sei durch seine „Rassenreinzucht“ staats- und kulturtragend, der Jude wegen seiner Inzucht staats- und kulturzerstörend;
- weitere Vorwürfe: machthungriger Materialismus, Geldgier, Zinswucher, Rassenschande, Mädchenhandel usw.

Ergänzung:
Untersuchung von Hitlers Vokabular etwa in seiner ‚Programmschrift‘ „Mein Kampf“ in bezug auf das Judenproblem. Dabei fällt auf, daß die meisten Phrasen der Parasitologie entstammen, z. B. der Jude als „Made in faulendem Leibe“ (S. 61), die Juden als „Pestilenz“, als „Bazillenträger schlimmster Art“ (S. 62), als „Drohnen“ (S. 165), das Judentum als „Parasit im Körper anderer Völker“ (S. 334), der Jude als „Blutsauger“ (S. 339), die Juden als „Völkerparasiten“ und „Vampyre“ (S. 358), die Juden wollen die germanische Rasse bastardisieren (S. 357). Ergebnis: Juden waren für Hitler und seine Anhänger keine Menschen mehr, sondern Wesen, die man vernichten durfte und sollte.

Unterrichtsschritt 4:
Rassismus als zeitgenössisches Problem

Am Schluß der Stunde sollte nicht nur die Kenntnis des nationalsozialistischen Antisemitismus stehen, vielmehr ist es gerade hier besonders wichtig, daß den Schülern „Rassismus“ nicht als etwas Einmaliges erscheint und daß ihr Problembewußtsein gestärkt wird. Dabei kann auf die Schülerbeiträge aus der Motivationsphase zurückgegriffen werden (siehe Unterrichtsschritt 1).
Als Themen bieten sich an:
- Rassenprobleme in Südafrika u./o. in den USA
- Antisemitismus heute,
  ein Thema, das die Verfasser vorschlagen. Den Schülern wird hierzu ein Auszug aus der „Münsterschen Zeitung“ vom 1. 3. 1978 vorgelegt (abgedruckt in: A. Mannzmann [hg.], Hitlerwelle, S. 144; Material bieten auch die jeweiligen Verfassungsschutzberichte). Der Artikel zeigt für einen lokalen Bereich das Anwachsen judenfeindlicher Aktionen seit 1976 und nennt Beispiele. Als Impulse für ein Unterrichtsgespräch dienen:
- Worüber gibt der Text Auskunft?
- Läßt sich die im Text gestellte Frage beantworten?
- Welche Möglichkeiten, das genannte Phänomen zu verhindern, gibt es Ihrer Meinung nach?

Da die Fragen 2 und 3 sehr stark an das Urteilsvermögen der Schüler appellieren, die Ergebnisse daher von der jeweiligen Unterrichtsgruppe abhängen, kann hier kein allgemeingültiger Antwortkatalog aufgestellt werden.

Mögliche Hausaufgabe:

Vorbereitende Textarbeit:
- Aus einer Hitler-Rede 1922 und
- Aus einem deutschen Schulgeschichtsbuch von 1941 zum Thema „Nationalsozialismus“.
  (Fundstellen und Erschließungsfragen siehe 3. Stunde, Unterrichtsschritt 2).

Vorschlag für ein Arbeitsblatt
(zu U'schritt 3)

Brief Hitlers an Adolf Gemlich (16. 9. 1919)
„Wenn die Gefahr, die das Judentum heute bildet, seinen Ausdruck findet in einer nicht wegzuleugnenden Abneigung großer Teile unseres Volkes, so ist die Ursache dieser Abneigung nicht zu suchen in der klaren Erkenntnis des [...] planmäßig verderblichen Wirkens der Juden als Gesamtheit auf unsere Nation, sondern sie entsteht meist durch den persönlichen Umgang. [...]. Dadurch erhält der Antisemitismus nur zu leicht den Charakter einer bloßen Gefühlserscheinung. [...]. Der Antisemitismus als politische Bewegung darf nicht und kann nicht bestimmt werden durch Momente des Gefühls, sondern durch die Erkenntnis von Tatsachen. Tatsachen aber sind: Zunächst ist das Judentum unbedingt eine Rasse und nicht Religionsgemeinschaft. [...]. Nie hat der Jude von fremden Völkern, in deren Mitte er lebt, viel mehr angenommen als die Sprache [...]. Und damit ergibt sich die Tatsache, daß zwischen uns eine nichtdeutsche fremde Rasse lebt, nicht gewillt [...], ihre Rasseneigenarten zu opfern [...] und die dennoch alle politischen Rechte besitzt wie wir selber. Bewegt sich schon das Gefühl des Juden im rein Materiellen, so noch mehr sein Denken und Streben. [...]. Der Wert des einzelnen wird nicht mehr bestimmt durch seinen Charakter, der Bedeutung seiner Leistungen für die Gesamtheit, sondern ausschließlich durch die Größe seines Vermögens, durch sein Geld [...]. Aus diesem Fühlen ergibt sich jenes Denken und Streben nach Geld und Macht [...] (Der Jude) winselt im au-

tokratisch regierten Staat um die Gunst der ‚Majestät' des Fürsten und mißbraucht sie als Blutegel an seinen Völkern. Er buhlt in der Demokratie um die Gunst der Masse, kriecht vor der ‚Majestät des Volkes' und kennt doch nur die Majestät des Geldes. Er zerstört den Charakter des Fürsten durch byzantinische Schmeichelei, den nationalen Stolz, die Kraft eines Volkes, durch Spott und schamloses Erziehen zum Laster. Sein Mittel zum Kampf ist jene öffentliche Meinung, die [...] durch die Presse [...] geführt und gefälscht wird [...]. Sein Wirken wird in seinen Folgen zur Rassentuberkulose der Völker. Und daraus ergibt sich folgendes: Der Antisemitismus aus rein gefühlsmäßigen Gründen wird seinen letzten Ausdruck finden in der Form von Pogromen. Der Antisemitismus der Vernunft jedoch muß führen zur planmäßigen gesetzlichen Bekämpfung und Beseitigung der Vorrechte des Juden, die er zum Unterschied der anderen zwischen uns lebenden Fremden besitzt (Fremdengesetzgebung). Sein letztes Ziel aber muß unverrückbar die Entfernung der Juden überhaupt sein."
(zit. in: W. Maser, Hitlers Briefe und Notizen, Econ Verlag Düsseldorf, 1973, S. 223–226).

„Siegt der Jude mit Hilfe seines marxistischen Glaubensbekenntnisses über die Völker dieser Welt, dann wird seine Krone der Totenkranz der Menschheit sein, dann wird dieser Planet wieder wie einst vor Jahrmillionen menschenleer durch den Äther ziehen. Die ewige Natur rächt unerbittlich die Übertretung der Gebote. So glaube ich heute im Sinne des allmächtigen Schöpfers zu handeln: Indem ich mich des Juden erwehre, kämpfe ich für das Werk des Herrn."
(Hitler, Mein Kampf, 58/1933, S. 69)

Fragen:
1. Welche Formen des Antisemitismus unterscheidet Hitler? Was sind ihre wesentlichen Kennzeichen und möglichen Folgen?
2. Wen bezeichnet Hitler als Jude? Wie wird dies begründet?
3. Welche Aufgabe hat für Hitler jeder Staat primär zu erfüllen?

Edouard Drumont, „La France juive" (1886)
„Die Emanzipation von 1791 war ein Fehler; die Juden sind nicht Franzosen, wie sie behaupten; sie sind vielmehr ein Gastvolk, welches das Entgegenkommen seines Wirtsvolkes nur dazu ausnutzt, es zu beherrschen, die jüdische Weltherrschaft auszubreiten. [...]. Als Vertreter eines anonymen Kapitalismus zerstören die Juden, deren Handelsgeist rassenmäßig verankert ist, durch ihre Großbetriebe den christlichen Mittelstand und bringen den ganzen Besitz der Völker an sich (siehe Rothschild). Sie depravieren (verschlechtern) mit ihrem minderwertigen Rassencharakter das Franzosentum, sie sind schuld an der Dekadenz Frankreichs. Ihre Assimilation ist unmöglich, ihre radikale Aufsaugung durch Mischehen wegen ihres unheilvollen Rasseneinfluß unerwünscht.
Ihre Emanzipation ist zurückzunehmen, ihr Besitz zu beschlagnahmen und zur Anschaffung von Produktionsmitteln für die ausgebeuteten Arbeiter zu verwenden. [...]."
(zit. in: A. Bein, Der moderne Antisemitismus und seine Bedeutung für die Judenfrage, VfZG 6 [1958], S. 340 ff.)

Aufgaben:
1. Fassen Sie die Thesen Drumonts stichwortartig zusammen!
2. Worauf liegt Ihrer Meinung nach die Betonung?
3. Versuchen Sie, den Begriff ‚Rassenantisemitismus' zu erläutern!

3. Stunde: Die Rolle des Staates und das sog. Führerprinzip

Vorbemerkung:

Den Schwerpunkt dieser Stunde, deren Leitgedanken in den Stunden 7–9 aufgegriffen und überprüft werden soll, bildet als wesentliches Merkmal des Faschismus das sog. ‚Führerprinzip', sein Inhalt und Hitlers Vorstellung davon, aber auch der Vergleich mit der modernen Demokratie. Eike Henning umschreibt das ‚Führerprinzip' als in „feudaler Tradition" stehend (Bürgerliche Gesellschaft und Faschismus, S. 134) und damit als Kontrapunkt zu den liberalen Ideen seit der Französischen Revolution, und Karl Dietrich Bracher betont, daß das ‚Führerprinzip' als Hervorhebung des „aristokratischen Prinzips der Natur" (Mein Kampf, S. 69) später in den späten zwanziger und frühen dreißiger Jahren nicht nur viele Adlige, sondern auch zahlreiche bürgerliche Intellektuelle anzog (Die deutsche Diktatur, S.156ff.). Vielen Konservativen kamen die „nationalsozialistischen Vorstellungen zur Struktur der Gesellschaft, [die] eine eigentümliche Verbindung von konservativer Kultur-Romantik und ökonomisch-technischem Progressivismus" trotz ihrer Widersprüchlichkeit entgegen, ebenso aber auch solchen „Tendenzen der Zeit [...], die Industrialisierung und Technisierung als neue Romantik priesen oder den Arbeiter (wie damals in Ernst Jüngers gleichnamigem Buch) als Inbegriff einer neuen Volksgemeinschaft glorifizierten" oder die im Landleben eine erstrebenswerte Alternative zu dem unpersönlichen Leben in dem Moloch Stadt sahen; diese vom Nationalsozialismus gebotene scheinbare Alternative zur sozialistischen Klassenkampfideologie hat viel „zur Mobilisierung der Bevölkerung" zugunsten der Hitler-Bewegung beigetragen, obwohl sie die soziale Struktur der Industriegesellschaft grotesk verzeichnete (K. D. Bracher, Tradition und Revolution im Nationalsozialismus, in: M. Funke [hg.], Hitler, Deutschland und die Mächte, Athenäum-Droste-Tb 7213, Königstein/Ts. 1978, S.24f.).

Ohne Zweifel spielte die sozialpolitische Komponente, die Errichtung einer alles umfassenden Volksgemeinschaft, eine Rolle für die Unterstützung der NSDAP durch weite Kreise der Unternehmerschaft, sahen diese doch darin einen sozialen Stabilisierungsfaktor zu ihren Gunsten (vgl. hierzu: R. Kühnl, Formen bürgerlicher Herrschaft, Bd. 1, Liberalismus und Faschismus, Rowohlt-Tb 1342, Reinbek 1978 S.130ff.).

Die zeitliche Begrenzung der Einheit auf 18 Stunden läßt eine Behandlung etwa der völkischen Ideen nicht zu. Sollte es die Unterrichtssituation zulassen, könnten diese durch ein Schülerreferat aufgezeigt werden. Als Grundlage dafür bieten sich u.a. an:

K. D. Bracher, Die deutsche Diktatur, Köln/Berlin 3/1970, G. L. Mosse, Ein Volk, ein Reich, ein Führer, Königstein/Ts. 1979.

Diese Stunde soll den Schülern vor allem zeigen, daß Hitler im Staat stets nur „ein Mittel zum Zweck" gesehen hat (Mein Kampf, S.420f.); der Staat sollte der Realisierung der Rassenpolitik dienen, einmal durch Eroberung neuen Lebensraumes im Osten (vgl. hierzu 4. Stunde), zum anderen sollte ein „gesunder Rassekern" durch Beseitigung aller „Minderrassigen" – v.a. der Juden – und durch „Regeneration des Deutschtums" (M. Broszat, Der Staat Hitlers, Grundlegung und Entwicklung seiner inneren Verfassung, dtv 4009, München 1968, S.33) erreicht werden, der Grundlage eines „Großgermanischen Reiches" werden sollte. Diese Ziele waren nach Ansicht Hitlers aber nur erreichbar, wenn sich das ganze Volk bedenken- und bedingungslos um einen Führer schare, sich dessen alleiniger Kommandogewalt unterwerfe.

Nach Hitlers biologisch-sozialdarwinistischer Gesellschaftsauffassung, nach der in der Natur stets der Stärkere herrsche, durfte es in Staat und Gesellschaft keine „Gleichmacherei" geben, durfte ein demokratisches Prinzip nicht gelten, denn Mehrheitsregierungen galten ihm als Herrschaft der „minderrassigen Elemente"; an die Stelle der Demokratie hatte ein autoritäres Regime zu treten, und das „natürliche", „aristokratische Prinzip" verlangte, daß die höchste Gewalt im Staat einem einzigen Führer zukomme, der in sich alle Gewalt vereinigen solle und dessen „Wille die Verfassung" sein müsse (E. Nolte, Der Nationalsozialismus, S.164). Nach dieser Vorstellung stand der „Führer" an der Spitze einer Partei, die als nichts anderes angesehen wurde als der „wiedergeborene arische Rassekern (!!) im deutschen Volk, der von Natur zur Herrschaft bestimmt" sei (E. Nolte, Der Nationalsozialismus, S.163).

Hitlers persönlicher Machtanspruch, der sich nach A. Tyrell (Vom ‚Trommler' zum ‚Führer', 1975) erst allmählich bis 1924 entwikkelt hat (vgl. zur Kontroverse darüber

M. Funke, Führer-Prinzip und Kompetenz-Anarchie im nationalsozialistischen Herrschaftssystem, in: Neue Politische Literatur, 20 [1975] H 1, S. 60–63), wird veranschaulicht durch eine Äußerung Hitlers Juni 1930. Hitler entwarf „ein Bild von der Hierarchie und Organisation der Katholischen Kirche" nach deren Vorbild sich „auch die Partei auf einem ‚breiten Sockel von im Volke stehenden [...] politischen Seelsorgern' ihre Führungspyramide errichten [sollte], die über die Stockwerke der Kreisleiter und Gauleiter zur Senatorenschaft und schließlich zu ihrem Führer-Papst aufsteigen" sollte (J. C. Fest, Hitler, S. 397); weiter führte Hitler aus, er wolle „dem Heiligen Vater in Rom seinen Anspruch auf geistige – oder heißt es geistliche – Unfehlbarkeit in Glaubensfragen nicht bestreiten. Davon verstehe ich nicht viel. Desto mehr aber glaube ich von der Politik zu verstehen. Darum hoffe ich, daß der Heilige Vater nunmehr auch meinen Anspruch nicht bestreitet. Und somit proklamiere ich jetzt für mich und meine Nachfolger in der Führung der Nationalsozialistischen Deutschen Arbeiterpartei den Anspruch auf politische Unfehlbarkeit" (zit. b. J. C. Fest, Hitler, S. 397).

Bei der zeitlichen Begrenzung muß hier auf eine ausführliche Besprechung des interessanten Themas „Hitler und der National-Sozialismus" ebenso verzichtet werden wie auf eine Behandlung der ‚nationalsozialistischen Linken'; der Lehrer sollte jedoch im zweiten Unterrichtsschritt kurz darauf hinweisen. Als Vorlage könnte dienen

- R. Kühnl, Die nationalsozialistische Linke, Meisenheim 1966
- R. Kühnl (hg.), Das Strasser-Programm von 1925/26, in: VfZG 14 (1966), S. 517ff.

Kurz informieren auch die Hitler-Biographien über diese Kontroverse in der Partei (z. B. A. Bullock, Hitler, v. a. S. 137ff.; J. C. Fest, Hitler, S. 330ff., S. 390ff.). Wichtig ist aber festzustellen, daß es 1925 verschiedene politische Konzeptionen in der NSDAP gab; eine wurde vom sog. ‚Münchner Flügel' um Hitler vertreten, die andere – auch in bezug auf die zukünftige Außenpolitik – von dem sog. ‚Norddeutschen Flügel' um die Gebrüder Otto und Gregor Strasser und Joseph Goebbels, bis 1926 engster Vertrauter Gregor Strassers; ferner sollte gezeigt werden, daß Hitler sich erst nach 1930 mit seiner politischen Konzeption endgültig durchgesetzt hat.

Ziele der Stunde:

Die Schüler erarbeiten
- anhand von Quellentexten die wesentlichen Vorstellungen Hitlers von Staat, Regierungssystem und Sozialismus

Die Schüler erkennen dabei
- die enge Verknüpfung von Rassenideologie und Staatsvorstellung
- daß Hitlers Vorstellung von Sozialismus mit dem eigentlichen Inhalt des Begriffs nichts zu tun hat
- daß das ‚Führerprinzip' wesentlich von der militärischen Kommandostruktur geprägt ist
- das ‚Führerprinzip' als ein Merkmal faschistischer Herrschaft

Die Schüler vergleichen
- das Führerprinzip in einer Konfrontation mit dem demokratischen Prinzip

Verlaufsskizze:

Unterrichtsschritt 1:
Herstellen des Bezugs zur ersten Stunde

Zu Beginn werden in einem Unterrichtsgespräch die wichtigsten Ergebnisse der 2. Stunde aufgegriffen, sofern sie für den Ablauf und das Verständnis dieser 3. Stunde notwendig sind.

Als erschließende Fragen bieten sich an:

1. Welche Aufgaben wies Hitler dem Staat zu?
2. Was waren für ihn Kennzeichen eines mächtigen Staats?
3. Wie definierte Hitler den Begriff „Jude"?

Mögliche Schülerantworten:

1. Sicherung der nationalen Machtposition; Sicherung des „Rassekerns" durch Beseitigung aller „Minderrassigen";
2. durch eine konsequente Rassenpolitik im Sinne sozialdarwinistischer Ideen; durch einen hohen Prozentsatz an arischen Elementen;
3. Andersdenkende, Pazifisten, Demokraten, Marxisten, Sozialisten, Mitglieder der jüdischen Religionsgemeinschaft.

Alternative:
An die Stelle eines wiederholenden Unterrichtsgesprächs kann die Auswertung verschiedener Schlagworte des Dritten Reiches treten (z. B. „Ein Volk, ein Reich, ein Führer"; oder ein Ausspruch Rudolf Heß' auf dem Reichsparteitag 1934: „Deutschland ist Hitler, und Hitler ist Deutschland").
Die Schüler werden aufgefordert, Hypothesen in bezug auf das dahinter steckende Staatsverständnis aufzustellen, die dann in Unterrichtsschritt 3 überprüft und gegebenenfalls korrigiert werden.

Unterrichtsschritt 2:
Der „nationale Sozialismus"

Mit der letzten Frage leitet der Lehrer über zum Unterrichtsschritt 2, in dessen Mittelpunkt Hitlers Vorstellung vom „nationalen Sozialismus" stehen soll. Die Schüler erhielten hierzu eine vorbereitende Hausaufgabe: Einen Auszug aus einer Rede Hitlers aus dem Jahre 1922 und einen kurzen Ausschnitt aus einem Geschichtsbuch für Oberschulen aus dem Jahre 1941 – beide Texte sind abgedruckt in: B. Hey / J. Radkau (hg.), Nationalsozialismus und Faschismus, Klett, S. 14.
Andere geeignete Texte zu diesem Komplex finden sich in: Weltgeschichte im Aufriß, Bd. 3/1, Diesterweg, S. 356, T 15; S. 388, T 3.
Als erschließende Fragen bieten sich an:

- Was verstehen die Verfasser unter den Begriffen „sozial" und „sozialistisch"?
- Was bleibt Ihrer Meinung nach unerwähnt?
- Welche Absicht steckt wohl hinter der Verwendung dieses Begriffes?
- Wie läßt sich der Begriff ‚Volksgemeinschaft' definieren?

Im Lehrervortrag werden die Ergebnisse kurz zusammengefaßt:

- Hitler verstand unter ‚Sozialismus' nicht die totale Umgestaltung der Besitz- und Eigentumsverhältnisse, sondern die Errichtung einer sozial abgesicherten Volksgemeinschaft, deren Interessen sich jeder zu unterwerfen hatte (sog. Solidargemeinschaft). Ziel war dabei nicht die Sicherung und die Selbstverwirklichung des einzelnen, sondern die Erhaltung der Gesamtheit des Volkes, besonders des „hochwertigen Rassekerns", bzw. das, was die Nationalsozialisten darunter verstanden.

Ein Schlagwort aus der Zeit mag diesen Sachverhalt erhellen: „Du bist nichts, dein Volk ist alles!"
Am Schluß weist der Lehrer darauf hin, daß die sozialpolitische Komponente der ‚Volksgemeinschaft' besonders bei den Unternehmern Anklang fand (vgl. Vorbemerkung zu dieser Stunde).
An dieser Stelle sollte die „Strasser-Kontroverse" erwähnt werden (vgl. Vorbemerkung zu dieser Stunde).

Unterrichtsschritt 3:
Das ‚Führerprinzip'

Auswertung von Quellentexten zum sog. ‚Führerprinzip':

- Auszüge aus „Mein Kampf" (S. 378 f.) in:

W. Hofer (hg.), Der Nationalsozialismus, fi-Tb, S. 35, T 18;
- A. Krink (hg.), Die NS-Diktatur, Diesterweg, S. 60, T 66 und aus dem Parteiprogramm von 1920 (vgl. Angaben zur 1. Stunde, Unterrichtsschritt 4);
- weitere geeignete Texte finden sich in W. Conze (hg.), Der Nationalsozialismus, Teil 1, Klett, S. 22, T 36; S. 33, T 48; Weltgeschichte im Aufriß, Bd. 3/1, Diesterweg, S. 381–384, T 11–14; Zeiten und Menschen, G 2, Schöningh, S. 342, T 7.

Aufgabenstellung:
- Was ist Ihrer Meinung nach für das NS-Regierungssystem, so wie es die Texte vorschlagen, kennzeichnend? Versuchen Sie, es begrifflich zu umschreiben!
- Grenzen Sie es gegenüber dem demokratischen System ab!

Die Schüler tragen die Ergebnisse in ein gegliedertes Arbeitsblatt ein, zur „Begleitung" wird eine Folie empfohlen (vgl. Vorschlag für eine Folie und ein Arbeitsblatt).

Exkursmöglichkeit:
Es bietet sich an, den Wandel in Hitlers Verständnis über die Organisation eines Staates darzustellen, d. h. die Entwicklung von der „germanischen Demokratie" zum ‚Führerstaat'.
Einen geeigneten Text findet man u. a. in W. Conze (hg.), Der Nationalsozialismus, Teil 1, Klett, S. 33, T 48.

Unterrichtsschritt 4:
Rassenlehre und ‚Führerprinzip'

Im Mittelpunkt steht die Verbindung von Rassenideologie mit der Vorstellung Hitlers von Staat und Regierung. Damit dient dieser Unterrichtsschritt einmal der Abrundung der Stunde, zum anderen der Ergebnissicherung, da die Schüler selbständig Zusammenhänge herstellen müssen. Für das Unterrichtsgespräch bietet sich folgender Gesprächsimpuls an:
- Lassen sich Verbindungen zwischen dem ‚Führerprinzip' und der Rassenideologie herstellen oder stehen beide Vorstellungen unabhängig nebeneinander?

Folgende Schülerantworten werden u. a. erwartet:
- das Persönlichkeitsprinzip entsprach den rassistischen Vorstellungen von angeborenen Führungsqualitäten einer natürlichen Elite als Ausdruck des „natürlichen aristokratischen Prinzips";
- Demokratie meint nach Hitlers Vorstellungen Herrschaft der Mehrheit als Herrschaft der „minderrassigen Elemente" in einem Staat; dieser Herrschaft wird das als typisch arisch erklärte ‚Führerprinzip' entgegengestellt.

Hausaufgabe:

Vorbereitende Textarbeit zum ‚außenpolitischen Programm' Hitlers: vgl. Vorschlag für ein Arbeitsblatt (Anlage zu Stunde 4).

Vorschlag für einen Foliensatz und ein Arbeitsblatt *(zu Unterrichtsschritt 3)*

Folie 1: Merkmale der NS-Herrschaftsordnung	Folie 2: Kennzeichen der rechtsstaatlich-demokratischen Ordnung
1. der Führer ist alleiniger Träger der Hoheitsgewalt	1. Alle Staatsgewalt geht allein vom Volke aus (Grundsatz der ‚Volkssouveränität')
2. jede Gewalt in Staat, Partei und Gesellschaft ist vom Führer abgeleitete Gewalt	2. es gelten daher: parlamentarisches Prinzip, Repräsentationsprinzip, innerparteiliche Demokratie
3. der Führer ist der Vollstrecker des völkischen Gemeinwillens; er repräsentiert den Willen der Volksgemeinschaft schlechthin	3. Repräsentativprinzip und parlamentarisches Prinzip
4. die Führergewalt ist umfassend und total, sie umschließt alle drei Gewalten (Legislative, Exekutive und Judikative)	4. Prinzip der Gewaltenteilung und der wechselseitigen Gewaltenkontrolle
5. die Führergewalt erfaßt alle Volksgenossen, die sich ihr bedingungslos fügen müssen	5. Sicherung einer unantastbaren, staatsfreien Sphäre durch Grundrechte; Recht auf Widerstand
6. die Führergewalt kennt weder Beschränkungen durch Kontrollen, noch die Respektierung von Schutzbereichen und Rechten des Individuums; ‚Parteilichkeit' des Rechts	6. Machtkontrolle durch Gewaltenteilung und eine unabhängige richterliche Gewalt; Einschränkung der staatlichen Gewalt durch Sicherung der Menschenrechte und des Rechtsschutzes; unparteiisches Recht im Dienste der Gerechtigkeit für den einzelnen Menschen (Schutz des Individuums vor dem Staat)

4. Stunde: Das außenpolitische Programm: 1919–1924

In dieser Stunde sollen die Schüler die programmatischen Grundlagen der NS-Außenpolitik erarbeiten, beurteilen und in den Gesamtzusammenhang des Programms der NSDAP einordnen, dessen praktische Umsetzung in den Stunden 14 und 15 besprochen werden soll. Da hierzu lediglich eine Unterrichtsstunde zur Verfügung steht, muß der doch umfangreiche Stoff sinnvoll gekürzt werden. Für das Vorgehen im Unterricht bieten sich dabei verschiedene Schwerpunkte an, die der Lehrer je nach Intention und Unterrichtssituation wählen kann:

- einmal könnte das ‚fertige' Programm als Hausaufgabe erarbeitet werden und der Schwerpunkt des Unterrichts z. B. auf die Frage nach den Wurzeln im kaiserlichen Deutschland oder nach möglichen innerparteilichen Alternativen gelegt werden;
- zum andern wird, ausgehend von der genannten Hausaufgabe, das Bild des außenpolitischen Programms in der Forschung erarbeitet (Textbeispiele vgl. Alternative zu den Stunden 14 und 15);
- zum dritten bietet sich eine Darstellung der Entwicklung des Programms an mit dem Schwerpunkt „Lebensraumkrieg gegen die Sowjetunion" und „Aufbau eines Ostimperiums", wobei die Frage nach der Herkunft der Hitlerschen Gedanken nur ein untergeordneter Teilaspekt sein kann. Auch die innerparteiliche Diskussion über das Programm – z. B. die Auseinandersetzung mit der Gruppe um die Gebrüder Otto und Gregor Strasser, die ja ein Bündnis mit Rußland gegen England, Polen, Frankreich und die Rückgewinnung der verlorenen Kolonien anstrebte – kann nur angedeutet werden.

Das vorliegende Unterrichtsmodell entscheidet sich für die dritte Möglichkeit, da hier den Schülern deutlich wird, daß Hitlers Programm zwar bis 1924 Wandlungen unterworfen war, daß er politische Ereignisse der Jahre 1919 bis 1923 (z.B. Streit um Fiume 1919, Ruhrkrise 1923) bei der Formulierung des Programms berücksichtigte, ohne auf bereits bestehende Forderungen in der Partei Rücksicht zu nehmen (etwa in bezug auf Südtirol und Rußland), daß er aber von Anfang an einen Angriffskrieg plante. Ferner kann hier die Argumentation Hitlers in all ihrer Fragwürdigkeit untersucht und beurteilt werden.

Wesentliche Punkte der Besprechung sind:

1. Hitlers Vorstellung von Bündnissen und Verträgen, über ihren Zweck und ihre Gültigkeitsdauer. Daß dies ein wichtiger Aspekt auch für die Innen- und Koalitionspolitik war, zeigt Hitlers Koalition mit der DNVP Alfred Hugenbergs und sein Verhalten dieser Partei gegenüber nach der Regierungsübernahme;
2. die zentrale Rolle des Krieges in Hitlers Programm (vgl. hierzu H.-A. Jacobsen, Krieg in Weltanschauung und Praxis des Nationalsozialismus 1919–1945, in: A. Mannzmann [hg.], Hitlerwelle, S. 71–80);
3. der sozialdarwinistisch begründete Lebensraumkrieg gegen die Sowjetunion und die Errichtung eines Ostimperiums.

In der historischen Forschung hat die NS-Außenpolitik und das, was sich dahinter an Gedankengut verbarg, eine unterschiedliche Würdigung erfahren.
Die orthodoxe marxistische Interpretation leugnet den Primat der Politik und eine eigenständige ideologische Begründung; sie interpretiert „die nationalsozialistische Außenpolitik Hitlers und seines Regimes als Funktion der direkt oder indirekt wirkenden maßgeblichen Notwendigkeiten des kapitalistischen Wirtschaftssystems und seiner ökonomisch sowie politisch bestimmenden Gruppen und Vertreter“ (K. Hildebrand, Das Dritte Reich, München 1980, S. 168). Aber „weder als intentionales Handeln aktenkundig belegbar noch als ‚struktureller Prozeß‘ empirisch erschließbar, hat es die – im marxistischen Verständnis unterstellte – Instrumentalisierung der nationalsozialistischen Außenpolitik durch wirtschaftliche Belange und gesellschaftliche Bedürfnisse der traditionellen Führungsschichten Preußen-Deutschlands gegeben“ (K. Hildebrand, Das Dritte Reich, S. 169), zumal Hitlers Programm vor jedem Kontakt mit führenden Vertretern der deutschen Wirtschaft und deren außenpolitischen Interessen entstanden ist (vgl. K. Hildebrand, Das Dritte Reich, S. 168).
Im Westen haben A. Bullock (Hitler. Eine Studie über Tyrannei, engl. 1952) und u. a. auch W. Hofer (Die Entfesselung des Zweiten Weltkrieges, Frankfurt 3/1964) die These vertreten, Hitler habe zwar wie ein echter Macchiavellist „den Krieg als Selbstzweck betrachtet“ (K. Hildebrand, Das Dritte Reich, S. 170), aber einen festen programmatischen Hintergrund wollten sie nicht erkennen, vielmehr habe sich Hitler stets nach den Tagesereignissen gerichtet.
Dieser Theorie widersprach 1960 H. Trevor-Roper (Hitlers Kriegsziele, in: VfZG 8 [1960], S. 121–133): Hitlers „Lebensraumziel“, die Sowjetunion, sei bereits in den 20er Jahren programmatisch begründet worden. E. Jäckel (Hitlers Weltanschauung, Tübingen 1969) und v. a. A. Kuhn (Hitlers außenpolitisches Programm, Stuttgart 1970) haben diese These fortentwickelt und das Hitlersche Programm eindeutig nachgewiesen. Heute gibt es lediglich in bezug auf die Zielsetzung des Programms Differenzen.
Gehen H. Trevor-Roper, E. Jäckel, A. Kuhn, F. Dickmann (Machtwille und Ideologie in Hitlers außenpolitischen Zielsetzungen vor 1933, in: Festschrift für Max Braubach, Münster 1964), J. V. Compton (Hitler und

die USA. Die Amerikapolitik des Dritten Reiches und die Ursprünge des Zweiten Weltkrieges, Oldenburg 1968) u.a. davon aus, daß Hitlers „Endziel" die Eroberung von Lebensraum in der Sowjetunion war – man nennt sie daher „Kontinentalisten" (vgl. K. Hildebrand, Das Dritte Reich, S. 171) –, so vertreten die „Globalisten" die Meinung, daß Hitlers Ziele über den europäischen Kontinent hinausgingen; sie greifen dabei eine bereits 1937 von K. Heiden (Adolf Hitler, eine Biographie, 2 Bde., Zürich 1936/37, hier Bd. 2, S. 240) vertretene These auf, Hitlers Endziel sei „die Neubildung einer arischen Elite und die Weltherrschaft". Hauptvertreter dieser globalen Interpretation von Hitlers Kriegszielen sind u.a. G. Moltmann (Weltherrschaftsideen Hitlers, in: Europa und Übersee, Festschrift für Egmont Zechlin, Hamburg 1961, S. 197–240), K. Hildebrand (Vom Reich zum Weltreich. Hitler, NSDAP und koloniale Frage 1919–1945, München 1969), J. Thies (Architekt der Weltherrschaft. Die „Endziele" Hitlers, Düsseldorf 1976); A. Hillgruber faßt in seinem Aufsatz „Zum Forschungsgegenstand über die Geschichte des Nationalsozialismus" (zit. in: K. Hildebrand, Das Dritte Reich, S. 171) diese These vom erweiterten Stufenplan zusammen: „Dieser endet nicht bei der projektierten Eroberung neuen Lebensraumes im Osten, sondern war weltweit angelegt. Auf die Stufe der Eroberung eines europäischen Kontinentalimperiums mit Rückhalt im eroberten Rußland sollte in einer [weiteren] ‚Stufe' imperialen Ausgreifens ein kolonialer Ergänzungsraum in Mittelafrika sowie ein Stützpunktsystem im Atlantik und im Indischen Ozean gewonnen werden, das einer starken Überwasserflotte als Basis dienen sollte, [um] im Bunde mit Japan, nach Möglichkeit auch mit Großbritannien" die USA niederzuringen, um so „die Weltherrschaft des ‚germanischen Reiches deutscher Nation'" zu erringen. Beide Forschungspositionen heben einen wichtigen Aspekt, der auch im Unterricht aufgegriffen werden muß, besonders hervor: die enge Verbindung von Rassengedanken und außenpolitischem Programm.

A. Hillgruber betont diese Verbindung in seinem erstmals 1972 erschienenen Aufsatz „Die ‚Endlösung' und das deutsche Ostimperium als Kernstück des rassenideologischen Programms des Nationalsozialismus" (in: M. Funke [hg.] Hitler, S. 94–114) und zeigt, welche Motive in Hitlers „Ostkonzeption" eine Rolle spielten:

„1. die Ausrottung der ‚jüdisch-bolschewistischen' Führungsschicht einschließlich ihrer angeblich biologischen Wurzel, der Millionen Juden in Ostmitteleuropa;
2. die Gewinnung von Kolonialraum für deutsche Siedler in den vermeintlich besten Teilen Rußlands [...];
3. die Dezimierung der slawischen Massen und ihre Unterwerfung unter die deutsche Herrschaft [..., um sie] in einen Zustand dumpfen, blinden Gehorsams gegenüber den neuen ‚Herren' zu versetzen. [...];
4. die Autarkie eines blockadefesten ‚Großraumes' in Kontinentaleuropa unter deutscher Herrschaft ‚als notwendige Basis für ein ‚großgermanisches Weltreich'" (a.a.O, S. 101).

Auch R. Binion („... daß ihr mich gefunden habt", S. 87, S. 128 ff.) belegt den Primat der Rassenpolitik; so nannte Hitler am 30. März 1941 vor hohen Offizieren das Unternehmen „Barbarossa" einen „Vernichtungskampf" gegen den Bolschewismus und damit gegen das Judentum, und die Verlängerung des Krieges nach der erkannten Niederlage diente nur noch der Realisierung des rassenpolitischen Programms als selbstübernommene „Mission".

Ziele der Stunde:

Die Schüler erarbeiten
- aus Texten die wesentlichen Gedanken des außenpolitischen Programms Hitlers und der NSDAP.

Die Schüler erkennen
- das Programm als ‚Stufenplan'
- den Zusammenhang von Rassenideologie und außenpolitischen Vorstellungen
- die Rolle des Krieges als zentralen Punkt in den außenpolitischen Ideen der NSDAP
- die Bedeutung des Begriffes ‚Lebensraum'
- den Zusammenhang des NS-Programms mit Zielen z. B. der Alldeutschen, der Völkischen, des ‚Ludendorff-Plans' 1917/18 und Argumenten der ‚Geopolitik'
- die Konstanten in Hitlers Programm: Schaffung eines Großdeutschland (ohne Südtirol!) und die Vorstellung von der deutsch-französischen Erbfeindschaft
- den Wandel in bezug auf England und Rußland und die daraus resultierende Konsequenz für die ‚Raumpolitik' (Sowjetunion als Ziel)
- Hitlers Vorstellung vom „Bündnis als Geschäft".

Die Schüler beurteilen
- das Programm als von Anfang an aggressiv und auf einen Krieg hin ausgerichtet
- die Vorstellung vom Krieg als „Lebensraumkrieg" als sozialdarwinistisch begründet und damit als rassistisch
- die Bündnisvorstellung als jedem Völkerrecht widersprechend.

Verlaufsskizze:

Unterrichtsschritt 1:
Einführung

Zur Einführung in die Problematik und zur Einordnung in den situativen Zusammenhang führt der Lehrer ein Zitat aus einer Rede Hitlers vom 13.11.1919 an, das die Schüler auf Grund ihrer Kenntnisse der Weimarer Republik analysieren sollen:
„Das deutsche Elend muß durch deutsches Eisen zerbrochen werden. Diese Zeit muß kommen." (zit. b. E. Jäckel, Hitlers Weltanschauung, S. 31 f.)
Als erschließende Fragen für ein auswertendes Unterrichtsgespräch bieten sich an:
- Was meint Hitler damit? Beachten Sie den Zeitpunkt der Rede!
- Gegen wen v. a. richtet sich die Äußerung? Begründen Sie Ihre Meinung!
- Welche Lösungsmöglichkeiten des angesprochenen Problems bietet Hitler?

Folgende Aspekte, die vom Lehrer ergänzt werden, sollten als Ergebnis des Unterrichtsgesprächs herauskommen:
- Hitler wandte sich in seiner Rede
  1. gegen die deutsche Regierung, die von der deutschen Rechten als „Novemberverbrecher" bekämpft wurde;
  2. gegen die demokratischen Parteien, denen Hitler Landesverrat und „Volksverelendung" vorwarf;
  3. gegen die Marxisten und gegen die Juden, da ihr Ziel die Zerstörung Deutschlands sei;
  4. gegen den Versailler Vertrag vom 18. 6. 1919, besonders gegen die Kriegsschuld und die Gebietsabtretungen, in denen er eine Existenzgefährdung Deutschlands sah;
  5. gegen Frankreich als Haupturheber der Pariser Verträge, weil es Deutschland als Großmacht ausschalten wollte;
  in diesem Zusammenhang weist der Lehrer kurz daraufhin, daß diese Vorstellung von der deutsch-französischen Erbfeindschaft eine Konstante in Hitlers Programm bis zu seinem Tod war. Zur Verdeutlichung dieses Sachverhalts könnte ein weiteres Zitat Hitlers kurz vor seinem Tod dienen: „Ich habe

vor 20 Jahren geschrieben, was ich von Frankreich dachte. Es war und ist der Hauptfeind des deutschen Volkes." (zit. b. A. Kuhn, Hitlers außenpolitisches Programm, S. 42);

6. Hitler wollte keine Verbesserung des Vertrages, keine friedliche Revision; er wollte die vollständige Beseitigung des Vertrages und seiner Folgen – gemeint war damit auch die Demokratie! – durch das „Eisen", durch einen Krieg.

Unterrichtsschritt 2:
Entwicklung des Programms

Auswertung einer Hausaufgabe (kurze Auszüge v. a. aus Reden Hitlers bis 1923, die zum besseren Verständnis thematisch geordnet sein sollten (vgl. Vorschlag für ein Arbeitsblatt). Die Schüler sollten
- die Entwicklung des außenpolitischen Programms der NSDAP bis 1923 erarbeiten;
- Hitlers Einstellung zu den europäischen Großmächten erkennen
- und seine Auffassung von Bündnissen und Verträgen erarbeiten.

Als texterschließende Aufgaben bieten sich an:
- Zeigen Sie die Entwicklung von Hitlers Programm bis 1923!
- Zeigen Sie besonders das Verhältnis zu den europäischen Großmächten!
- Welche Vorstellungen von Bündnissen und Verträgen hatte Hitler? Wie beurteilen Sie diese Auffassung? Begründen Sie Ihre Meinung!

Zu Hitlers Bündnisauffassung:
- Bündnisse und Verträge dienten für Hitler allein der Durchsetzung expansiver Ziele, d. h. dem Krieg, nicht zur Aufrechterhaltung des allgemeinen Friedens;
- Hitler verstand sie stets nur als Geschäft; Leistung verlangt Gegenleistung; zudem waren sie jederzeit kündbar. Nach dieser Auffassung konnte man sich mit dem Gegner von morgen gegen den von heute verbünden (vgl. deutsch-sowjetischer Nichtangriffspakt 1939);
- Ablehnen jeder Neutralität; entweder man unterstützte Hitlers Ziele aktiv, oder man war ein zu bekämpfender Feind – diese Maxime galt uneingeschränkt auch in der Innenpolitik;
- Vorraussetzung war die sog. „Bündnisfähigkeit": allein ein starker Staat verspricht Gewinn; Aufgabe der Innenpolitik war es, diesen „Machtstaat" durch Errichtung einer nationalen Diktatur, durch Rassenreinigung und Aufrüstung zu schaffen.

Eine Folie faßt die wesentlichen Ergebnisse dieses Unterrichtsschrittes zusammen (vgl. Vorschlag für einen Foliensatz).

Unterrichtsschritt 3:
Raumpolitik als ‚Stufenplan'

Im Mittelpunkt dieses Teils der Stunde steht die Auswertung einer Quelle. Dies sollte in Partnerarbeit geschehen. Es gilt, den Schülern einmal das neue Ziel der NS-Raumpolitik, die UdSSR, und zugleich das Programm als ‚Stufenplan' zu zeigen, der bereits vor 1933 festlag.

Als Textvorlage empfiehlt sich ein Auszug aus „Mein Kampf", abgedruckt in:
- W. Hofer (hg.), Der Nationalsozialismus, fi-Tb 6084, S. 175 T 91 etwas gekürzt oder in veränderter Zusammenstellung in
- H.-G. Herrenleben (hg.), Totalitäre Herrschaft, Ploetz, S. 48 T 28;
- A. Krink (hg.), Die NS-Diktatur, Diesterweg, S. 121 T 142 f.
- W. Conze (hg.), Der Nationalsozialismus, Teil 1, Klett, S. 30 T 47;
- Zeiten und Menschen G 2, Schöningh, S. 357 f. T 21
- Weltgeschichte im Aufriß 3/1, Diesterweg, S. 406 ff.;

– Politik und Gesellschaft 2, Hirschgraben, S. 152f.

Zum Text werden folgende Fragen gestellt:

1. Welche Aufgaben weist Hitler der Außenpolitik zu? Welche Ziele verbindet er damit?
2. Wie könnte man den Begriff ‚Lebensraum' definieren?
3. Welches territoriale Ziel weist Hitler?
4. Wie könnte es ideologisch begründet werden?
5. Wie beurteilen Sie die Argumentation?

Im Unterrichtsgespräch werden u.a. folgende Aspekte, die vom Lehrer ergänzt werden, zusammengetragen:

1. Aufgaben der Außenpolitik:
   - Zusammenfassung einer einheitlichen Rasse
     Ziel: Großdeutschland (aber ohne Südtirol, vgl. U'schritt 2)
   - Sicherung der Existenz eines Volkes durch Erweiterung des Wirtschafts- und Siedlungsraumes
     Ziel: größtmögliche Autarkie und politische Freiheit
   - Sicherung eines Volkes durch Errichtung eines „militärgeographischen Atemraumes"
     Ziel: möglichst unangreifbare Industrie- und Rüstungszentren und damit militärische Überlegenheit (‚Tiefe des Raumes')
2. ‚Lebensraum' als Stück Erde, das der Erhaltung menschlicher, tierischer und pflanzlicher Existenz dient und den „Wert" einer Rasse zeigt. Kriterien: „Atemdichte" = Bevölkerungszahl und -dichte; „Nährfähigkeit" = Wohn- und Ernährungsmöglichkeit und „Wehrfähigkeit" = Verteidigungsfähigkeit, ‚Tiefe des Raumes'; Kriterium für die Beurteilung des angeblichen Wertes eines Volkes.
3. Statt Kolonialerwerb Eroberung neuen Lebensraumes im Osten durch einen Krieg gegen die Sowjetunion (dies war nach dem Bündnisentscheid zugunsten Englands 1923 zu erwarten – vgl. Rede vom 26.5.1921, Vorschlag für ein Arbeitsblatt zu U'schritt 2).
4. Rassistische Begründung: Marxismus = „Gift des Judentums" (Hitler); Juden = staatszerstörende Kräfte. Ein Zitat aus „Mein Kampf", vom Lehrer vorgetragen, kann diesen Sachverhalt begründen:
   „Indem es [das Schicksal] Rußland dem Bolschewismus überantwortete, raubte es dem russischen Volk jene Intelligenz, die bisher dessen staatlichen Bestand herbeiführte und garantierte. [...] Das Riesenreich im Osten ist reif für den Zusammenbruch. Und das Ende der Judenherrschaft wird auch das Ende Rußlands als Staat sein. Wir sind vom Schicksal ausersehen, Zeugen einer Katastrophe zu werden, die die gewaltigste Bestätigung der völkischen Rassentheorie wird" („Mein Kampf", S. 742f.).

In einer vorläufigen Zusammenfassung wird den Schülern ein Schema des außenpolitischen Konzepts vorgestellt (vgl. Vorschlag für einen Foliensatz), wobei der Lehrer auf die Kontroverse um Hitlers „Endziele" hinweist – geeignet erscheint dafür das in der Vorbemerkung angeführte Zitat von A. Hillgruber (vgl. Vorbemerkung S. 34).

Ergänzung:
An dieser Stelle bietet sich die Gelegenheit, den Schülern zu zeigen, daß Hitlers Wendung zugunsten Englands und gegen Rußland in der Partei keineswegs unumstritten war und daß Hitler sich erst nach 1929/30 durchgesetzt hat (vgl. hierzu: A. Kuhn, Hitlers außenpolitisches Programm, S. 83 ff. und S. 124 ff.).

Exkurs: Funktion des Krieges im Programm
Vor dem Hintergrund der Kenntnis des rassenpolitischen Programms ergibt sich die Möglichkeit, den Krieg und seine Rolle im außenpolitischen Konzept der NSDAP zu diskutieren. Der Lehrer ergänzt und korrigiert die Schülerthesen:
Für die Anhänger des Nationalsozialismus galt der Krieg als ein Naturgesetz - das Leben als permanenter Rassenkampf - mit dem Ziel der „Rassen-

reinigung", der Herrschaft der stärksten Rasse und zur Ausdehnung des Lebensraumes über fremde Gebiete v.a. „minderrasssiger" Völker wie z.B. Slawen. Friede oder Friedenspolitik galt als Ausdruck von Schwäche und der Herrschaft „minderrassiger Elemente".

Unterrichtsschritt 4:
Die Herkunft der außenpolitischen Ideen

Die Herkunft der außenpolitischen Ideen des Nationalsozialismus wird am besten im Lehrervortrag aufgezeigt. Folgende Punkte sollten enthalten sein:

1. der ‚Sozialdarwinismus' (Erläuterung vgl. 1. Stunde, U'schritt 3 und Tafelbild)
2. die sog. ‚Geopolitik' und ihre Hauptvertreter Rudolf Kjellen (1864–1922) aus Schweden, die Deutschen Friedrich Ratzel (1844–1904) und Karl Haushofer (1869–1946), zu dessen Schülern u.a. Rudolf Heß gehörte (vgl. hierzu: H.-A. Jacobsen, „Kampf um Lebensraum", in: Aus Politik und Zeitgeschichte B 34–35/1979, S. 17, 19).
   - Lehre vom Einfluß des geographischen Raumes und seiner Bedingungen auf die kulturelle, staatliche und politische Entwicklung eines Volkes und Staates.
   - Am radikalsten formulierte der „Alldeutsche Verband" die Forderung nach Ausdehnung des Lebensraumes in Europa und Übersee.
   - Die „Völkischen" vermengten diese Lehre mit ihren rassistischen Vorstellungen; „wünschte doch schon Constantin Frantz im Jahre 1882 einen Krieg im Osten und propagierte Friedrich Lange die Besiedelung dieser Gebiete mit Deutschen. Paul de Lagarde forderte [...] immer wieder Landstriche in Polen, auf dem Balkan und an der Schwarzmeerküste" (A. Kuhn, Hitlers außenpolitisches Programm, S. 16) und die Vertreibung der dortigen Juden und nichtdeutschen Völker.
   Der „Alldeutsche Verband" verlangte 1894, „der germanischen Rasse diejenigen Lebensbedingungen zu sichern, deren sie zur vollen Entwicklung ihrer Kräfte bedarf, selbst wenn darüber solch minderwertige Völkchen wie Tschechen, Slowenen und Slowaken ihr für die Zivilisation nutzloses Dasein einbüßen sollten" (zit. b. A. Kuhn, Hitlers außenpolitisches Programm S. 16f.).
3. Auf Rußland als Ziel eines Lebensraumkrieges wiesen Hitler v.a. baltendeutsche und weißrussische Emigranten um Max-Erwin von Scheubner-Richter und Alfred Rosenberg, die Hitlers traditionelle Abneigung gegen alles Slawische „bestätigten" und verstärkten (vgl. hierzu: A. Kuhn, Hitlers außenpolitisches Programm, S. 17f.; W. Laqueur, Deutschland und Rußland, Berlin 1965, S. 62ff.).
4. wenn auch nur indirekt der sog. ‚Ludendorff-Plan' für Brest-Litowsk („Hitler selbst nannte als weiteren Lehrmeister Ludendorff und eine seiner Denkschriften aus dem Jahre 1912" [A. Kuhn, Hitlers außenpolitisches Programm, S. 29]: „Anschluß Litauens und Kurlands einschließlich Rigas und der Inseln an Deutschland, da wir zur Volksernährung mehr Land brauchen" (zit. bei R. Binion, „daß ihr mich gefunden habt", S. 88).

Ein Tafelbild hält die Ergebnisse des Lehrervortrages fest (vgl. Vorschlag für ein Tafelbild).

Unterrichtsschritt 5:
Zusammenfassung

Da diese Stunde den Abschluß des Themenblocks „Ideologie des Nationalsozialismus, ihre Wurzeln und Entstehung" bildet, soll am Ende der Stunde eine allgemeine Zusammenfassung stehen, für deren Erarbeitung sich ein Unterrichtsgespräch anbietet.
Somit bietet sich Gelegenheit zu Wiederholung, Einordnung und Schematisierung. Die

Verfasser sind sich dabei bewußt, daß jede Schematisierung zugleich Vereinfachung bedeutet, die allzu leicht bis zur Verfälschung reicht; aber im Interesse der Schüler, ihrer Lernfähigkeit und Lernwilligkeit sollte dennoch nicht darauf verzichtet werden.
Eine Folie in Verbindung mit einer Hektographie hält das Ergebnis fest (vgl. Vorschlag für ein Arbeitsblatt).

Hausaufgabe:

Auswerten einer Quelle: „Wahlaufruf der NSDAP 1932"
Aufgabenstellung vgl. Stunde 5, Unterrichtsschritt 2.

Vorschlag für ein Arbeitsblatt

(zu Unterrichtsschritt 2)

T1: Aus dem Parteiprogramm (24.2.1920)

1. Wir fordern den Zusammenschluß aller Deutschen auf Grund des Selbstbestimmungsrechts der Völker zu einem Groß-Deutschland.
2. Wir fordern die Gleichberechtigung des deutschen Volkes gegenüber den anderen Nationen, Aufhebung der Friedensverträge von Versailles und St. Germain.
3. Wir fordern Land und Boden (Kolonien) zur Ernährung unseres Volkes und zur Ansiedlung unseres Bevölkerungsüberschusses.
   (zit. b. R. Kühnl [hg.], Der deutsche Faschismus, Pahl-Rugenstein, S. 105)

T2a: Rede vom 10.12.1919
„Die Wegnahme der Kolonien bedeutet für uns einen entsetzlichen Verlust. Wir sind gezwungen, unsere Rohstoffe von den Alliierten zu beziehen und zwar so teuer, daß wir als Konkurrenz auf dem Weltmarkte ausgeschaltet werden." (zit. b. A. Kuhn, Hitlers außenpolitisches Programm, S. 35)
T2b: Rede vom 10.8.1920
„Durch den Verlust unserer Kolonien steht die deutsche Industrie vor dem Zusammenbruch. Entweder wir bekommen wieder Absatzgebiete oder zwanzig Millionen Deutsche müssen auswandern." (zit. b. A. Kuhn, a.a.O. S. 36).

T3a: Rede vom 20.9.1920
„Eingehend sprach Hitler auch über Frankreich und dessen Erbfeindschaft, wie es früher Stück um Stück von Deutschland genommen, wie jetzt sein letztes Ziel der deutsche Rhein sei und die Zersplitterung Deutschlands." (zit. b. A. Kuhn, Hitlers außenpolitisches Programm, S. 41).
T3b: Rede vom 5.9.1920
„Wir sind geknebelt, aber wenn wir auch wehrlos sind, einen Krieg mit Frankreich scheuen wir nicht." (zit. b. E. Jäckel, Hitlers Weltanschauung, S. 32).

T4a: Rede vom 6.7.1920
„Für uns sitzt der Feind jenseits des Rheins, nicht in Italien oder anderswo."
T4b: Rede vom 1.8.1920
„Die Grundforderung ist: Weg mit dem Friedensvertrag! Wir müssen hierzu alle Hebel in Bewegung setzen, hauptsächlich die Gegensätze zwischen Frankreich und Italien ausnützen, damit wir Italien für uns bekommen." (Streit wegen Dalmatien, das Jugoslawien zugesprochen worden war, obgleich im ‚Londoner Vertrag' 1915 Fiume Italien versprochen worden war.)
(T4a und b zit. b. E. Jäckel, Hitlers Weltanschauung, S. 33).
T4c: Rede vom 14.11.1922
„Mit Italien, das seine nationale Wiedergeburt erlebt und eine große Zukunft hat, muß Deutschland zusammengehen. Dazu ist nötig ein klarer und bündiger Verzicht auf die Deutschen in Südtirol. Das Geschwätz über Südtirol, die leeren Proteste gegen die Fascisten schaden uns nur, da sie uns Italien entfremden. In der Politik gibt es keine Sentiments, sondern nur Kaltschnäuzigkeit." (zit. b. A. Kuhn, Hitlers außenpolitisches Programm, S. 73).

T5a: Rede vom 10.12.1919
„Schauen wir doch unsere Feinde an! Wir teilen dieselben in zwei Gruppen: die erste umfaßt die absoluten Gegner [Frankreich] England und Amerika, die 2. Gruppe: Völker, die infolge ihrer eigenen unglücklichen Lage oder infolge sonstiger Umstände unsere Gegner wurden." (zit. b. A. Kuhn, Hitlers außenpolitisches Programm, S. 47)
T5b: Artikel im „Völkischen Beobachter" (29.5.1921)
„Eine innere Zuwendung Englands an Deutschland aber ist unmöglich, weil dort die gleiche jüdische Preßbanditengesellschaft den Staat dirigiert wie bei uns. [...] Nach wie vor wird auch

Großbritanniens Haltung von dem großen alljüdischen Willen bestimmt, der die Vernichtung aller staatlichen, wirtschaftlichen Selbständigkeiten erstrebt, zum Zwecke ihrer Verinternationalisierung."

T6a: Rede auf einer Versammlung (21.10.1921)
„In den Jahren 1898 und 1899 wurde von England in Berlin der Vorschlag eines Bündnisses mit England gegen Rußland gemacht. Das wäre eine Möglichkeit gewesen, zu Gebietserweiterungen zu gelangen; die andere Möglichkeit wäre aber gewesen: ein Bündnis mit Rußland gegen England! Dadurch wäre eine unbegrenzte Expansionsmöglichkeit [...] geschaffen worden." (zit. b. A. Kuhn, Hitlers außenpolitisches Programm, S.66)

T6b: Rede vom 27.7.1920
„Ein Bündnis zwischen Deutschland und Rußland kann nur zustande kommen, wenn das Judentum abgesetzt wird." (zit. b. E. Jäckel, Hitlers Weltanschauung, S.35)

T7a: Aus: „Mein Kampf"
„Völkerschicksale werden fest aneinandergeschmiedet nur durch die Aussicht eines gemeinsamen Erfolges im Sinne gemeinsamer Erwerbungen, Eroberungen, kurz einer beiderseitigen Machterweiterung." (S.697)
„[...] als ob es überhaupt ein Bündnis auf einer anderen Grundlage als der eines gegenseitigen Geschäftes geben könnte" (S.154f.).

Aufgaben:
- Zeigen Sie die Entwicklung von Hitlers Programm bis 1923!
- Zeigen Sie besonders das Verhältnis zu den europäischen Großmächten!
- Welche Vorstellungen von Bündnissen und Verträgen hatte Hitler?
  Wie beurteilen Sie diese Auffassung? Begründen Sie Ihre Meinung!

Vorschlag für einen Foliensatz *(zu Unterrichtsschritt 2 und 3)*

Folie 1 **Das außenpolitische Programm 1919–1924** Folie 2

I. Chronologische Entwicklung

Seit 1919:
Revisionskrieg gegen Frankreich (Konstante)
Großdeutschland; Kolonialerwerb; England absoluter Gegner

Seit 1920:
Bündnis mit Italien (machtpolitische Begründung)

Seit 1921:
Raumpolitik mit 2 Alternativen:
a) Kolonialerwerb → Bündnis mit entbolschewisiertem Rußland gegen England

b) „Bauernland" → Bündnis mit England gegen Rußland, Verzicht auf Kolonien
Lösung a) bevorzugt!

Seit 1922:
Bündnis mit Italien → Verzicht auf Südtirol (ideologische Begründung)

Seit 1923:
Bündnis mit England → Verzicht auf Kolonien; Begründung: engl. Gleichgewichtsstreben

Seit 1924:
Lebensraumkrieg gegen die Sowjetunion
Sozialdarwinistische Begründung

II. Schematisierung

1. Stufe:
Schaffung der „Bündnisfähigkeit"
→ nationale Diktatur, Aufrüstung, Kriegserziehung

2. Stufe:
Bündnispolitik
→ England (Verzicht auf Kolonien)
→ Italien (Verzicht auf Südtirol)

3. Stufe:
Großdeutschland (rassische Begründung: gemeinsames Blut)

4. Stufe:
Krieg gegen „Erbfeind" Frankreich
→ Revision von Versailles
→ Rückenfreiheit

5. Stufe:
sozialdarwinistischer Lebensraumkrieg gegen die Sowjetunion

(6. Stufe:
großgermanisches Weltreich
→ Kolonien und Krieg gegen die USA)

Stufe 2 und Stufe 3 waren austauschbar!

Vorschlag für ein Arbeitsblatt *(zu Unterrichtsschritt 6)*

Bestimmende Faktoren der Ideologie des Nationalsozialismus

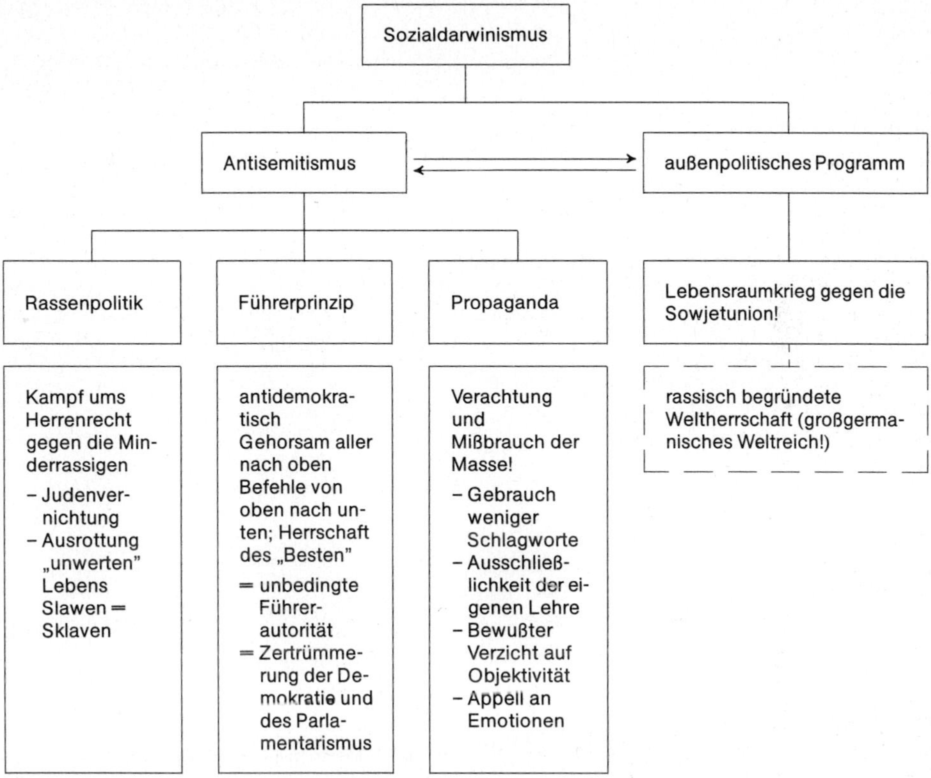

(Eintragungen in den Feldern sollten während des Unterrichtsgesprächs erfolgen!)
(Die Spalte „Propaganda" soll erst am Ende der 5. Stunde ausgefüllt werden!)

5. und 6. Stunde: Der Nationalsozialismus als massenpsychologisches Problem

5. Stunde: Die nationalsozialistische Propaganda

Vorbemerkung:

„Es ist schwer zu verstehen, daß Millionen von Menschen bei vernünftiger Überlegung [das] Programm und die nationalsozialistische Ideologie ernst nahmen und darin die einzige Zukunftshoffnung erblickten." (W. Tormin, in: E. Aleff (hg.), Das Dritte Reich, Edition Zeitgeschehen 5, Hannover 9/1970, S. 14). Den Schülern muß daher die fundamentale Bedeutung der Propaganda für den Nationalsozialismus verdeutlicht werden.

Gleichzeitig gilt es, den Zweck, die Methoden der Propaganda sowie ihre ideologische Begründung kritisch zu hinterfragen.
Für die Gestaltung der Stunde bieten sich drei Alternativen an:
Eine Möglichkeit ist die Untersuchung der Propagandasprache des Nationalsozialismus anhand von Auszügen aus Reden z.B. von Hitler und Goebbels.
Diese könnte man mit Stellungnahmen aus der Sekundärliteratur konfrontieren.
Materialien dazu bieten u.a.

- L. Winckler, Studien zur gesellschaftlichen Funktion faschistischer Sprache, Suhrkamp, Frankfurt 3/1977, S.40–43, abgedruckt in: H. Beier, Grundkurs Deutsch 1: Kommunikation, Rhetorik, Drama, Bayer. Schulbuch-Verlag, München 1978, S.37–39.
- Weltgeschichte im Aufriß, Bd. 3/1, Diesterweg, S. 350 T9
- H. v. Kotze / H. Krausnick (hg.), Es spricht der Führer, Gütersloh 1966
- E. Klöss (hg.), Reden des Führers, dtv Nr. 436, München 1967, z.B. S. 39–43

Ferner kann man ausgewählte Wahlplakate der NSDAP auswerten, wobei man sie mit Beispielen aus dem demokratischen Lager konfrontieren sollte.
Beispiele finden sich u.a. in den Lehrbüchern (Zeiten und Menschen G2, Schöningh-Schroedel, Abb. 79, 80, 85, 87; Politik und Gesellschaft, Bd. 2, Hirschgraben, gegenüber S. 120 und gegenüber S. 152), in der Dia-Serie „Parolen, Plakate, Propaganda" (mit Tonband) des Jünger Verlags, Frankfurt/Main, in: F. Arnold (hg.), Anschläge. Deutsche Politik an der Litfaßsäule 1900–1971, München 1972.
Zum dritten bietet sich an, die Propaganda anhand ihrer ideologischen Begründung durch Hitler zu untersuchen. Dabei sollte auch hier von einem konkreten Beispiel – Plakat, Redeausschnitt oder Wahlaufruf – ausgegangen werden.
Dieser Weg ist deshalb besonders gut geeignet, weil den Schülern nicht nur die Mittel der Propaganda des Nationalsozialismus deutlich werden sollten, sondern auch die enge Verknüpfung von Ideologie (Rassenlehre) und Propaganda. Ferner erlaubt er, Bekanntes (Ideologie) mit Neuem zu verbinden und eine Brücke zu schlagen von der Weltanschauung zur Realität nationalsozialistischer Herrschaft. Schließlich wird die Frage aufgeworfen, welche Gesellschaftsschichten von dieser Art der Propaganda besonders stark angesprochen wurden (vgl. Stunde 6: „Soziologie der NSDAP und ihrer Wähler"). („Brückenfunktion" dieser Stunde!)

Ziele der Stunde:

Die Schüler erarbeiten

- aus Quellen Hitlers Vorstellungen von der Aufgabe und der Methode der Propaganda
- aus einem Wahlaufruf „Schlüsselwörter" und Leitgedanken nationalsozialistischer Propaganda
- anhand von Plakaten wesentliche Gestaltungsprinzipien dieser Propaganda

Die Schüler erkennen

- daß besonders an die Gefühle der Menschen, v.a. an die Angst appelliert wird
- daß besonders der bedrohte Mittelstand Ziel dieser Propaganda war
- den Einfluß der Rassenideologie auf die Propaganda

Die Schüler beurteilen

- die Propaganda des Nationalsozialismus als „Waffe gegen die Wahrheit", als Mittel zum Zweck.

Verlaufsskizze:

Unterrichtsschritt 1:
Wahlplakate der NSDAP

Nach der Vorstellung des Unterrichtsthemas werden den Schülern zwei Wahlplakate der NSDAP gezeigt. Als Vorlage eignen sich z. B. F. Arnold (hg.), Anschläge, Nr. 87 (Dia-Serie „Parolen, Plakate, Propaganda", Jünger-verlag, Dia-Nr. 31) vom Herbst 1932 und Nr. 90 aus dem Jahre 1933 (vgl. Beilage S. 45). Kurze Hinweise zur Interpretation bieten die jeweiligen Begleittexte.
Die Schüler werden aufgefordert, ihre unmittelbaren Eindrücke wiederzugeben, Form und Inhalt der jeweiligen Darstellung zu beschreiben.
Dabei sollte erarbeitet werden, daß für beide Plakate der Appell an die Angst der Menschen und die Verteufelung des politischen Gegners kennzeichnend sind. Besonders das zweite Plakat „ist ein Muster für den animalische Kraft und wilde Energie suggerierenden ‚vitalistischen' Sprechstil der NSDAP" (in: Anschläge, Anmerkung zu Plakat Nr. 90).

Exkurs:
An dieser Stelle des Unterrichts kann man den Schülern Plakate demokratischer Parteien der Weimarer Republik vorlegen, die sie mit den genannten Beispielen der NSDAP vergleichen sollten.
Beispiele finden sich in den Lehrbüchern für die Oberstufe, bei F. Arnold (hg.), Anschläge, und in der Dia-Serie „Parolen, Plakate, Propaganda", Jünger.

Unterrichtsschritt 2:
Argumente und Themen der NS-Propaganda

Auswertung einer Hausaufgabe: Wahlaufruf der NSDAP aus dem Jahre 1932, abgedruckt u. a. in: W. Hofer (hg.), Der Nationalsozialismus, S. 23f., T 9; Weltgeschichte im Aufriß, Diesterweg, S. 354, T 13.
Als erschließende Aufgaben bieten sich an:

1. Fassen Sie die Argumentation kurz zusammen!
2. Nennen Sie im Text auftauchende ‚Schlüsselbegriffe'!
3. Zeigen Sie den ideologischen Hintergrund dieses Wahlaufrufes!
4. Wer ist wohl dafür besonders empfänglich?

Die letzte Frage erlaubt es, Vorgänge aus der Spätzeit der Weimarer Republik mit dem jetzigen Stoff zu verbinden und zugleich eine Brücke zu schlagen zwischen der Ideologie und der Soziologie der NSDAP und ihrer Wähler (vgl. 6. Stunde).
Als Antworten werden u. a. erwartet:
ad 1:
- die Partei versteht sich als „Freiheitsbewegung"
- sie ist allein das Werk Hitlers
- Hitler bekämpft das „System" von Weimar zum Wohle Deutschlands (Demokratie als Unglück)
- Hitler garantiert die „Wiederauferstehung" Deutschlands, d. h. die alte Großmachtstellung
- Hitler garantiert die wirtschaftliche Gesundung Deutschlands
- Hitler ist die einzige Hoffnung
- Hitler erfüllt das Vermächtnis der Kriegstoten
- Hitler verkörpert die „Sehnsüchte" der deutschen Jugend
- Hitler garantiert einen starken Staat nach innen und außen
- die anderen Parteien haben das Volk belogen und betrogen

ad 2:
Volk, Volksgenossen, Nation, Wiederauferstehung, Ehre, Freiheit, Sturmkolonnen, Führer, System, Wille, müdes Geschlecht, loderndes Fanal
ad 3:
u. a. ‚Führerprinzip', Nation und Volk als ‚Volksgemeinschaft' (verschworene Schicksalsgemeinschaft), Nationalismus, Rassenlehre, antibürgerliche Tendenzen
ad 4:

Hitler appelliert hier an den in weiten Kreisen der Weimarer Republik (v.a. bei vielen Intellektuellen und in weiten Teilen des Mittelstands) vorherrschenden Wunsch nach Systemveränderung abseits einer marxistischen Umwälzung (Antimarxismus des Mittelstandes und der akademischen Jugend). Zugleich trägt die NSDAP dem „Verlangen nach kraftvoller politischer Vertretung seitens derjenigen Schichten und Gruppen der Bevölkerung (Bauern, neuer Mittelstand, Jugend) [Rechnung], die sich von den bestehenden bürgerlichen Interessensparteien nicht oder nicht mehr adäquat [...] vertreten, sondern vernachlässigt und isoliert fühlten" (M. Broszat, Soziale Motivation und Führerbindung, in: VfZG 18 [1970], S. 394 f.). Auch konservative Kreise v.a. in der Beamten- und Lehrerschaft fühlten sich von der NS-Propaganda angezogen.

Die zu Aufgabe 4 gemachten Äußerungen werden als Hypothesen genommen und in der 6. Stunde überprüft und gegebenenfalls ergänzt und spezifiziert.
Formulierung von Themen der NS-Propaganda (siehe Tafelbild).

Alternative
Anstelle eines Wahlaufrufes bietet sich auch die Auswertung eines Ausschnitts aus einer Hitlerrede an, deren Text entweder hektographiert und dann als Hausaufgabe analysiert wurde oder die in einem Film vorgestellt wird (z.B. Aus einer Wahlrede Hitlers in Greifswald am 27.7.1932, FWU 323027). Wird der Film gezeigt, sollte der in Unterrichtsschritt 3 zu bearbeitende Text den Schülern zur Vorbereitung auf diese Stunde gegeben werden.
Aufgabenstellung zum Film bzw. zur Hektographie:
1. Beschreiben Sie die Art des Vortrages!
2. Notieren Sie sich bitte die ‚Schlüsselwörter' in dieser Rede!
3. Welches sind Ihrer Meinung nach die wichtigsten Argumente?

Unterrichtsschritt 3:
NS-Propaganda

Im Mittelpunkt steht die Auswertung eines Textes in Schülerstillarbeit, welcher den Bezug zwischen Ideologie und Propaganda erhellen soll. Als Textvorlage eignet sich u.a. ein Auszug aus „Mein Kampf", S. 197 f., abgedruckt in
– H.-G. Herrnleben (hg.), Totalitäre Herrschaft, Ploetz, S. 39, T 15,
– A. Krink (hg.), Die NS-Diktatur, S. 21 f., T 20,
– B. Hey/J. Radkau (hg.), Nationalsozialismus und Faschismus, Klett, S. 55 f., T 32

Fragen für die Stillarbeit und das Unterrichtsgespräch:
1. Welche Aufgabe hat die Propaganda?
2. Nach welchen Grundsätzen soll sie verfahren?
3. Welche Rolle spielt die wahrheitsgerechte Information dabei?
4. Welches Bild von der „Masse" zeigt der Text?
5. Welcher Teil der NS-Ideologie hat diese Auffassung beeinflußt?

Die Schülerantworten werden in einem Tafelbild festgehalten, wobei der Lehrer auf mögliche Quellen Hitlers hinweist: Gustave Le Bon (1841–1931), Begründer der Massenpsychologie, und William McDougall (1871–1938).
Ergänzen des Arbeitsblattes (siehe 4. Stunde, Folie).

Hausaufgabe:

Auswertung einer Mitgliederstatistik und deren Schematisierung (6. Stunde, U'schritt 2)

„Innerhalb 4 Jahren ist die Arbeitslosigkeit behoben"

hat Adolf Hitler gesagt.

Seine Gegner schreien, das sei viel zu lange.

Ihr Herren! Ein Adolf Hitler verspricht nicht, wie Ihr, Behebung der Arbeitslosigkeit in kürzester Frist, um dann wie Ihr, die Arbeitslosenzahl von Jahr zu Jahr immer mehr anwachsen zu lassen – bis schließlich nach 14 Jahren weit mehr als

6 Millionen auf der Straße

liegen!

Was ein Adolf Hitler verspricht, das hält er!

Was ein Adolf Hitler erreichen will, das erreicht er!

Einst sagte er voraus, daß er aus sieben Mann, die nach Gründung der NSDAP. um ihn waren, eine Millionenbewegung schaffen würde.

Die Gegner höhnten: ein armer Narr!

Sein Wille aber machte aus der NSDAP. die stärkste Partei Deutschlands.

Hitler schwor in Leipzig, er werde den legalen Weg gehen, um seine Partei an die Macht zu bringen.

Die Gegner höhnten: er muß seinen Schwur brechen oder die NSDAP. kommt nicht an die Regierung.

Sein Wille aber führte die NSDAP. zur Regierung, ohne daß er seinen Schwur brach.

Hitler sagte, ich werde Reichskanzler und wenn Ihr versucht, den Teufel dagegen zu mobilisieren!

Die Gegner höhnten: er wird es nie!

Sein Wille aber überwand alle Widerstände und er wurde Reichskanzler.

Hitler sagt:

Innerhalb 4 Jahren ist die Arbeitslosigkeit behoben!

Innerhalb 4 Jahren ist der Bauernstand endgültig gerettet!

Sein Wille wird auch hier siegen!

Hitler wird desto leichter siegen, je mehr Macht Ihr ihm gebt und je unabhängiger Ihr ihn macht von den Parteien, die das Volk dorthin führten, wo es heute ist.

14 Jahre gabt Ihr diesen Parteien Zeit um Deutschland immer mehr zu Grunde richten zu lassen!

Gebt Hitler 4 Jahre Zeit zum Aufbauen!

Ihr gebt Hitler Macht und gebt Hitler Zeit, indem Ihr

Hitler

wählt!

Münchner
Photodruckerei Wurm & Schreiber
Frauen Platz 6 am Dom

Liste 1

National-Soz. Deutsche Arbeiter-Partei
(Hitler-Bewegung)

Für den Inhalt verantwortlich.
Rudolf Hess-München

Bravo
Herr von Papen!
Nun weiter so, mit Notverordnungen, Lohn-
und Rentenkürzungen und Beseitigung
des Tarifrechtes.
Sie geben uns Kommunisten die letzte
Chance.
Soll das Wahrheit werden? Nein!
Nur einer rettet uns vom Bolschewismus
Adolf Hitler!
Liste 1
National-Sozialisten

6. Stunde: Die Soziologie der NSDAP

Vorbemerkungen:

Die Stunde verknüpft die beiden Segmente „Der Nationalsozialismus als massenpsychologisches Problem“ und „Der Nationalsozialismus an der Macht“ und zeigt, auf welche Bevölkerungsschichten die Propaganda der NSDAP besonders anziehend wirkte. Es soll vermittelt werden, daß der Nationalsozialismus nicht aus einem „politischen Niemandsland“ kam (H. A. Winkler, Mittelstandsbewegung oder Volkspartei? Zur sozialen Basis der NSDAP, in: Faschismus als soziale Bewegung, hg. W. Schieder, Hamburg 1976, S. 114).

Die Stunde geht also der Frage nach, inwieweit gesellschaftliche Strukturen für die Entstehung des Faschismus in Deutschland ursächlich sind. Die Ergebnisse dieser Stunde sollen bei der Analyse der verschiedenen Faschismustheorien wieder herangezogen werden. Neben der Frage, welche Bevölkerungsschichten hauptsächlich Basis und Führerschaft des Nationalsozialismus stellten, wird die Analyse der Daten auch den sozialen Wandel berücksichtigen, der sich in der unterschiedlichen Affinität der Schichten zur faschistischen Bewegung ausdrückt.

In der Forschung herrscht inzwischen Einigkeit darüber, daß die Bezeichnung „Mittelstandsbewegung“ für die NSDAP ungeeignet ist. Vor allem wird darüber diskutiert, ob es sich bei der NSDAP um eine „Volkspartei“ im Sinne einer „nicht demokratischen Integrationspartei“ (H. A. Winkler, Mittelstandsbewegung, S. 112) handelte. Dieser Begriff wurde von H. Mommsen als mißverständlich zurückgewiesen; er selbst spricht von einer „negativen Volkspartei“. W. Schieder schlägt die Bezeichnung „universale Ersatzpartei“ vor (vgl. H. A. Winkler, Mittelstandsbewegung, S. 98). Diese Begriffe, wie auch der schon 1932 von Sigmund Neumann geprägte Begriff „absolutistische Integrationspartei“ (vgl. H. A. Winkler, Mittelstandsbewegung, S. 98) werden erläutert und beurteilt, wobei auch der Frage nachgegangen werden soll, weshalb die Forschung hier so verschiedenartig diskutiert.

Bei soziologischen Themen sollte auf eine Analyse ausführlicher Statistiken nicht verzichtet werden. Da die Auswertung des Materials relativ viel Zeit in Anspruch nimmt, wird arbeitsteilige Gruppenarbeit vorgeschlagen.

Die Auswahl des Materials sollte nicht auf Parteistatistiken beruhen, da diese wohlweislich die verschiedenen Schichten zusammenwerfen, so daß z. B. der Arbeiteranteil nur unklar festzustellen ist. Wir verweisen vielmehr auf die wissenschaftlich exakteren Daten von M. H. Kater (Zur Soziographie der frühen NSDAP, in: VfZG 19 [1971], S. 124–159; Sozialer Wandel in der NSDAP, in: W. Schieder [hg.], Faschismus als soziale Bewegung, S. 25–68).

Wählerstatistiken wurden deshalb nicht herangezogen, da diese für die Zeit der Weimarer Republik zu ungenau erscheinen; dies ist dadurch zu erklären, daß man damals nicht über ein ausreichendes Instrumentarium zur Wählerbefragung verfügte.

Lernziele:

Die Schüler erkennen
- den Zusammenhang von sozialer Zugehörigkeit und fehlendem politischem Bewußtsein v. a. beim Kleinbürgertum
- den sozialen Wandel in der Basis der NSDAP von ihrer frühen Phase bis kurz nach der Machtergreifung
- den Zusammenhang von sozialer Zusammensetzung der NSDAP und ihrem Erfolg.

Die Schüler erarbeiten
- aus statistischem Zahlenmaterial die Be-

deutung der sozialen Zusammensetzung für den Erfolg der NSDAP
– aus Quellenmaterial Aussagen der Forschung über die soziale Zusammensetzung der NSDAP.

Die Schüler beurteilen
– das Eintreten der jeweiligen Schichten für die NSDAP aus dem historischen Zusammenhang
– die Affinität von sozialer Zugehörigkeit und politischem Bewußtsein
– die Anwendung von Begriffen zur Charakterisierung von Parteien (z. B. „Volkspartei").

Verlaufsskizze:

Unterrichtsschritt 1:
Problemstellung

Zu Beginn der Stunde wird der Zusammenhang zur 5. Stunde hergestellt, indem darauf hingewiesen wird, daß die dort aufgestellten Hypothesen überprüft werden sollen (vgl. 5. Stunde, U'schritt 2):
– Welche sozialen Personengruppen fühlten sich vom Faschismus in Deutschland besonders stark angezogen?
– Wie könnte man den Parteityp ‚NSDAP' begrifflich umschreiben?

Die Schülerbeiträge sollen in den folgenden Unterrichtsschritten auf ihre Richtigkeit hin untersucht werden.

Unterrichtsschritt 2:
NSDAP-Mitgliedschaft

Auswertung der Hausaufgabe (siehe Vorschlag für eine Hausaufgabe): Untersuchung der NSDAP-Mitgliedschaften und die Schematisierung derselben (vgl. Vorschlag für ein Arbeitsblatt). Als Aufgaben werden gestellt:

1. Stellen Sie eine Rangfolge der in der NSDAP vertretenen Berufsgruppen zusammen!
2. Aus welchen Wohngebieten stammten die Mitglieder der NSDAP vorwiegend?
3. Welche Aussage über die Altersstruktur der Parteimitglieder läßt die Statistik zu?
4. Welche Entwicklung läßt sich feststellen?

Erwartete Ergebnisse:
1. stärkste Gruppe: Kleingewerbetreibende (Handwerker, Kaufleute und Kleinunternehmer) im Vergleich zum Anteil in der Gesamtbevölkerung des Reiches; weniger stark vertreten sind höhere Beamte, die akademischen Berufe und die Arbeiterschaft im Vergleich zum Anteil an der Gesamtbevölkerung. Überdurchschnittlich repräsentiert: Landbevölkerung.
2. Besonders aus Kleinstädten und ländlichen Gebieten; hoher Arbeiteranteil besonders dort.
3. Verglichen mit dem Reich und den übrigen Parteien der Weimarer Republik sprach die NSDAP in überdurchschnittlichem Ausmaß junge Leute an.
4. Der Anteil der bis 1923 tragenden Kräfte (ehemalige Soldaten, Offiziere) geht zurück.
   Der Arbeiteranteil bleibt relativ stabil (unterdurchschnittliche Repräsentation der Arbeiterschaft; Einbruch v. a. bei Nichtorganisierten und später bei Facharbeitern);
   Anteil der Kleingewerbler leicht rückläufig; Beamte und Akademiker drängen nach 1933 verstärkt in die Partei.

Zur Veranschaulichung der Ergebnisse zeigt der Lehrer eine Folie, auf der die Unterschiede zwischen Gesellschaft und NSDAP besonders deutlich werden (siehe Vorschlag für eine Folie).

Unterrichtsschritt 3:
Gründe für Parteimitgliedschaft

Hier werden die in Unterrichtsschritt 2 ermittelten Ergebnisse unter folgender Fragestellung aufgegriffen:

- Wie läßt sich die Zugehörigkeit der verschiedenen Berufsgruppen zur NSDAP erklären?

Als Ergebnisse des Unterrichtsgesprächs, bei dem Ergänzungen durch den Lehrer unentbehrlich sind, werden erwartet:
Kleingewerbetreibende: Hitler nutzte deren Angst vor der Konkurrenz der Warenhäuser und Großbetriebe propagandistisch aus. Fehlende positive Interessensidentität wird abgelenkt auf den „Kampf gegen das System“ und überspielt durch ideologische Faktoren wie „Volksgemeinschaft“, „Führerkult“ usw.;
Landbevölkerung: Die NSDAP versprach einen Schutz der veralteten deutschen Landwirtschaft vor Konkurrenz, die „Adelung“ des Bauern; der Bauer als ökonomischer Träger des neuen Staates („Blut- und Boden-Mystik“); drohende Bankrotte in der Krise;
Eigentümer insgesamt: Korrektur des Punktes 17 des NS-Parteiprogrammes – Enteignungen sollten sich nur auf unrechtmäßig erworbenen Besitz beziehen (v.a. Besitz jüdischer Bürger);
Selbständige, Unternehmer: Trennung von „negativem, d.h. jüdischem Kapital“, das es zu bekämpfen galt, und „positivem, d.h. arischem Kapital“, das es als Basis der außenpolitischen Ziele zu fördern galt;
Facharbeiter: antiproletarisches Bewußtsein, Angst vor Absinken ins Proletariat;
Beamtenschaft: vor 1933 v.a. jüngere Beamte der unteren und mittleren Laufbahn (u.a. „Systemverdrossenheit“), während der Krise Beförderungsstopp und Gehaltskürzungen; Machtergreifung durch die NSDAP wird als Lösung der Probleme betrachtet; nach 1933 v.a. höhere Beamte, Parteimitgliedschaft diente zur Sicherung des Dienstverhältnisses.
Anhand eines Textes aus der Forschungsliteratur, der gegebenenfalls diktiert werden kann, überprüfen die Schüler die im Unterrichtsgespräch gefundenen Thesen:
„Die Massenanhängerschaft der NSDAP beruht nicht nur auf der Mobilisierung spezifisch kleinbürgerlicher und kleinbäuerlicher Gruppen, sondern der durch den Industrialisierungsprozeß nicht voll erfaßten und in ihrem sozialen Status bedrohten Bevölkerungsgruppen außerhalb der städtischen Ballungsgebiete und ihrer starken Attraktion auf stellungslose Akademiker und Angestellte und beruflich nicht integrierte Jugendliche“ (H. Mommsen, Aufstieg der NSDAP, in: A. Mannzmann [hg.] Hitlerwelle, S. 20f.).

Unterrichtsschritt 4:
Parteioligarchie

Hier soll untersucht werden, aus welchen Berufsgruppen sich die Partei-Oligarchie zusammensetzte. Dabei muß wiederum davor gewarnt werden, die offizielle Parteistatistik heranzuziehen, da dort unter „Politischem Leiter“ Gauleiter, Kreisleiter, Ortsgruppen-, Stützpunkt-, Zellen- und Blockleiter verstanden werden (10,9% waren Zellen- und 40,7% Blockleiter).
Als Material wird den Schülern eine Statistik „Zur soziologischen Struktur der nationalsozialistischen Oligarchie Ende 1929“ vorgelegt (siehe „Vorschlag für ein Arbeitsblatt“)
Aufgaben:

1. Interpretieren Sie die Statistik in bezug auf die Rangordnung der Berufsgruppen!
2. Wie verhält sich diese in bezug zur Parteibasis?

Erwartete Ergebnisse:

1. auffällig stark vertreten sind Angestellte, Lehrer und höhere Beamte;
2. bei den „Führern“ läßt sich im Vergleich zur Basis ein höherer Bildungsgrad fest-

stellen, der sich aus den technokratischen und administrativen Anforderungen ergab.
(vgl. Tafelanschrieb-Haupttafel)

Exkurs:
Im Lehrervortrag wird ergänzt, daß selbst Hitler die Inkompetenz der Gauleiter beklagte, die fehlende „Weltläufigkeit", die „eben unter großbürgerlichen Verwaltungsfachleuten häufiger als unter den bunt uniformierten, ansonsten jedoch unbeholfenen ‚Goldfasanen' zu finden sei".

Im übrigen paßt es ganz ins Bild, daß diese Männer, die ihre sozialen Minderwertigkeitskomplexe durch den häufigen Gebrauch von herabsetzenden Bezeichnungen wie ‚Schweinehund' abreagierten, sich eben dieser Akademiker wieder bedienten (M. H. Kater, Sozialer Wandel in der NSDAP, S. 39f.). Hier kann auch kurz das Problem des Mangels an qualifizierten Führungskräften angesprochen werden.

Unterrichtsschritt 5:
Der Parteityp ‚NSDAP'

Mit den Schülern wird erarbeitet, mit welchem typologischen Begriff die NSDAP gekennzeichnet werden kann.
Um den Schülern die Zuordnung zu erleichtern, schreibt der Lehrer die wichtigsten Parteitypen an die Tafel.
Folgende Fragen bieten sich an:
- Läßt sich die NSDAP als „Volkspartei" bezeichnen?
- Läßt sich die NSDAP mit den anderen Parteien der Weimarer Republik vergleichen?

Die Ergebnisse hält ein Tafelbild fest (Haupttafel)

Hausaufgabe:

Hektographie, Zeittafel, Quelle
a) Aufstieg der NSDAP
b) Wer unterstützte Hitler? Welche Motive waren dabei ausschlaggebend?

Vorschlag für eine Hausaufgabe

(siehe Unterrichtsschritt 2)

NSDAP-Mitgliedschaft (Neuzugänge mit Durchschnittsalters-Angaben nach Berufsgruppen und Wohngebieten, 1925–1937

	1925–29		1932		1933		1937	
	%	A	%	A	%	A	%	A
Ungelernte Arbeiter								
Land	21,7	27,0	20,0	25,6	23,0	29,7	21,5	36,4
Kleinstadt	19,2	27,6	13,2	32,5	5,9	28,0	10,4	31,6
Großstadt	7,5	25,0	15,2	29,9	5,0	29,8	7,0	39,2
Gesamtdurchschnitt	16,9	26,3	17,5	27,6	15,7	29,6	14,5	36,1
Facharbeiter								
Land	10,2	24,5	5,7	28,1	6,8	35,8	10,2	36,2
Kleinstadt	9,6	26,6	7,5	19,7	16,4	30,7	16,2	35,8
Großstadt	7,5	26,5	13,0	35,3	10,1	37,0	20,3	41,5
Gesamtdurchschnitt	9,2	25,5	8,5	32,1	9,2	34,6	14,7	38,4
Handwerker								
Land	23,0	26,7	28,2	28,7	27,7	30,2	26,3	35,3
Kleinstadt	25,0	27,3	22,6	28,9	19,4	33,6	20,9	34,2
Großstadt	33,9	26,5	19,5	30,5	25,2	36,1	17,1	39,5
Gesamtdurchschnitt	26,7	26,8	24,5	29,2	25,7	32,1	22,2	36,1

Untere u. mittlere Angest.								
Land	7,6	29,5	6,6	31,0	7,2	31,0	10,7	33,3
Kleinstadt	13,4	29,0	13,2	33,8	14,9	32,8	18,6	36,2
Großstadt	22,6	27,7	11,5	26,4	15,1	36,4	23,4	36,8
Gesamtdurchschnitt	13,6	28,5	9,2	29,5	10,5	33,3	16,5	35,6
Untere u. mittlere Beamte								
Land	3,8	31,3	6,2	35,1	8,5	37,9	11,8	42,3
Kleinstadt	5,7	38,6	11,3	38,0	10,4	42,4	12,7	41,7
Großstadt	1,8	52,0	5,7	39,3	7,0	38,5	11,7	42,2
Gesamtdurchschnitt	3,8	37,4	6,7	37,0	8,5	38,9	12,0	42,1
Landwirte								
Land	17,9	27,6	22,9	31,7	13,2	39,1	8,0	38,0
Kleinstadt	1,9	46,0	1,8	30,0	2,9	32,0	2,3	42,0
Großstadt	–	–	0,7	28,0	–	–	–	–
Gesamtdurchschnitt	8,1	28,8	12,5	31,6	8,2	38,7	4,2	38,5
Kaufleute								
Land	10,2	33,8	6,2	39,3	8,1	43,6	6,4	39,0
Kleinstadt	17,3	40,2	18,8	43,7	13,4	43,4	11,6	45,7
Großstadt	15,0	39,7	21,0	35,2	18,1	41,2	7,8	40,3
Gesamtdurchschnitt	13,6	38,0	13,0	37,8	11,5	42,6	8,0	41,5
Unternehmer								
Land	1,2	26,0	0,9	50,0	1,2	43,6	1,0	46,5
Kleinstadt	1,9	39,0	–	–	–	–	1,1	25,0
Großstadt	1,8	19,0	0,7	36,0	1,0	37,0	0,7	27,0
Gesamtdurchschnitt	1,6	28,0	0,7	45,3	1,0	42,0	1,0	36,2
Leitende Angestellte								
Land	1,2	35,0	1,4	33,6	0,4	46,0	1,0	46,5
Kleinstadt	–	–	3,7	49,0	5,9	43,0	2,3	36,0
Großstadt	1,8	56,0	2,1	43,6	3,0	46,0	2,3	41,6
Gesamtdurchschnitt	1,0	45,5	2,0	41,2	2,0	44,5	1,7	41,4
Höhere Beamte								
Land	–	–	0,4	25,0	–	–	0,5	36,0
Kleinstadt	–	–	3,7	47,0	1,4	39,0	2,3	37,5
Großstadt	–	–	2,1	34,3	7,0	38,1	5,3	35,5
Gesamtdurchschnitt	–	–	1,5	37,0	2,2	37,9	2,4	35,9
Akademiker								
Land	–	–	0,9	31,0	3,4	41,2	2,1	41,7
Kleinstadt	–	–	1,8	35,0	7,4	34,0	1,1	35,0
Großstadt	1,8	28,0	4,3	41,0	6,0	37,8	3,9	37,8
Gesamtdurchschnitt	0,5	28,0	2,2	38,1	4,7	38,2	2,5	39,1

(aus: M. H. Kater, Sozialer Wandel in der NSDAP im Zuge der nationalsozialistischen Machtergreifung, in: W. Schieder, Faschismus als soziale Bewegung, Hamburg 1976, S.30)

Aufgaben:

1. Stellen Sie eine Rangfolge der in der NSDAP vertretenen Berufsgruppen zusammen!
2. Aus welchen Wohngebieten stammten die Mitglieder der NSDAP vorwiegend?
3. Welche Aussage über die Altersstruktur der Parteimitglieder läßt die Statistik zu?
4. Welche Entwicklung läßt sich feststellen?

Vorschlag für eine Folie *(zu Unterrichtsschritt 2)*

Soziologische Struktur

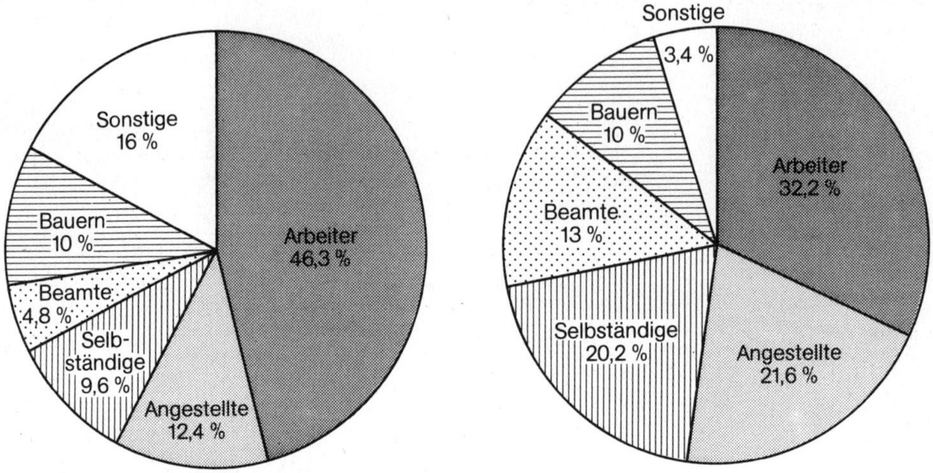

der Gesellschaft **der NSDAP**

(aus: Neue Gesellschaft für Bildende Kunst und Kunstamt Kreuzberg [hg.], Faschismus, Berlin 1976, S. 60)

Vorschlag für ein Arbeitsblatt *(zu Unterrichtsschritt 4)*

Zur soziologischen Struktur der nationalsozialistischen Oligarchie Ende 1929

berufliche Stellung	Reichs- leitung	Gau- leiter	Ortsgruppen- leiter	Stützpunkt- leiter
Arbeiter	–	2	1	1
Handwerker	1	–	5	12
Angestellte	1	9	9	20
Landwirte	1	1	2	3
Lehrer	–	8	3	4
untere Beamte	–	–	3	6
Geschäftsleute	–	1	–	2
höhere Beamte	2	4	5	4
hauptamtliche Funktionäre	2	2	4	4
Militärs	4	1	4	–

(nach: E. Hennig, Bürgerliche Gesellschaft und Faschismus, Ein Forschungsbericht, Frankfurt 1977, S. 378)

Aufgaben:

1. Interpretieren Sie die Statistik in bezug auf die Rangordnung der Berufsgruppen!
2. Wie verhält sich diese in bezug zur Parteibasis?

7.–17. Stunde: Der Nationalsozialismus an der Macht

7. Stunde: Machtergreifung und Gleichschaltung

Vorbemerkung:

Unter dem Begriffspaar „Machtergreifung und Gleichschaltung" wird die erste Phase der Konsolidierung faschistischer Herrschaft in Deutschland verstanden; ausgehend von der Vorgeschichte des 30. Januar 1933 sind die Gleichschaltungsprozesse bis zur Selbsternennung Hitlers zum „Führer und Reichskanzler" zu vermitteln. Beide Begriffe sind nicht immer scharf zu trennen, da die mit ihnen gemeinten Prozesse oft ineinander übergehen.
Die Stunde besteht aus zwei Teilen: im ersten wird die unmittelbare Regierungsübernahme durch die Nationalsozialisten besprochen; im zweiten Teil sollen die ‚Brandverordnung' und das ‚Ermächtigungsgesetz' als die beiden Säulen verstanden werden, die den faschistischen Staat ermöglichten.
Die Situation der NSDAP im Wahljahr 1932 ist deshalb von Bedeutung, weil hieran gezeigt werden kann, daß der NSDAP erst 1930 der Durchbruch gelang unter dem Eindruck der zunehmenden Arbeitslosigkeit und der Verschuldung der bäuerlichen Betriebe. Der Erfolg der NSDAP wurde schon damals als entscheidend eingeschätzt, wie die Äußerung des Kommunisten Hans Jäger deutlich macht: „Der Wahlerfolg der Nationalsozialisten ist eine geradezu abnorme Sensation in der Geschichte des deutschen, ja geradezu des internationalen Parlamentarismus." (zit. in: E. Hennig, Bürgerliche Gesellschaft und Faschismus in Deutschland, Frankfurt 1977, S. 196). Die Situation der NSDAP Anfang der 30er Jahre wird auch für die Beurteilung des Faschismusbegriffs wesentlich (vgl. die Stunden 1 und 18), denn hierbei stellt sich die Frage, welche Bedeutung der Rolle der deutschen Hochfinanz bei der Machtergreifung zukommt. Die marxistische Forschung hält den Einfluß der Hochfinanz bei der Machtergreifung für ausschlaggebend; sie behauptet, „daß die Bourgeoisie in dem Moment zur Errichtung der Nazidiktatur schritt, als sie ihre Politik des Abbaus der Demokratie, der Entrechtung der Werktätigen und der Vorbereitung neuer Aggressionen durch die von der kommunistischen Partei geführten antifaschistischen Massenbewegung ernsthaft bedroht sah". (F. Klein, Zur Vorbereitung der faschistischen Diktatur durch die deutsche Großbourgeoisie [1929–32], in: Von Weimar zu Hitler, hg. G. Jasper, Köln 1968, S. 147.)
Inzwischen wird der Einfluß der Hochfinanz auch in der nicht-marxistischen Geschichtswissenschaft beachtet und anerkannt, daß es „eine Verdrängung wesentlicher Ursachenzusammenhänge" bedeutet, „wenn heute von betroffenen industriellen Kreisen" die Zusammenarbeit zwischen Teilen der Industrie und der faschistischen Bewegung bagatellisiert wird (K. D. Bracher, Die nationalsozialistische Machtergreifung, I: Stufen der Machtergreifung, Köln 1974, S. 112).
„Die deutsche Großindustrie ist von einer aktiven Rolle beim Sturz der Weimarer Republik nicht freizusprechen. Ihre blinde Feindschaft gegen die Arbeiterparteien und Gewerkschaften, gegen die sozialen Maßnahmen der Republik und ihre Unterstützung antidemokratischer Kräfte und Parteien sind aktenkundig. Aber die deutschen Faschisten hat sie nicht an ihrer Brust großgezogen." (A. Kuhn, Das faschistische Herrschaftssystem und die moderne Gesellschaft, Hamburg 1973, S. 53.) Man kann also behaupten, daß „eine faschistische Bewegung

[...] aus eigener Kraft die politische Macht nicht erobern [kann], mögen ihre Wahlerfolge auch ungewöhnliche Ausmaße annehmen." Als „conditio sine qua non einer faschistischen ‚Machtergreifung' [gilt] die Unterstützung mächtiger Gruppen der Oberklassen, vor allem ökonomischer Führungsgruppen" (R. Kühnl, Probleme der Interpretation des deutschen Faschismus, in: Das Argument, 58, Berlin 1970, S. 273).
Als ein Ergebnis wird klar, daß das Bündnis der „Harzburger Front" wiederbelebt wurde, daß es den antisozialistischen Flügel in der NSDAP stärkte und die Partei vor dem Bankrott rettete.
Im zweiten Teil der Stunde werden die ‚Brandverordnung' und das ‚Ermächtigungsgesetz' in ihrem Zusammenhang betrachtet. Die ‚Brandverordnung' wird dabei als Vorstufe und Bedingung des Ermächtigungsgesetzes gesehen. „Die Notverordnung bedeutete die staatsstreichförmige Vorwegnahme der angestrebten parlamentarischen Ermächtigung." (H. Mommsen, Der Reichstagsbrand und seine politischen Folgen, in: Von Weimar zu Hitler, S. 469.)
Sie setzte an die Stelle des von konservativer Seite angestrebten militärischen Ausnahmezustandes den zivilen Ausnahmezustand. Sie übertrug alle Vollmachten, die im Falle der Militärdiktatur normalerweise dem obersten Befehlshaber eingeräumt werden, dem Reichskabinett" (H. Mommsen, Der Reichstagsbrand und seine politischen Folgen, S. 465). Die ‚Brandverordnung' „beschleunigte die Durchsetzung der unbeschränkten Herrschaft des Nationalsozialismus in Deutschland" (H. Mommsen, Der Reichstagsbrand und seine politischen Folgen, S. 470) und „führte zu einer Stabilisierung des nationalsozialistischen Herrschaftssystems" (K. D. Bracher, Die nationalsozialistische Machtergreifung, S. 83). Das Ermächtigungsgesetz wird als Folge und Kulminationspunkt einer Reihe von Maßnahmen verstanden, durch die Hitler den Staatsapparat an sich riß. Bei der Abstimmung zum Ermächtigungsgesetz erscheint die Haltung der Parlamentarier problematisch. Anerkannt wird lediglich die Haltung der SPD: „Die Rede des Sozialdemokraten Wels ist das stärkste demokratische Erlebnis, das mir jemals beschieden war. [...] Sie war und wird das Hohe Lied der Freiheit bleiben" (R. Maier, Ein Grundstein wird gelegt, Tübingen 1964, S. 330). Dem Zentrum – als Zünglein an der Waage – wird Leichtfertigkeit und Gutgläubigkeit gegenüber den Versprechungen Hitlers vorgeworfen; allerdings wirft der mögliche Einfluß des Vatikans ein neues Licht auf die Entscheidung des Zentrums (siehe die Kontroverse Repge-Scholder in der 11. Stunde, Unterrichtsschritt 3).
Kontroversen bestehen weiterhin über die Legalität des Ermächtigungsgesetzes. Während einerseits erkannt wird, daß, „gemessen an den Vorschriften der Weimarer Reichsverfassung" (Urteil des Bundesverfassungsgerichts, zit. nach H. Schneider, Das Ermächtigungsgesetz, in: Von Weimar zu Hitler, S. 432) das Ermächtigungsgesetz ungültig ist, wird andererseits argumentiert, daß das „Ermächtigungsgesetz [...] als eine Stufe der revolutionären Begründung der nationalsozialistischen Gewaltherrschaft angesehen werden [muß]. Es schuf anstelle der bisherigen eine neue Kompetenzordnung." (Urteil des Bundesverfassungsgerichts, zit. nach H. Schneider, Das Ermächtigungsgesetz, in: Von Weimar zu Hitler, S. 432.)
Doch „mit der Anerkennung der neuen Kompetenzordnung ist noch nichts darüber ausgesagt, ob die auf ihrer Grundlage erlassenen Gesetze und Verordnungen als gültiges Recht anerkannt werden können". (H. Schneider, ebenda, S. 433.)
Letztlich kann es aber nicht darum gehen, diese Art der Legalität als Maßstab zur Beurteilung anzusetzen, da dieser formal-juristische Ansatz sich mit jenem Hitlers deckt, der diese Liebe zum Formaljuristischen politisch auszunutzen verstand.

Vor allem wenn die Ergänzungen und Alternativen zu dieser Stunde in den Unterricht eingebaut werden, ist es nötig, eine weitere Stunde für dieses Thema einzuplanen.

Lernziele:

Die Schüler erkennen
- daß das Jahr 1932 Höhepunkt und Krise der NSDAP darstellte;
- daß in dieser Krise einflußreiche Vertreter aus Industrie und Wirtschaft Interesse an der Machtübernahme dieser Partei bekundeten;
- daß Hitler in der März-Wahl trotz Terror keine Stimmenmehrheit erringen konnte;
- daß ‚Brandverordnung' und Ermächtigungsgesetz wesentliche Säulen des faschistischen Staates wurden.

Die Schüler erarbeiten
- aus einer Zeittafel die Entwicklung der NSDAP und wesentliche Bestimmungen der Notverordnungen;
- aus Quellenmaterial die Interessenlage von Vertretern der Wirtschaft, die Hintergründe zur Unterstützung Hitlers, die verschiedenen Auffassungen zum Fortgang der „Revolution".

Die Schüler beurteilen
- das Verhältnis von faschistischer Bewegung und Teilen von Industrie und Wirtschaft;
- die Bedeutung von ‚Brandverordnung' und Ermächtigungsgesetz;
- die Folgen der Gleichschaltungsmaßnahmen.

Verlaufsskizze:

Unterrichtsschritt 1:
Die NSDAP im Wahljahr 1932

Zu Beginn der Stunde werden die Hausaufgaben besprochen; dabei sollten folgende Probleme untersucht werden:
a) Aufstieg der NSDAP 1930–32;
b) Wer unterstützte Hitler? Welche Motive waren dabei ausschlaggebend?

Das Material liegt den Schülern auf einem Arbeitsblatt vor (siehe Vorschlag für eine Zeittafel und Vorschlag für ein Arbeitsblatt) folgende Ergebnisse sind möglich:

zu a)
- die NSDAP konnte nach ihrem Erfolg bei der Wahl 1930 (18,3%) ihr Ergebnis in der Juli-Wahl 1932 erheblich verbessern. Ergänzt werden sollte, daß der Wahlkampf auf dem Höhepunkt der Weltwirtschaftskrise ablief unter dem Schlagwort „Für oder gegen Hitler"; ihm ging die Aufhebung des SA-Verbots voraus, was zu einer Eskalierung der terroristischen Aktionen der SA führte: im Verlauf des Juli-August wurden bei Auseinandersetzungen zwischen NSDAP und KPD 300 Menschen getötet und 1200 verletzt;
- die Wähler stimmten gegen das konservativ-autoritäre Experiment, was allerdings keine Hinwendung zur Demokratie bedeutete: 57,5% gaben anti-demokratischen Parteien ihre Stimme (NSDAP, DNVP, KPD), die politische Rechte besaß keine Mehrheit (NSDAP, DNVP, DVP 274 von 608 Mandaten);
- die NSDAP gewann ihre Stimmen vor allem aus dem konservativen Lager (DNVP und DVP)
- Bei den Novemberwahlen verloren die Nationalsozialisten 2 Millionen Stimmen, was auf folgende Gründe zurückgeführt werden kann:
  - geringere Wahlbeteiligung (80,6% gegen 86% im Juli);
  - Hindenburgs Weigerung im August 1932, Hitler zum Reichskanzler zu ernennen;
  - Zusammenarbeit mit der KPD am Berliner Verkehrsstreik

– bürgerliche Wähler kehren zu bürgerlichen Parteien zurück.

Die Wirkung dieses Wahlergebnisses veranschaulicht die Tagebuch-Notiz von Goebbels: der Zerfall der Partei stand bevor.

zu b)

– Industrielle, Bankiers und Großagrarier bezeugten lebhaftes Interesse an der Machtergreifung der NSDAP;
– mit dem Nationalsozialismus verband sie der Antibolschewismus, der Antiparlamentarismus, die Sympathie mit einer Diktatur; die Beseitigung wirtschaftlicher Probleme durch Aufrüstung und eine expansive Außenpolitik.

Exkurs

Die vor allem in der marxistischen Forschung aufgestellte These: Faschistische Partei = „Büttel des Kapitals", wird unter der Leitfrage untersucht: Die faschistische Partei: „Büttel des Kapitals" oder selbständige Bewegung?

(Lehrerergänzungen notwendig)

– die NSDAP ist stark geworden in einer sozio-ökonomischen Krise; sie kam an die Macht, als sie ihren Höhepunkt bereits überschritten hatte und Zerfallserscheinungen sichtbar wurden
– sie wurde erst kurz vor der Machtergreifung entscheidend von Industriellen unterstützt (auch die konservativen Parteien erhielten Zuwendungen)
– die NSDAP wandte sich von ihrem Ursprung her gegen Sozialismus, Demokratie, aber auch gegen den Kapitalismus; diese antikapitalistischen Tendenzen wurden im Interesse der Machtergreifung immer mehr zurückgedrängt;
– NSDAP und Teile der Industrie verbanden sich als vorläufig unabhängige Partner aufgrund ihrer partiellen Interessenidentität.

Unterrichtsschritt 2:
Regierungsübernahme und Kabinett Hitler

In einem gerafften Lehrervortrag werden weitere direkte Hintermänner der Regierungsübernahme der NSDAP genannt. Dabei sind zu betonen:

– die Wiederbelebung der Harzburger Front;
– die Zentralstellung Hindenburgs, der, unter Einbeziehung persönlicher Interessen,
– von einem kleinen Personenkreis (Papen, Oskar von Hindenburg, Meißner) gedrängt wurde, einen Kanzler Hitler zu akzeptieren;
– der Irrtum der konservativen Kräfte, Hitler zähmen zu können (Papen zu einigen Warnern, die ihm bedeuteten, daß er sich nun im Schlepptau Hitlers befände: „Sie irren sich, wir haben ihn uns engagiert." [zit. in: K. Dederke, Reich und Republik, Stuttgart 1973, S. 269].

Ergänzung:

Die unmittelbaren Ereignisse, die zum 30. 1. 1933 führten, können auch in einem Schülerreferat vorgestellt werden; als Material bieten sich an: K. Dederke, Reich und Republik, S. 266–269); H. Heiber, Die Republik von Weimar, dtv, München 1967, S. 268–274; K. D. Bracher, Die nationalsozialistische Machtergreifung, I Stufen der Machtergreifung, S. 74–78!

Das Konzept der „Zähmung" bzw. „Einrahmung" wird mit Hilfe einer Folie (siehe „Vorschlag für eine Folie") demonstriert. Kurz wird dargestellt, wie das Kabinett weitgehend den Forderungen der Industrie entsprach. Die NSDAP befand sich in der Minderheit, besaß jedoch die Schlüsselpositionen: Reichskanzler (Richtlinienkompetenz, kann Entlassung von Ministern beantragen), Innenminister (im Reich und in Preußen Polizeigewalt!)

Ergänzung

Um die Stimmung in der Bevölkerung zu verdeutlichen, liest der Lehrer die Erinnerungen eines Bürgers aus Mühlacker vor (zit. in: B. Burkhardt, Eine Stadt wird braun. Eine Fallstudie, Hamburg 1980, S. 103; siehe Material zu U'schritt 2).

Unterrichtsschritt 3:
Die ‚Brandverordnung'

Einleitend stellt der Lehrer die Mehrheitsverhältnisse im Reichstag dar:

- Hitler kam mit „nur“ 33,6% der Stimmen an die Macht;
- die Regierungsparteien (NSDAP und DNVP) besaßen eine Mehrheit im Parlament, aber keine verfassungsändernde;
- ein KPD-Verbot mit Kassierung der Mandate wurde wegen der Furcht vor einem Generalstreik abgelehnt.

Im Kabinett wurde Hitlers Vorschlag angenommen, den Reichstag aufzulösen und in der parlamentsfreien Zeit Tatsachen zu schaffen, durch die der Wahlkampf manipuliert und der Reichstag zu einem Ermächtigungsgesetz gezwungen werden könnte.

Ergänzung:
Wenn die Zeit dies erlaubt, erläutert der Lehrer zwei Verordnungen, die der ‚Brandverordnung‘ vorangingen und im Wahlkampf den Nationalsozialisten Vorteile verschafften und gleichzeitig Rechte der Verfassung außer Kraft setzen sollten. 1. Die „Verordnung des Reichspräsidenten zum Schutze des deutschen Volkes“ vom 4.2.1933, wodurch ein wesentlicher Teil der Grundrechte eingeschränkt wurde und die der Minderheitsregierung die Möglichkeit gab, einseitig den Wahlkampf zu kontrollieren und konkurrierende Parteien durch Gleichschaltung der öffentlichen Meinung auszuschalten. 2. „Verordnung des Reichspräsidenten zur Herstellung geordneter Regierungsverhältnisse“ vom 6.2.1933: Auflösung des preußischen Landtags, obwohl am 4.2. ein Antrag zur Auflösung mit 214 : 196 Stimmen abgelehnt worden war.

Der Lehrer weist auf den Reichstagsbrand hin und zeigt, daß die Brandstiftung durch den Holländer Marinus van der Lubbe von den Nationalsozialisten für ihr Vorgehen gegen die Kommunisten ausgenützt wurde.

Alternative:
Es ist auch möglich, die Ereignissse und die Täterfrage durch ein Schülerreferat bearbeiten zu lassen. Folgendes Material kann verwendet werden: K. D. Bracher, Stufen der Machtergreifung, S.119–128; H. Mommsen, Der Reichstagsbrand und seine politischen Folgen, in: Von Weimar zu Hitler, hg. G. Jasper, Köln 1968, S.443–482

Die einzelnen Bestimmungen werden vom Lehrer erklärt; eingeschränkt werden konnten demnach: die Freiheit der Person (114), die Unverletzlichkeit der Wohnung (115), die Unverletzlichkeit des Briefgeheimnisses (117), das Recht der freien Meinungsäußerung (118), die Versammlungsfreiheit (123), das Recht zur Gründung von Vereinen (124) und die Unverletzlichkeit des Eigentums (153).

Danach stellt der Lehrer die Frage nach der Bedeutung dieser Verordnung. Im Unterrichtsgespräch sollte folgendes erarbeitet werden: Die ‚Brandverordnung‘
- war als Abrechnung mit den Kommunisten und Teilen der SPD gedacht;
- sollte in der Endphase des Wahlkampfes die Wahlchancen der NSDAP verbessern;
- ist als Folge der präsidialstaatlichen Entwicklung anzusehen;
- stellt einen großen Legalisierungsakt durch diejenigen dar, die Hitler „zähmen“ wollten;
- gibt darüber hinaus noch die Möglichkeit, die Länderregierungen zu beseitigen;
- (vom Lehrer zu ergänzen)
  führte zur „Stabilisierung des nationalsozialistischen Herrschaftssystems“ (K. D. Bracher, Stufen der Machtergreifung)
- bedeutete die „staatsstreichförmige Vorwegnahme der angestrebten parlamentarischen Ermächtigung“ (H. Mommsen, Der Reichstagsbrand)
- wurde illegal durch das Urteil des Reichsgerichts, das kein Signal einer kommunistischen Erhebung sehen konnte, sondern die Tat eines gestörten einzelnen. Der Begründung des Ausnahmegesetzes war damit der Boden entzogen.

Alternative: (zur Frage nach der Bedeutung)
Der Lehrer stellt folgende Fragen:
- inwiefern begründete die Brandverordnung den „permanenten Ausnahmezustand“? (K. D. Bracher)
- was berechtigt, die Brandverordnung als „Grundgesetz des Dritten Reiches“ zu bezeichnen? (Krausnick)

Die Zielsetzung kann an folgendem Plakat erarbeitet werden: „Der Reichstag in Flammen“, in: F. Arnold (hg.), Anschläge, Politische Plakate in Deutschland 1900-1970, S. 92)

Unterrichtsschritt 4:
Das Ermächtigungsgesetz

Als Einleitung zum Ermächtigungsgesetz wird im Lehrervortrag folgendes vermittelt:
- daß es nichts Außergewöhnliches war, die Reichsregierung für eine befristete Zeit zu ermächtigen, Rechtsvorschriften mit Gesetzeskraft zu erlassen (Hinweis auf 13. 10. und 8. 12. 1923);
- daß der parlamentarische Gesetzgeber ohnehin durch die Notverordnungspraxis in den Hintergrund getreten ist.

Danach schildert der Lehrer knapp die Situation der Sitzung vom 23. 3. 1933:
- die erste Sitzung des neuen Reichstags fand in der Kroll-Oper statt;
- sie wirkte wie eine nationalsozialistische Heerschau (SA und SS versahen den Ordnungsdienst, die Hakenkreuzflagge bedeckte die Wand hinter dem Präsidenten;
- die 81 KPD-Abgeordneten fehlten; von den 120 SPD-Abgeordneten waren 26 teils verhaftet, teils geflohen.

Hieran schließen sich die Fragen an: Worin unterscheidet sich dieser Rahmen von heutigen Bundestagssitzungen? Welche Bedeutung ist diesen äußeren Bedingungen zuzumessen?

Mit Hilfe der Zeittafel erarbeiten die Schüler folgende Aufgabe: Welche Bedeutung haben die Bestimmungen des Ermächtigungsgesetzes? Als Ergebnis wird erwartet:
- die Befugnisse des Reichstages als Gesetzgeber und die des Reichspräsidenten als Notverordnungsgeber und Unterzeichner von Gesestzen werden zurückgedrängt;
- durch Zusammenfassung von Regierung und Gesetzgebung wurde der gesamte Behörden- und Gerichtskörper in den Dienst Hitlers gestellt = Aufhebung der Trennung von Legislative und Exekutive;
- die Verfassung kann von der Regierung geändert werden.

Somit: Hitler ist Herr im Staat!

Als Überleitung zum nächsten Problem dient die Frage:
Wie konnte ein solches Gesetz zustande kommen?

Unterrichtsschritt 5:
Die Abstimmung über das Ermächtigungsgesetz und die Folgen

Der Lehrer liest folgendes Zitat aus der Forschungsliteratur vor:
„Eigentlich hat der Reichstag nicht erst durch die Annahme des Ermächtigungsgesetzes, sondern schon durch die Annahme dieser Geschäftsordnungsänderung den Gedanken der parlamentarischen Demokratie preisgegeben und den Boden der Verfassung von Weimar verlassen.“ (H. Schneider, Das Ermächtigungsgesetz vom 24. 3. 1933, in: Von Weimar zu Hitler, S. 417). Diese These wird am Text selbst überprüft.
Kurz informiert der Lehrer über die für eine Verfassungsänderung nötigen Modalitäten: Für die Verfassungsänderung war die Anwesenheit von $2/3$ der gewählten Abgeordneten nötig; von diesen $2/3$ mußten wiederum $2/3$ dem Gesetz zustimmen.

Um Versuche der Opposition zu vereiteln, durch Fernbleiben von der Abstimmung die Verabschiedung des Ermächtigungsgesetzes zu verhindern (Obstruktion) schlug Innenminister Frick vor:
- diejenigen Mitglieder des Reichstages sollten als anwesend gelten, die unentschuldigt fehlen oder von der Sitzung ausgeschlossen werden;

- die Entscheidung darüber, wer unentschuldigt fehlt, lag beim Reichstagspräsidenten (Göring).

Hervorgehoben werden sollte, daß diese Geschäftsordnungsänderung einen Verstoß gegen Art. 76 der Weimarer Verfassung bedeutete, dem das Zentrum zu gutgläubig zustimmte. Diskutiert werden könnte, welche Bedeutung die Ablehnung dieser Geschäftsordnungsänderung gehabt haben könnte.

Danach werden die Mehrheitsverhältnisse im Reichstag und das Abstimmungsergebnis über das Ermächtigungsgesetz unter der Fragestellung untersucht:
Woher kam die für das Ermächtigungsgesetz notwendige Mehrheit?
Im Unterrichtsgespräch wird herausgearbeitet, daß hierbei die Entscheidung des Zentrums ausschlaggebend war. Die Gründe für diese Entscheidung können die Schüler aus den Versprechungen Hitlers (Regierungserklärung) erkennen; (siehe Vorschlag für ein Arbeitsblatt) ergänzt werden könnte noch vom Lehrer, daß Absprachen über ein Konkordat liefen, die eventuell die Entscheidung des Zentrums beeinflußten (siehe 11. Stunde). Am Schluß der Stunde werden kurz die Folgen des Ermächtigungsgesetzes genannt:
- Gleichschaltung der Länder, Aufhebung der Gewerkschaften, Verbot der SPD, nach Selbstauflösung der übrigen Parteien
- Verbot der Neubildung von Parteien, Einheit von Partei und Staat, Aufhebung der Länder, nach Tod Hindenburgs: Hitler wird Führer und Reichskanzler
- Vereidigung der Wehrmacht auf Hitler.

Ergänzung
Der Lehrer liest folgendes Hitler-Zitat vor: „Die Verfassung schreibt uns nur die Methoden vor, nicht das Ziel.“ (H. Schneider, Das Ermächtigungsgesetz, in: Von Weimar zu Hitler, S. 426). Dazu wird die Frage gestellt, weshalb es Hitler so wichtig war, formal-legal an die Macht zu kommen, weshalb also eine Diskussion über die Legalität des Ermächtigungsgesetzes wichtig erscheint. Erkannt werden sollte, daß Hitler deshalb nach dem Putschversuch 1923 den Legalitätskurs verfolgte, weil er „den psychologischen Widerwillen der Deutschen gegen Unbotmäßigkeit und Unordnung“ erkannte (H. Schneider, Das Ermächtigungsgesetz, in: Von Weimar zu Hitler, S. 426). Daran schließt sich die Frage an, wie weitgehend eine Verfassungsänderung sein darf, ob die Identität und Kontinuität der Verfassung gewahrt bleiben muß oder ob über die Staats- und Regierungsform, über Republik und Demokratie und Parlament entschieden werden kann. Dieses Problem kann nicht eindeutig gelöst werden, da in der Forschung unterschiedliche Ansichten herrschen.
Im Lehrervortrag werden folgende Aspekte hervorgehoben:
- 81 Abgeordnete der KPD mußten zwangsweise der Abstimmung fernbleiben, was ungesetzlich war. (Kein Abgeordneter hat das zwangsweise Fernbleiben gerügt!)
  Welche Berechtigung besitzt ein solches Rumpfparlament?
- die Änderung der Geschäftsordnung war verfassungswidrig;
- Terrorbedingungen durch die Anwesenheit von SA und SS; aber: SPD-Abgeordnete ließen sich nicht einschüchtern!
- die Behandlung des Gesetzes im Reichsrat war verfassungswidrig, da Stimmrecht auf Reichskommissare übertragen wurde. Baden 3, Bayern 11, Sachsen 7, Preußen 13 Stimmen; von den insgesamt 66 Stimmen hätten also 34 nicht gezählt werden dürfen – deshalb ist das Ermächtigungsgesetz nicht einmal formal-legal zustande gekommen.

Hausaufgabe

„Proklamation Röhms vom Juni 1933“ (Aufgabenstellung siehe Stunde 8, U'schritt 2).

Vorschlag für eine Zeittafel

Zeittafel zur Machtergreifung und Gleichschaltung

1.6.1932 *Papen Reichskanzler – „Kabinett der Barone"*

7.6. Aufhebung des SA-Verbots

20.6. Absetzung der preuß. Regierung Braun/Severing (SPD)
Papens Staatsstreich gegen angebliche SPD-KPD-Aktivitäten; kein Streik, da Arbeitslosigkeit

31.7. *Wahlen zum 6. Reichstag*

			zum Vergleich	
SPD	21,5%	133 Sitze	(1930: 143)	(1928: 153)
Zentrum	12,4%	75 Sitze	(1930: 68)	(1928: 62)
DNVP	5,9%	37 Sitze	(1930: 41)	(1928: 73)
NSDAP	37,2%	230 Sitze	(1930: 107)	(1928: 12)
KPD	14,2%	89 Sitze	(1930: 77)	(1928: 54)

Papen und Schleicher versuchen, Hitler in die Regierungsverantwortung zu nehmen. Hitler will Reichskanzler werden, wird jedoch von Hindenburg abgelehnt (13.8.).

Papens Arbeitsbeschaffungsprogramm
- Gewährung von Krediten an Unternehmer für die Einstellung zusätzlicher Arbeitskräfte
- Ermächtigung an Unternehmer, im Falle der Mehrbeschäftigung von Arbeitnehmern tarifliche Löhne um 50% zu unterschreiten

6.11. *Wahl zum 7. Reichstag*

SPD	20,4%	121 Sitze
Zentrum	11,9%	73 Sitze
DNVP	7,2%	53 Sitze
NSDAP	33,0%	196 Sitze
KPD	16,8%	100 Sitze

Goebbels: „Die anfänglich starke Stimmung in der Partei ist jetzt einer flauen Depression gewichen. Überall tauchen nur Ärger, Streit, Mißhelligkeiten auf. Ich nehme einen Bericht über die Kassenlage der Berliner Organisation entgegen. Nur Ebbe, Schulden und Verpflichtungen ... Es besteht die Gefahr, daß die Partei auseinanderfällt. Es wird höchste Zeit, daß wir an die Macht kommen."

17.11. Rücktritt Papens

Eingabe von Industriellen, Bankiers und Großagrariern an Reichspräsident Hindenburg vom November 1932
„Die Übertragung der verantwortlichen Leitung eines mit den besten sachlichen und persönlichen Kräften ausgestatteten Präsidialkabinetts an den Führer der größten nationalen Gruppe wird die Schwächen und Fehler, die jeder Massenbewegung notgedrungen anhaften, ausmerzen und Millionen Menschen, die heute abseits stehen, zu bejahender Kraft mitreißen."

4.12. *Schleicher Reichskanzler – „Kabinett der Nationalen Konzentration"* strebte an:
a) Bündnis mit Gewerkschaften
b) Spaltung der NSDAP (wollte linken Flügel, bes. Gregor Strasser, herüberziehen)
c) beim Arbeitsbeschaffungsprogramm Papens die Lohnabbauverordnung rückgängig zu machen

4.1.1933	Treffen Hitler – Papen in Köln bei Bankier Schröder
26.1.	Hindenburg: kein Kanzler Hitler!
28.1.	Rücktritt Schleichers
30.1.	Hindenburg ernennt Hitler zum Reichskanzler *„Kabinett des Nationalen Zusammenschlusses":* Hitler, Papen, Neurath, Hugenberg, Frick, Göring.
1.2.	*Auflösung des Reichstags*
2.2.	Demonstrationsverbot für KPD
4.2.	*„Verordnung des Reichspräsidenten zum Schutze des deutschen Volkes"* § 1: Öffentliche politische Versammlungen sowie alle Versammlungen und Aufzüge unter freiem Himmel sind spätestens 48 Stunden vorher unter Angabe des Ortes, der Zeit und des Verhandlungsgegenstandes der Ortspolizeibehörde anzumelden. Sie können im Einzelfall verboten werden, wenn nach den Umständen eine unmittelbare Gefahr für die öffentliche Sicherheit zu besorgen ist. § 7: Druckschriften, deren Inhalt geeignet ist, die öffentliche Sicherheit oder Ordnung zu gefährden, können polizeilich beschlagnahmt und eingezogen werden.
6.2.	Auflösung des preußischen Reichstages
17.2.	Schießbefehl (Polizei hat die nationale Propaganda zu unterstützen)
22.2.	Bildung einer Hilfspolizei aus SA und SS (Verordnung Görings)
27.2.	Brand des Reichstagsgebäudes (van der Lubbe?)

28.2.

Verordnung des Reichspräsidenten „zum Schutz von Volk und Staat" (Brandverordnung")

§ 1: Die Artikel 114, 115, 117, 118, 123, 124 und 153 der Verfassung des Deutschen Reiches werden bis auf weiteres außer Kraft gesetzt. Es sind daher Beschränkungen der persönlichen Freiheit, des Rechts der freien Meinungsäußerung, einschließlich der Pressefreiheit, des Vereins- und Versammlungsrechts, Eingriffe in das Brief-, Post-, Telegraphen- und Fernsprechgeheimnis, Anordnungen von Haussuchungen und von Beschlagnahme sowie Beschränkungen des Eigentums auch außerhalb der sonst hierfür bestimmten gesetzlichen Grenzen zulässig.

§ 2: Werden in einem Lande die zur Wiederherstellung der öffentlichen Sicherheit und Ordnung nötigen Maßnahmen nicht getroffen, so kann die Reichsregierung insoweit die Befugnisse der obersten Landesbehörde vorübergehend wahrnehmen.

4000 kommunistische Funktionäre vorübergehend verhaftet

5.3. *Reichstagswahl:*

SPD	18,3%	120 Sitze
Zentrum	11,2%	74 Sitze
DNVP	8,0%	52 Sitze
NSDAP	43,9%	288 Sitze
KPD	12,3%	81 Sitze

6.–18.3.	Gleichschaltung der Länderregierungen und damit des Reichsrates mit Hilfe der Verordnung vom 28.2.
13.3.	Goebbels Minister für Volksaufklärung und Propaganda

24.3.	*„Gesetz zur Behebung der Not von Volk und Reich" (= Ermächtigungsgesetz):* Artikel 1. Reichsgesetze können außer in dem in der Reichsverfassung vorgesehenen Verfahren auch durch die Reichsregierung beschlossen werden. Artikel 2. Die von der Reichsregierung beschlossenen Reichsgesetze können von der Reichsverfassung abweichen, soweit sie nicht die Einrichtung des Reichstags und des Reichsrats als solche zum Gegenstand haben. Die Rechte des Reichspräsidenten bleiben unberührt. Artikel 5. Dieses Gesetz tritt mit dem Tage seiner Verkündigung in Kraft. Es tritt mit dem 1. April 1937 außer Kraft.
7.4.	Gesetz zur Wiederherstellung des Berufsbeamtentums: Entlassung von Beamten und Richtern möglich. Arier! Auch politisch unzuverlässige Beamte können entlassen werden.
2.5.	Gewerkschaften zerschlagen. Ihre Vermögen übernimmt die „Deutsche Arbeitsfront"
10.5.	„Aktion wider den undeutschen Geist" – Studenten verbrennen „zersetzende Literatur" (z. B. Brecht, Tucholsky, H. Mann)
22.6.	Verbot der SPD
14.7.	Gesetz gegen Neubildung von Parteien: „In Deutschland besteht als einzige politische Partei die NSDAP"
30.1.1934	Gesetz über den Neuaufbau des Reiches: Volksvertretungen in den Ländern und der Reichsrat werden abgeschafft
30.6.	Röhmputsch: Entmachtung der SA, ca. 200 Opfer. SS übernimmt Kontrolle der KZ
1.7.	Wehrmacht dankt dem Führer
1.8.	Gesetz über das Staatsoberhaupt des Deutschen Reiches: Das Amt des Reichspräsidenten wird mit dem des Reichskanzlers vereinigt.
2.8.	Tod Hindenburgs. Reichswehr auf Hitler persönlich vereidigt. Er nimmt den Titel „Führer und Reichskanzler" an.
19.8.	Volksabstimmung mit Reichstagswahl: 89% billigen die Maßnahmen vom 2.8.1934

Vorschlag für ein Arbeitsblatt

(zu Unterrichtsschritt 1)

Eidesstattliche Erklärung des Freiherrn Kurt von Schroeder, Köln, vom 21. Juli 1947

Ich, Kurt Freiherr von Schroeder, nachdem ich darauf aufmerksam gemacht worden bin, daß ich mich wegen falscher Aussage strafbar mache, stelle hiermit unter Eid freiwillig und ohne Zwang folgendes fest:
[...] Am 4. Januar 1933 trafen Hitler, von Papen, Heß, Himmler und Keppler in meinem Hause in Köln ein [...]
Diese Zusammenkunft zwischen Hitler und Papen am 4. Januar 1933 in meinem Hause in Köln wurde von mir arrangiert, nachdem Papen mich ungefähr am 10. Dezember 1932 darum ersucht hatte. Bevor ich diesen Schritt unternahm, besprach ich mich mit einer Anzahl von Herrn der Wirtschaft und informierte mich allgemein, wie sich die Wirtschaft zu einer Zusammenarbeit der beiden stellte. Die allgemeinen Bestrebungen der Männer der Wirtschaft gingen dahin, einen starken Führer in Deutschland an die Macht kommen zu sehen, der eine Regierung bilden würde, die lange Zeit an der Macht bleiben würde. Als die NSDAP am 6. November 1932 ihren ersten Rückschlag erlitt und somit also ihren Höhepunkt überschritten hatte, wurde eine Unterstützung durch die deutsche Wirtschaft besonders dringend. Ein gemeinsames Interesse der Wirtschaft bestand in der Angst vor dem Bolschewismus und der Hoffnung, daß die Nationalsozialisten - einmal an der Macht - eine beständige politische und wirtschaftliche Grundlage in Deutschland herstellen würden. Ein weiteres gemeinsames Interesse war der Wunsch, Hitlers wirtschaftliches Programm in die Tat umzusetzen, wobei ein wesentlicher Punkt darin lag, daß die Wirtschaft sich selbst lenken sollte zur Lösung der von der politischen Führung gestellten Probleme. Zur praktischen Durchfüh-

rung dieses Programmpunktes erwartete man, wie es ja später auch geschah, daß die gesamte Wirtschaft auf einer neuen Basis organisiert werden würde [...] Weiterhin erwartete man, daß eine wirtschaftliche Konjunktur durch die Vergabe von größeren Staatsaufträgen werden würde.
In diesem Zusammenhang sind zu erwähnen: eine von Hitler projektierte Erhöhung der deutschen Wehrmacht von 100000 auf 300000 Mann, das Bauen von Reichsautobahnen [...] Auftäge zur Verbesserung des Verkehrswesens, insbesondere der Reichsbahn, und Förderung solcher Industrien wie Automobil- und Flugzeugbau und der damit verbundenen Industrien.
Es war allgemein bekannt, daß einer der wichtigsten Programmpunkte Hitlers die Abschaffung des Vertrages von Versailles darstellte und die Wiederherstellung eines sowohl in militärischer als auch in wirtschaftlicher Hinsicht starken Deutschlands [...]
Das wirtschaftliche Programm Hitlers war der Wirtschaft allgemein bekannt und wurde von ihr begrüßt.
(aus: E. Czichon, Wer verhalf Hitler zur Macht? Köln 1971 Pahl-Rugenstein, S. 77–79).

Aufgaben:
Wer unterstützte Hitler?
Welche Motive waren dabei ausschlaggebend?

Vorschlag für eine Folie
(zu Unterrichsschritt 2)

„Hitler ist eingerahmt“

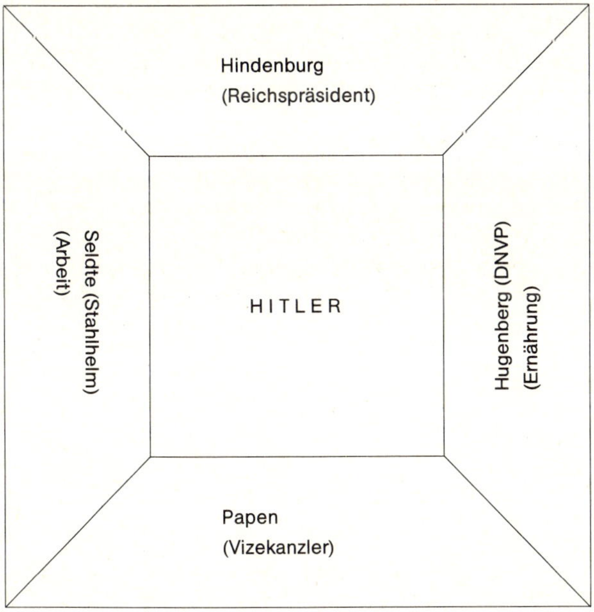

Material
(zu Unterrichtsschritt 2)

Mühlacker, den 30. Januar 1933

Die Kommunisten hofften vergebens. Millionen von Anhängern jubelten, als zwei Tage später Hitler an die Spitze der Reichsregierung berufen wurde. Ein Realschüler erinnert sich noch genau des Augenblicks, in dem er erfuhr, daß Hindenburg Hitler zum Kanzler berufen hatte:

Ich wurde von unserem Lehrer zu einem geachteten Bürger in Mühlacker geschickt, von dem ich wußte, daß er deutschnational eingestellt und organisiert war. Wie ich ihm einen Brief übergeben habe von der Schule, kam eben schon die Sondermeldung, daß der Reichspräsident Hindenburg den Führer der NSDA, Adolf Hitler, zum Reichskanzler ernannt habe. Die erste Reaktion dieses Bürgers mit deutschnationaler Gesinnung: „So eine Schande!" Er horchte weiter, und als er hörte, daß Hugenberg und Seldte und Papen mit in der Regierung waren, ja, daß sie ein großes Kontingent in der Regierung stellten, da glätteten sich seine Zorneswogen wieder etwas, und er sagte dann: „Na, ja, hoffen wir, daß es etwas wird."

Der Schüler selbst reagierte ganz anders als sein deutschnationaler Lehrer:

Ich selber habe allerdings, wie wir Jungen damals eingestellt waren, einen Luftsprung gemacht aus Freude, daß nun wirklich die sogenannte nationale Erhebung angebrochen war. Die hat mich damals als junger Mensch wirklich ganz buchstäblich erhoben.

Ein anderer Bürger aus Mühlacker, der Sohn von Stadtpfarrer R., 1933 ebenfalls noch Schüler, erzählt, wie er sich dem Fackelzug, der am Abend des 30. Januar stattfand, anschloß:

Am 30. Januar kamen nachmittags Freunde meiner Schwester und sagten: „Adolf Hitler ist Reichskanzler geworden." Damals war ich ziemlich erschrocken. Und dann erinnere ich mich noch, daß ich am Abend am Anfang der Bahnhofstraße stand, als ein Fackelzug, wahrscheinlich liedersingend, vorbeizog. Von einem, die in diesem Fackelzug mitmarschierten, wurde ich erkannt und dann vom Gehweg in den Zug hereingezogen, und ich bin dann ebenfalls mitmarschiert. Wie es ausging, daran kann ich mich heute nicht mehr erinnern.

Einer der Schüler von damals verband große Hoffnungen mit der Machtergreifung:

Über die Hoffnungen hinaus, daß unsere sogenannte nationale Ehre und das nationale Ansehen wiederhergestellt wird in der Welt, das durch Versailles angeschlagen und so ziemlich am Boden zerstört war, und über die Hoffnung hinaus, daß die wirtschaftliche Notlage, besonders die Arbeitslosigkeit, beseitigt wird und daß darüber hinaus, wie man so sagt, wieder Zucht und Ordnung im Staat und im Lande herrscht, darüber hinaus waren damals, vor allem unsere Gedanken als Jugendliche, aber auch die unserer Väter und Mütter und der Erwachsenen, nicht gegangen. Man nahm an, daß, wenn Hitler Versailles beseitigt hat und die Arbeitslosigkeit, er dann ordnungsmäßig weiter regiert und keine weiteren, vor allem keine Eroberungspläne und Kriegspläne im Hintergrund hat. Das war von keinem vorauszusehen, und das hat auch keiner geahnt.

Aus: Burkhardt, Eine Stadt wird braun. Eine Fallstudie, Hamburg 1980, S. 103

Vorschlag für ein Arbeitsblatt *(zu Unterrichtsschritt 5)*

Regierungserklärung Hitlers vom 23.3.1933

Hitlers Versprechungen	Wirklichkeit
Hitler will nur insoweit von dem Gesetz Gebrauch machen, als es zur Durchführung der lebensnotwendigen Maßnahmen erforderlich ist	Die Gesetzgebung wurde total vom Ermächtigungsgesetz bestimmt. 1933: 218 Regierungsgesetze 1934: 190 Regierungsgesetze 1935: 149 Regierungsgesetze hinzu kam ein auswucherndes Verordnungswesen
Das Ermächtigungsgesetz sollte außer Kraft treten, „wenn die gegenwärtige Reichsregierung durch eine andere abgelöst wird.“	Somit wäre das Ermächtigungsgesetz schon nach dem Ausscheiden Hugenbergs (29.6.1933) hinfällig gewesen.
Das Ermächtigungsgesetz war befristet auf 4 Jahre	am 30.1.1939 wurde es durch ein neues Reichsgesetz bis zum 10.5.1943 verlängert; danach per Führererlaß verlängert.
Die Existenz des Reichstages und des Reichsrates sollten gesichert sein	Durch das Ermächtigungsgesetz wurde der Reichstag zum „Einparteien-Akklamationsorgan“. Der Reichsrat war z.T. schon gleichgeschaltet, Abschluß der Gleichschaltung im Febr. 1934.
Die Rechte des Reichspräsidenten sollten unberührt bleiben	Notverordnungen nach Art. 48 bedurften der Gegenzeichnung durch den Kanzler; Gesetze wurden vom Kanzler unterschrieben
Der Bestand der Länder sollte nicht angetastet werden	Durch die Einsetzung der Reichsstatthalter waren die Rechte der Länder bereits eingeschränkt bzw. beseitigt; = Beseitigung des Parlamentarismus in den Ländern
Die Rechte der Kirchen sollten nicht eingeschränkt werden	Kurz nach der Verabschiedung des Ermächtigungsgesetzes begannen die Gleichschaltungsversuche in der evangelischen Kirche; Verhandlungen zum Reichskonkordat wurden offen geführt.

Die Rede Hitlers ist zu finden in:
- W. Conze (hg.), Der Nationalsozialismus Teil I, Klett, S. 64, T. 80
- Reden des Führers, hg. von E. Klöss, dtv, München 1967, S. 107f.
- Grundzüge der Geschichte, Oberstufe, Historisch-politisches Quellenbuch, Bd. 2, Diesterweg, S. 227 f.

8. Stunde: Die Röhm-Krise

Verbemerkung:

Die Stunde rechtfertigt sich dadurch, daß hier vermittelt werden kann, wie sich die NS-Führung immer mehr von ihren früheren Zielen im 25-Punkte-Programm entfernt hat; sie opferte dem weiterreichenden Ziel – nämlich der Vorbereitung und Durchführung des Krieges – ehemalige Gefährten, die jene alten Ideen einklagen wollten. In der Röhm-Krise spiegelt sich ein sozialer Konflikt wider: die Basis verdammt die Bindung der faschistischen Führung mit bürgerlich-kapitalistischen Kräften. Gegen Hitlers Forderung nach Beendigung der Revolution wollte Röhm mit sozialistischen Anklängen die zweite Revolution folgen lassen. Dabei fußte der Sozialismus Röhms auf keiner theoretischen Grundlage, sondern läßt sich am besten als „Krieger-Kommunismus" bzw. „Frontsozialismus" bezeichnen (W. Sauer, Die Mobilmachung der Gewalt, Köln 1974, S. 258). „Die Quintessenz des Röhmschen ‚Sozialismus' bestand (...) in der Lehre, daß alle Übel der Welt von den Menschen herrühren, die sich von eigenen Interessen beherrschen und andere für sich sterben lassen, und daß daher nur die Soldaten, die von diesen Fehlern frei sind, für die politische Führung in Frage kommen. Es war ein Weltbild von erschütternder Naivität und Beschränktheit, eine Art militaristisches Totalressentiment gegen die zivile Umwelt, zugleich aber eine deutliche Spitze gegen die Parteiführung, ja gegen Hitler." (W. Sauer, Die Mobilmachung der Gewalt, S. 261).
Wesentlicher als jene sozialistischen Vorstellungen Röhms wurden dessen Bemühungen um eine Art Volksmiliz, die ihn in unüberbrückbaren Gegensatz zur Reichswehr brachten und Hitler dazu veranlaßten, sich gegen die SA zu entscheiden.

„Die Gewinner der ‚Nacht der langen Messer' waren [...] die Spitzen-Industriellen und -Bankiers einerseits und die SS andererseits. Das Großbürgertum und die Nazi-Führung – mit der SS als mächtigstem und bestorganisiertem, aber nicht einzigem Werkzeug – waren [...] die Herren im Dritten Reich. Der dritte Koalitionspartner, die Wehrmacht [...] profitierte gleichfalls, aber nur für begrenzte Zeit. 1938 sollte sie ihrerseits zum Range eines Hilfsinstruments herabsinken, um schließlich in tiefer Erniedrigung zu enden." (C. Bloch, Die SA und die Krise des NS-Regimes 1934, Frankfurt 1970, S. 163). Nach der Stabilisierung der Herrschaft im Staat gelang Hitler die innerparteiliche Konsolidierung, so daß Bürgertum, Industrie und Reichswehr zunehmend Vertrauen zu diesem System fassen konnten. Mit Abschluß der Röhm-Krise war somit der Weg frei, mit diesen Kräften vereint den Krieg vorzubereiten.

Lernziele:

Die Schüler erkennen,
- daß die Röhm-Krise als sozialer und politischer Konflikt zu betrachten ist;
- daß dieser sich entzündete an der Gegnerschaft von Reichswehr und SA;
- daß Hitler von der Reichswehr und Teilen der Industrie aufgefordert wurde, den Einfluß der SA zu bremsen;
- daß die Röhm-Krise die Wehrmacht, die SS, Teile der Industrie – vor allem aber Hitlers Position stärkte.

Die Schüler erarbeiten
- aus Quellenmaterial Stellungnahmen zur Entwicklung des Nationalsozialismus;
- im Unterrichtsgespräch die Bedeutung der Röhm-Krise.

Die Schüler beurteilen
- das politische und persönliche Verhältnis zwischen Hitler und Röhm;

- die Bedeutung der Röhm-Krise für die Entwicklung des Faschismus in Deutschland.

Verlaufsskizze:

Unterrichtsschritt 1:
Die Funktion der SA

Als Einstieg in dieses Problem sollen die Schüler einen Brief Hitlers an Ernst Röhm untersuchen. Hitler dankte am 31.12.1933 seinen Helfern für die perfekte Arbeit. „Aber von allen zwölf Mitarbeitern, an die er an diesem Tag schrieb – darunter Heß, Göring, Goebbels, Ley und Himmler – war Röhm der einzige, den er mit ‚Du' anredete". (C. Bloch, Die SA, S.66) Dadurch lernt der Schüler Mentalität und Charakter der NS-Führung kennen: den „lieben Stabschef" ließ Hitler „sechs Monate später wie einen Hund erschießen" (C. Bloch, Die SA, S.66). An den Text sind folgende Fragen zu stellen:

1. Welche Aufgaben teilt Hitler der SA zu? Welche Probleme sind bereits erkennbar?
2. Was läßt sich über das Verhältnis Hitler–Röhm vermuten?

Herausgearbeitet werden soll:

1. daß Hitler die Leistungen der SA in der Kampfzeit voll anerkennt. Mit Rückgriff auf Kenntnisse aus der Weimarer Republik oder durch Ergänzung durch den Lehrer sollten hier die wesentlichen Aufgaben genannt werden:
   - die SA besorgte in der „Kampfzeit" die terroristische Unterdrückung der politischen Gegner, diente als Schläger- und Propagandatruppe in Straßen- und Saalschlachten;
   - sie bestand zumeist aus „alten Kämpfern" der Unter- und der unteren Mittelschicht; auch „sozial Entwurzelte" fanden in der SA eine Heimat.

   Durch die Formulierung „Wenn das Heer den Schutz der Nation nach außen zu garantieren hat" wird deutlich, daß Hitler hier eine klare Trennung der Aufgabenbereiche von Heer und SA hervorheben möchte.

2. Die Schüler sollen die betonte Herzlichkeit des Hitler-Briefes erkennen, die ja auf den gemeinsamen Erfahrungen in jenen frühen Jahren beruhte. Dadurch wird der Kontrast zur „Nacht der langen Messer" besonders deutlich.

Als Überleitung zum nächsten Unterrichtsschritt soll die Frage gestellt werden: Welche Probleme könnten sich aus dieser Situation der SA ergeben?
Die bisherigen Ergebnisse sind im Tafelbild festzuhalten.

Alternative:
Der vorliegende Text (siehe Vorschlag für ein Arbeitsblatt) „Der Reaktion ins Stammbuch" wird vorgelesen; die Schüler werden aufgefordert, die beiden Positionen in diesem Gedicht zu beschreiben. Deutlich werden soll:
- daß die SA-Leute die „Herren", d.h. wohl die Bürgerlichen angreifen, da diese erst später ihre Sympathie für den Nationalsozialismus bekundeten;
- daß die SA sich einen wesentlichen Anteil an der Machtergreifung zuschreibt; hierbei ist es möglich, die Funktionen der SA im Unterrichtsgespräch herauszuarbeiten;
- daß sie sich als „Sozialisten" verstehen, die sich durch den Einfluß der Kapitalisten betrogen fühlen; hierbei ist es möglich, die soziale Herkunft zu erläutern.

Ergänzung:
Eine Ergänzungsmöglichkeit bietet die Analyse des „Horst-Wessel-Liedes", in dem die Aufgaben der SA, aber auch die Stimmung innerhalb der SA erkannt werden kann.

Unterrichtsschritt 2:
Das Revolutionsprogramm der SA

Bevor die Hausaufgabe, die „Proklamation Röhms vom Juni 1933" besprochen wird, beschreibt der Lehrer die veränderte Aufgabenstellung der SA und die allgemeine Situation z.Zt. der Röhm-Krise; folgendes sollte erwähnt werden:

- in der Machtergreifungsphase besetzten SA-Leute Rathäuser, Zeitungsredaktionen, Gewerkschaftsbüros, drängten nach Übernahme öffentlicher Ämter, nach Einfluß auf die Wirtschaft, legten ‚wilde' Konzentrationslager an – drohten also, sich zu verselbständigen;
- die SA vergrößerte sich durch Neuaufnahme von Mitgliedern und durch Eingliederung der Grenzschutz- und Wehrverbände;
- SA-Chef Röhm wollte die Funktionen der SA ausbauen und Einfluß auf die Reichswehr gewinnen; er übte auch Kritik an Hitlers Behandlung der Gewerkschaften.

An den Text (siehe Vorschlag für ein Arbeitsblatt) sind folgende Fragen zu stellen:

1. Was könnte Röhm unter einer „geistigen Revolution aus nationalsozialistischem und sozialistischem Geiste" verstanden haben?
2. Gegen welche gesellschaftlichen Kräfte wendet sich Röhm? Aus welchen Motiven?

Folgende Antworten sind zu erwarten:

1. Die Träger der „deutschen Revolution" waren nach Meinung Röhms Arbeiter, Bauern und Soldaten; deren Interessen wurden nach der Machtergreifung nicht entsprechend vertreten. Röhm versteht unter „Revolution" hier nicht nur die äußere Machtergreifung und Methoden der Machtsicherung, sondern zielt weiter: die soziale Schicht, die ihn umgibt, strebt nach Verwirklichung der sozialen Forderungen, wie sie im 25-Punkte-Programm dargelegt wurden (Schaffung eines gesunden Mittelstandes, Kommunalisierung der Großwarenhäuser; Bodenreform, Enteignung für gemeinnützige Zwekke; Verstaatlichung, Gewinnbeteiligung u.dgl.).

Im Unterrichtsgespräch wird erarbeitet, daß keine dieser Forderungen bisher verwirklicht wurde, daß im Gegenteil die kapitalistischen Tendenzen und Personengruppen Einfluß auf Hitler gewannen.

2. Die sozial degradierten „Kämpfer" der SA erschienen Hitler in hohen Positionen von Verwaltung, Justiz und Militär wegen ihrer mangelnden Qualifikation als nicht brauchbar. Röhm wendet sich gegen die von Hitler zunehmend bevorzugten Fachkräfte, die erst nach der Machtergreifung ihre Affinität zum Nationalsozialismus erkannten.

Die Ergebnisse sind im Tafelbild zu skizzieren. Zur Überleitung zum nächsten Unterrichtsschritt wird die Frage gestellt, wie Hitler auf jene Forderungen Röhms reagieren könnte. Hingewiesen werden sollte dabei auf Hitlers Zusammenarbeit mit Teilen der Industrie, die sich über die SA-Aktivitäten beschwerten und mit der Reichswehr, die ihr Privileg als einziger Waffenträger nicht angetastet sehen wollte.

Unterrichtsschritt 3:
Die Ausschaltung der SA durch Hitler

Hitlers Haltung zu Röhm und zur SA wird korrigiert durch die Erklärung Hitlers vor den Reichsstatthaltern am 6. Juli 1933 (in: B. Hey/J. Radkau (hg.), Nationalsozialismus und Faschismus, Klett, S.37f., T.23).

Zu dem Text, der in Schülerpartnerarbeit behandelt werden soll, ist folgende Frage zu stellen:

Worin unterscheidet sich die Beurteilung der damaligen Situation Hitlers von der Röhms?

Mögliche Ergebnisse:

- Hitler verstand unter „Revolution" die gewaltsamen Aktionen zur Eroberung der Macht;
- Röhm dagegen verstand darunter einen totalen sozialen Umformungsprozeß von Staat und Gesellschaft;
- Hitler lehnt es eindringlich ab, daß Parteimitglieder ohne Fachkenntnisse ver-

antwortliche Positionen einnehmen; hieraus ist durchaus seine Abhängigkeit bürgerlich-kapitalistischen Kreisen und dem Militär gegenüber zu erkennen – jenen Kreisen, die er für die Vorbereitung und Durchführung des Krieges brauchte.

Nachdem diese Unterschiede erkannt und im Tafelbild festgehalten worden sind, werden in einem knappen Lehrervortrag mit Hilfe der Zeittafel knapp die Ereignissse, die zum 30. Juni 1934 führten, dargelegt; folgendes sollte erwähnt werden:

- die Rede Papens (bzw. E. Jungs) stachelte Hitler an, forciert gegen die SA vorzugehen;
- die Reichswehr (die Hitler zur Beseitigung der SA brauchte) forderte massiv eine Eindämmung der SA;
- Krupp beschwerte sich bei Hitler, daß Umtriebe der SA den Gang der Industrieproduktion hemmen;
- unter dem Vorwand, eine SA-Revolte stünde bevor, verhafteten SS-Leute die schlafenden SA-Führer in Bad Wiessee;
- neben der SA wurden auch politische Gegner (u. a. v. Kahr und Schleicher) beseitigt.

Unterrichtsschritt 4:
Die Bedeutung der Röhm-Krise

Der Lehrer stellt die Frage: Wem nutzte die Niederschlagung der SA?
Folgende Vermutungen sollen angestellt und im Unterrichtsgespräch begründet werden: dieser Ausgang der Röhm-Krise nutzte

- der SS:
  deren Mitglieder stammten vorwiegend aus dem Bürgertum, respektierten die kapitalistische Wirtschaftsordnung, „strebten nach Eigentum und höheren Stellen" besaßen ein Elitebewußtsein;
  die SS lieferte der Industrie Arbeitskräfte aus den Konzentrationslagern und schuf einen wirkungsvollen Polizeiapparat.
- der Industrie:
  die deutsche Wirtschaft blieb kapitalistisch organisiert, staatliche Betriebe blieben zweitrangig, Gewerkschaften waren verboten, Profite stiegen durch die Aufrüstung.
- der Reichswehr:
  sie galt jetzt als alleiniger Waffenträger; als Problem sollte dargestellt werden, daß die Wehrmacht als Mitwisser und Helfer eventuell zum „Komplizen Hitlers" geworden war. Es sollte die Frage gestellt werden, wie Hitler die Hinnahme der Ermordung zweier Generale durch die Reichswehr beurteilen konnte.
- Hitler:
  er hat durch seinen „vorbildlichen Mut" (Blomberg) die Wehrmacht gewonnen und Wünsche eines Teils der Industrie erfüllt; die SS wird wesentliche Stütze Hitlers.

Als Abschluß liest der Lehrer die neue Eidesformel vor, durch die unmittelbar nach dem Tod Hindenburgs die Reichswehr auf Hitler verpflichtet wurde. Der Lehrer stellt die Frage: Welche Bedeutung hat diese neue Eidesformel?
Erkannt werden muß, daß diese Verpflichtung auf den „Führer" „vor Gott" jegliche Oppositionsimpulse lahmlegen sollte. Die Täuschung der persönlichen Verbindung mit Hitler „vor Gott", die an traditionelle Vorstellungen der Monarchie anknüpfte, bedeutete also eine wesentliche Beeinträchtigung für die Widerstandsbewegung.

Am Schluß der Stunde soll zusammenfassend festgestellt werden, daß Hitler sämtliche politischen Gegner ausgeschaltet hat und durch die Verfügungsgewalt über die Streitkräfte absolute Macht besaß.

Ergänzung
Um den Zynismus einer Diskussion über die „Legalität" der nationalsozialistischen Machtergreifung zu zeigen, wird den Schülern das „Gesetz über

die Maßnahmen der Staatsnotwehr“ vom 3.7.1934, das die Röhm-Morde nachträglich in einem einzigen Paragraphen für rechtens erklärte, vorgestellt: „Die zur Niederwerfung hoch- und landesverräterischer Angriffe am 30. 6., 1. und 2. 7. 1934 vollzogenen Maßnahmen sind als Staatsnotwehr rechtens.“

Fragen:

1. Welche Aufgaben teilt Hitler der SA zu? Welche Probleme sind zu erkennen?
2. Was läßt sich über das Verhältnis Hitler–Röhm vermuten?

Hausaufgabe:

Textanalyse zum Verhältnis von Partei und Staat (Textvorschlag und Fragen siehe Stunde 9, Unterrichtsschritt 4).

Vorschlag für ein Arbeitsblatt

(zu Unterrichtsschritt 1)

Brief Hitlers an Röhm vom 31.12.1933

Mein lieber Stabschef!
Der Kampf der nationalsozialistischen Bewegung und die nationalsozialistische Revolution wurden nur ermöglicht durch das konsequente Niederwerfen des marxistischen Terrors durch die SA.
Wenn das Heer den Schutz der Nation nach außen zu garantieren hat, dann ist es die Aufgabe der SA, den Sieg der nationalsozialistischen Revolution, den Bestand des nationalsozialistischen Staates und unsere Volksgemeinschaft im Innern zu sichern.
Als ich Dich, mein lieber Stabschef, in Deine heutige Stellung berief, durchlebte die SA eine schwere Krise. Es ist mit in erster Linie Dein Verdienst, wenn schon nach wenigen Jahren dieses politische Instrument jene Kraft entfalten konnte, die es mir ermöglichte, den Kampf um die Macht durch die Niederringung des marxistischen Gegners endgültig zu bestehen.
Am Abschluß des Jahres der nationalsozialistischen Revolution drängt es mich daher, Dir, mein lieber Ernst Röhm, für die unvergänglichen Dienste zu danken, die Du der nationalsozialistischen Bewegung und dem deutschen Volke geleistet hast, und Dir zu versichern, wie sehr ich dem Schicksal dankbar bin, solche Männer wie Du als meine Freunde und Kampfgenossen bezeichnen zu dürfen.
In herzlicher Freundschaft und dankbarer Würdigung,

Dein Adolf Hitler

[aus: C. Bloch, Die SA und die Krise des NS-Regimes 1934, Frankfurt 1970, S. 65 f.]

Alternative
(zu Unterrichtsschritt 1)

Der Reaktion ins Stammbuch!

Gestern noch von Euch gelästert und verspottet,
möglichst durch Rotmord ganz ausgerottet;
geschlagen, getreten, aus der Arbeit gejagt –
Jawohl, Ihr Herren, das habt *Ihr* gewagt!

Ihr war't „national"; das schien *Euch* genug;
Sozialismus von uns, den nanntet *Ihr* – Fluch!
Schlucktet mit Roten und Schwarzen Dividenden!
Wir kämpften derweil, das Schicksal zu wenden!

Ihr winseltet feige vor Mammons Thron;
wir schürten das Feuer der Revolution!
Ihr habt die Zeiten der Taten verschwätzt,
als man uns wie Freiwild durch's Land gehetzt!

Heut', da wir's geschafft, den Sieg errungen,
das undeutsche Pack zu Boden gezwungen,
seid auch *Ihr* da und schreit laut: „Heil Hitler!"
als seid Ihr Kämpfer und Freiheitsmittler!

Widerlich schmierend schiebt Ihr Euch ran,
als wär't Ihr seit Jahren schon Hitlermann!
Näselt von Meinung, quatscht furchtbaren Mist
und nennt Euch dann prahlend „Nationalsozialist!"

Ein gutes Jahr schon habt so Ihr's getrieben;
was durch Blut wir erkämpften, versucht Ihr zu verschieben!
Denn Euer Leitspruch, wie immer, auch heute noch ist:
„Hurra, uns Nationalen! – Verreck, Du Sozialist!"

Nun merkt Euch das eine, Ihr Herren von gestern:
Uns alte Kämpfer sollt Ihr länger nicht lästern!
Wir führen das Volk, das Reich, die Nation,
aber niemals Ihr Hüter der Reaktion!

[aus: C. Bloch, Die SA und die Krise des NS-Regimes 1934, Frankfurt 1970, S. 83]

Aufgabe:
Beschreibe die beiden Positionen, die in diesem Gedicht/Lied zu erkennen sind!

Vorschlag für ein Arbeitsblatt
(zu Unterrichtsschritt 2)

Die Leute, die heute überall „dabei sind" und – vorläufig noch leise – ihr brav-bürgerliches Sprüchlein von Ruhe und Ordnung murmeln, haben wir auf unserem jahrelangen Opfergang für das neue Deutschland unseres Sehnens nicht gesehen. Bestenfalls standen sie beiseite und schauten zu, wie wir um Deutschland kämpften und bluteten. Ihnen waren wir zu unvornehm, zu laut, zu radikal! Ihnen sind wir es noch und wieder. Ihnen genügt es, daß über Deutschland die schwarz-weiß-roten Farben des Bismarck-Reiches und als revolutionäre Konzession die Hakenkreuzfahnen wehen. Ihnen reicht auch das bisher errungene Maß äußerer Macht, an der sie teilhaben dürfen [...] [sie]

sind nur Nutznießer unseres Sieges! [...] Unter unseren Sturmfahnen marschieren heute die Träger des Willens der deutschen nationalsozialistischen Revolution: Arbeiter, Bauern und Soldaten.
Wenn die Spießerseelen meinen, daß es genüge, wenn der Staatsapparat ein anderes Vorzeichen erhalten hat, daß die „nationale" Revolution schon zu lange dauert, so pflichten wir ihnen hierin ausnahmsweise gern bei: Es ist in der Tat hohe Zeit, daß die nationale Revolution aufhört und daß daraus die nationalsozialistische wird! Ob es ihnen paßt oder nicht, – wir werden unseren Kampf weiterführen. Wenn sie endlich begreifen, um was es geht: mit ihnen! Wenn sie nicht wollen: ohne sie! Und wenn es sein muß: gegen sie! [...] Deutschland wird nationalsozialistisch oder es stirbt! Und darum geht die deutsche Revolution weiter, bis das Hakenkreuz an unseren Fahnen und Abzeichen nicht mehr nur äußeres Symbol ehrlichen Bekennens oder konjunktureller Gleichschaltung, sondern heiliger Herzensbesitz des ganzen Volkes geworden ist!
(H.-A. Jacobsen / W. Jochmann [hg.], Ausgewählte Dokumente zur Geschichte des Nationalsozialismus 1933–45, Bd. II, Bielefeld 1961, VI 1933)

Aufgaben:
1. Was könnte Röhm unter einer „geistigen Revolution aus nationalsozialistischem und sozialistischem Geiste" verstanden haben?
2. Gegen welche gesellschaftlichen Kräfte wendet sich Röhm? Aus welchen Motiven?

9. Stunde: Die NSDAP – eine faschistische Partei

Vorbemerkung:

Ziel der Stunde soll sein, die NSDAP als „Bewegung" zu problematisieren und ihr Verhältnis zu Staat und Gesellschaft zu erkennen. Dabei wird bewußt auf eine Darstellung der Partei vor der Machtergreifung verzichtet, um den Schülern den Blick auf den Kontext mit der Machtdurchsetzung und dem 30. Januar 1933 nicht zu verstellen. Aus der Besprechung der Weimarer Republik ist den Schülern die politische Aufgabe der NSDAP bereits bekannt:
- Schaffung einer Organisation für die Zeit nach der Machtübernahme;
- Organisation von Propagandakampagnen;
- Demonstration von Macht und scheinbarer Ordnung;

d. h. die Partei war wie die SA auch Mittel zur Machteroberung (vgl. H. Mommsen, Aufstieg der NSDAP und NS-Herrschaftssystem, in: A. Mannzmann [hg.], Hitlerwelle, S. 21 f.). Der hier vorgestellte Ansatz geht von der These aus, daß der Nationalsozialismus kein einheitlicher, monolithischer Machtblock war, wie ihn die NS-Propaganda immer wieder beschwor, sondern eine „Polykratie" mit antagonistischer Struktur nicht nur in bezug „auf die Vielfalt der Ressorts, sondern in einem weiteren Sinne auf einen ‚Zustand von Herrschaft, der nicht auf einer allseits anerkannten Verfassung beruhte, sondern sich entsprechend einem Wildwuchs der jeweiligen Kräfteverhältnisse' entwickelte" (M. Drees, Herrschaftstechnik und Instrumente der Machtsicherung, in: P. Meyers / D. Riesenberger [hg.], Der Nationalsozialismus in der historisch-politischen Bildung, Göttingen 1979, S. 54). Zurecht spricht K. D. Bracher von einem „Dualismus von Staat und Partei" (Die deutsche Diktatur, S. 376), und E. Fraenkel nennt das Dritte Reich einen „Doppelstaat" (Der Doppelstaat, Frankfurt 1974). Das scheinbar Chaotische des Führerstaates war „Voraussetzung und Bedingung des Führer-Absolutismus" (K. Hildebrand, Das Dritte Reich, S. 163), und „Allzuständigkeit und unbürokratische ‚Menschenführung', gekoppelt mit chronischer Unterschätzung fachlicher Gesichtspunkte (vgl. Göring als Beauftragter für den Vierjahresplan!), führten auf allen Ebenen zur unkontrollierten Herrschaft von persönlichen Klientelen und zur Ausbreitung von Korruption, Denunziation, Intrigen und zu einer weitgehenden Segmentierung der Parteiorganisation" (H. Mommsen, Aufstieg der

NSDAP und NS-Herrschaftssystem, in: A. Mannzmann [hg.], Hitlerwelle, S. 28).

Wenn in der Stunde von der Integrationsfunktion der Partei gesprochen wird, so wird darunter verstanden, daß die Partei die „Volksgemeinschaft" garantieren sollte, indem sie danach zu trachten hatte, den Bürger im Sinne der NS-Ideologie zu erfassen, zu erziehen und zu kontrollieren. Eine Integration divergierender Interessen erfolgte dagegen nicht, zumal es Gauleiter- oder Reichsstatthalterkonferenzen kaum gab und eine echte innerparteiliche Willensbildung nicht erfolgte. Hitler schuf bewußt eine „Atmosphäre des Mißtrauens" zwischen den rivalisierenden Gruppen, um seine Position zu festigen. Der SS-Führer Otto Ohlendorf erklärte 1946 hierzu vor dem Nürnberger Tribunal, „daß theoretisch ein absoluter Führerstaat vorhanden war, aber insbesondere im Kriege sich eine pluralistische Anarchie herausgestellt hat. [...] Der Führer hat nicht nur den Staat verneint als Selbstzweck, sondern ihn in einer Form vernichtet, daß er auch nicht mehr als Instrument zur Verfügung stand. Anstelle des Staates trat die pluralistische Willkür der obersten Hierarchie" (zit. bei K. Höhne, Der Orden unter dem Totenkopf. Die Geschichte der SS, Gütersloh 1967, S. 16). Selbst in der Außenpolitik gab es drei rivalisierende Gruppen um Hitler, deren Rivalität er bewußt förderte (vgl. K. Hildebrand, Deutsche Außenpolitik 1933–1945. Kalkül oder Dogma?, Stuttgart 1971, S. 20 ff.). Neben dem Reichsaußenministerium gab es noch das „Außenpolitische Amt der NSDAP", das am 1. 4. 1933 unter Leitung Alfred Rosenbergs eingerichtet wurde, und das „Amt Ribbentrop", die sich gegenseitig befehdeten.

Weitere Informationen zu diesem Thema bieten u. a.:

- K. D. Bracher, Zeitgeschichtliche Kontroversen – Um Faschismus, Totalitarismus, Demokratie, München 1976, S. 64 ff.;
- S. Haffner, Anmerkungen zu Hitler, München 1978, S. 58 ff.
- P. Hüttenberger, Nationalsozialistische Polykratie, in: Geschichte und Gesellschaft 2 (1976), S. 417–442.

Ziele der Stunde:

Die Schüler erarbeiten aus Texten
- Kennzeichen der NSDAP als Beispiel einer faschistischen Partei
- das Verhältnis von Partei und Staat im Dritten Reich.

Die Schüler erkennen
- die NSDAP als Staatspartei
- das Dritte Reich als Ein-Parteien-Staat
- als Aufgaben der Partei die Integration im Sinne der Volksgemeinschaft, die Erziehung im Sinne der NS-Ideologie, die Überwachung und Erfassung der „Volksgenossen"
- die NSDAP als Herrschaftsinstrument
- den Zusammenhang von Polykratie und der Stellung Hitlers als Führer.

Die Schüler beurteilen
- das Verhältnis von Partei und Staat als „Dualismus"
- die Herrschaftsrealität des Dritten Reiches als „Polykratie" mit „antagonistischer Struktur", als bewußt „gesteuertes Chaos" (divide-et-impera-Prinzip).

Verlaufsskizze:

Unterrichtsschritt 1:
Die NSDAP als Staatspartei

Zu Beginn der Stunde wird die Auflösung des Weimarer Parteiensystems und die Errichtung des faschistischen Einparteienstaates besprochen. Hierzu werden den Schülern Auszüge aus dem „Gesetz gegen die Neubildung von Parteien" vom 14. Juli 1933 (§§ 1 und 3) und aus dem „Gesetz zur Sicherung der Einheit von Partei und Staat“ vom 1. Dezember 1933 (§§ 1 bis 3) vorgelegt. Dadurch wird eine Verknüpfung mit den Stunden 7 und 8 erreicht. Die Gesetzestexte finden sich u. a. in:

- W. Conze (hg.), Der Nationalsozialismus, Teil 1, Klett, S. 69 T88 und S. 70 T90;
- K. G. Fischer (hg.), Politische Bildung, Metzler, S. 282 M41.3 (nur das Gesetz vom 14. 7. 1933);
- E. Hennig, Nationalsozialismus, in: Wochenschau 30 (1979), S. 238;
- W. Hofer (hg.), Der Nationalsozialismus, fi-Tb, S. 61 f. T30 und T32;
- A. Krink (hg.), Die NS-Diktatur, Diesterweg, S. 49 T50 und S. 58 T63.

Als Impuls für ein Unterrichtsgespräch dient die Frage:

- Welche Auswirkungen hatten die Gesetze für das politische Leben in Deutschland?

Folgende Stichworte werden erwartet:

- Beseitigung des Parteienpluralismus und Errichtung des Einparteienstaates;
- Beseitigung von Meinungsvielfalt und parlamentarischer Kontrolle;
- Identität von Partei und Staat;
- Sonderstellung der Parteimitglieder (z. B. Sondergerichtsbarkeit);
- Bruch des „Ermächtigungsgesetzes“ (Totalausschaltung des Parlaments).

Unterrichtsschritt 2:
Die Aufgabe der NSDAP im Dritten Reich

Aus den Ergebnissen des Unterrichtsschrittes 1 erkennen die Schüler, daß die NSDAP mehr als eine Partei im üblichen Sinne war. Deshalb gilt es hier, die Funktion der NS-Bewegung im Dritten Reich als Instrument der Herrschaft und der Kontrolle über das Volk zu verdeutlichen.

Zugleich gelingt in dieser Unterrichtsphase der Brückenschlag zur Ideologie des Nationalsozialismus, indem die in Stunde 3 erkannten Fakten wiederaufgegriffen und in den Gesamtzusammenhang „Machtergreifung“ eingebaut werden. Die Schüler analysieren hierzu einen Text des Staatsrechtlers Otto Koellreutter aus dem Jahre 1934 (abgedruckt in: W. Hofer [hg.], Der Nationalsozialismus, S. 83). Folgende Aufgaben werden gestellt:

- Erläutern Sie die Staatsvorstellung des Nationalsozialismus!
- Kennzeichnen Sie die Funktion der Partei im Dritten Reich!
- Welche wesentlichen Merkmale demokratischer Parteien vermissen Sie bei der NSDAP?

Folgende Stichworte könnten Ergebnisse des Unterrichtsgesprächs sein:

- „Führerstaat“ als totaler Staat:
  a) vorgegebene Identität von Volkswille und Führerwille;
  b) Führergewalt ist umfassend, unteilbar und bedarf keiner Kontrolle;
  c) alle Gewalt im Staat ist vom Führer abgeleitete Gewalt;
  d) System von Befehl und Gehorsam;
- die Partei hat eine „einheitsbildende Aufgabe“;
  a) Integrationsfunktion im Sinne der „Volksgemeinschaft“
  b) Erziehungsaufgabe zur Durchsetzung der NS-Ideologie in allen Bereichen des Lebens (= ideologische Festigung der Volksgemeinschaft);
  c) Überwachungsfunktion und Garant für die Durchsetzung des Führerwillens;
  d) Partei als „Bewegung“ des Volkes, als „Elite“;
  e) Partei als Herrschaftsinstrument;
- es gibt in der NSDAP keine innerparteiliche Demokratie, keine Willensbildung von unten nach oben, keine Wahlen in der Partei; die NSDAP ist auch kein Instrument parlamentarischer Willensbildung.

Ein Tafelbild faßt die Ergebnisse zusammen. Zur Verdeutlichung der letztgenannten

Die Organisation der NSDAP

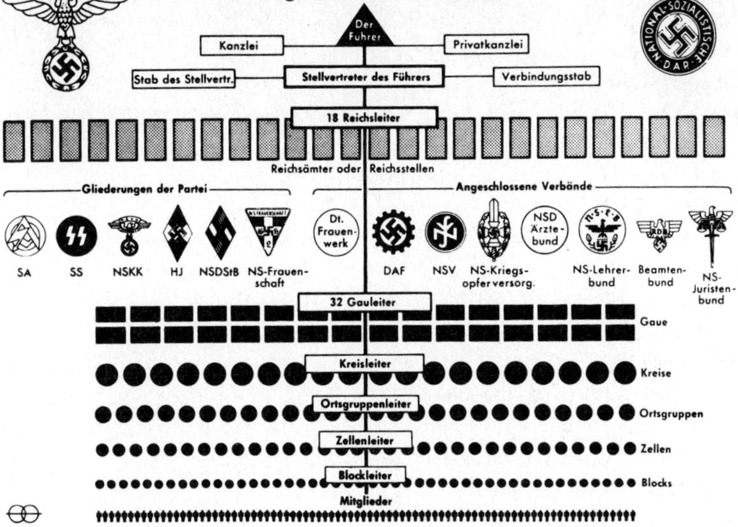

NSKK – Nationalsozialistisches Kraftfahrtkorps
NSDSTB – Nationalsozialistischer Deutscher Studentenbund
NSV – Nationalsozialistische Volkswohlfahrt

1939 hatte die NSDAP 40 Gaue, 808 Kreise, 28 376 Ortsgruppen und Stützpunkte mit je höchstens 1500 Haushalten, 89 378 Zellen mit 160 bis 480 Haushalten und 463 048 Blocks mit je 40 bis 60 Haushalten.

Die Staatsorgane des Dritten Reiches

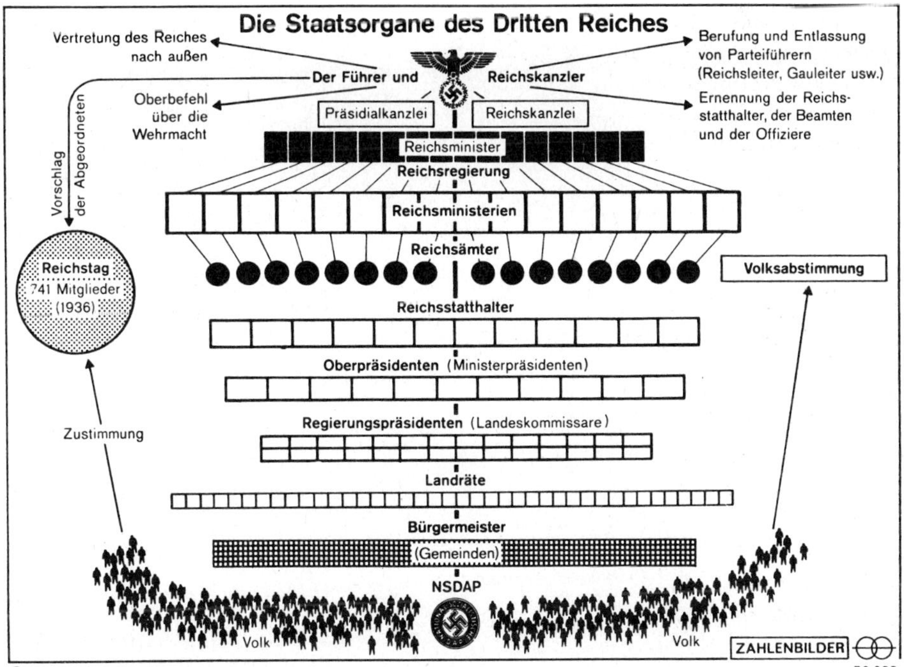

50 083

Aspekte werden den Schülern zwei Folien gezeigt, die einmal die Staatsorgane des Dritten Reiches, zum anderen die hierarchische Struktur der Partei und ihrer Organisationen zeigen (siehe S. 75).

Die Organigramme sind abgedruckt in:

- W. Conze (hg.), Der Nationalsozialismus, Teil 2, Klett, S. 34 f. T 42 (nur Parteistruktur);
- Drei Jahrzehnte deutscher Geschichte 1918–1948, E. Schmidt-Verlag, 3/1963, S. 35 und S. 37;
- Faschismus, hg. Neue Gesellschaft für Bildende Kunst und Kunstamt Kreuzberg, Berlin 1976, S. 47 und S. 57;
- A. Krink (hg.), Die NS-Diktatur, Diesterweg, S. 63 T 70 (nur Parteistruktur).

Unterrichtsschritt 3:
Der Weg des gleichgeschalteten „Volksgenossen"

In dieser Unterrichtsphase soll die in Unterrichtsschritt 2 angesprochene Erfassung und Eingliederung des einzelnen Bürgers in die neue Volksgemeinschaft betrachtet werden. Es empfiehlt sich, einen Auszug aus einer Hitler-Rede (2. 12. 1938) vorzulesen:

Aus einer Rede Hitlers am 2. 12. 1938
in Reichenberg

„Diese Jugend, die lernt ja nichts anderes als deutsch denken, deutsch handeln. [Sie kommt] vom Jungvolk in die Hitler-Jugend, und dort behalten wir sie wieder vier Jahre, und dann geben wir sie erst recht nicht zurück in die Hände unserer alten Klassen- und Standeserzeuger, sondern dann nehmen wir sie sofort in die Partei oder in die Arbeitsfront, in die SA oder in die SS, in das NSKK und so weiter. Und wenn sie dort [...] noch nicht ganz Nationalsozialisten geworden sein sollten, dann kommen sie in den Arbeitsdienst und werden dort wieder sechs und sieben Monate geschliffen, alle mit einem Symbol, dem deutschen Spaten. Und was dann nach sechs oder sieben Monaten noch an Klassenbewußtsein oder Standesdünkel da oder da noch vorhanden sein sollte, das übernimmt die Wehrmacht. [Dann] nehmen wir sie, damit sie auf keinen Fall rückfällig werden, sofort wieder in SA, SS und so weiter. Und sie werden nicht mehr frei, ihr ganzes Leben."

(abgedruckt in: E. Aleff (hg.), Das Dritte Reich, Hannover 9/1970, S. 114)

Das folgende Organigramm erläutert den Text.

Der Weg des „gleichgeschalteten" Staatsbürgers

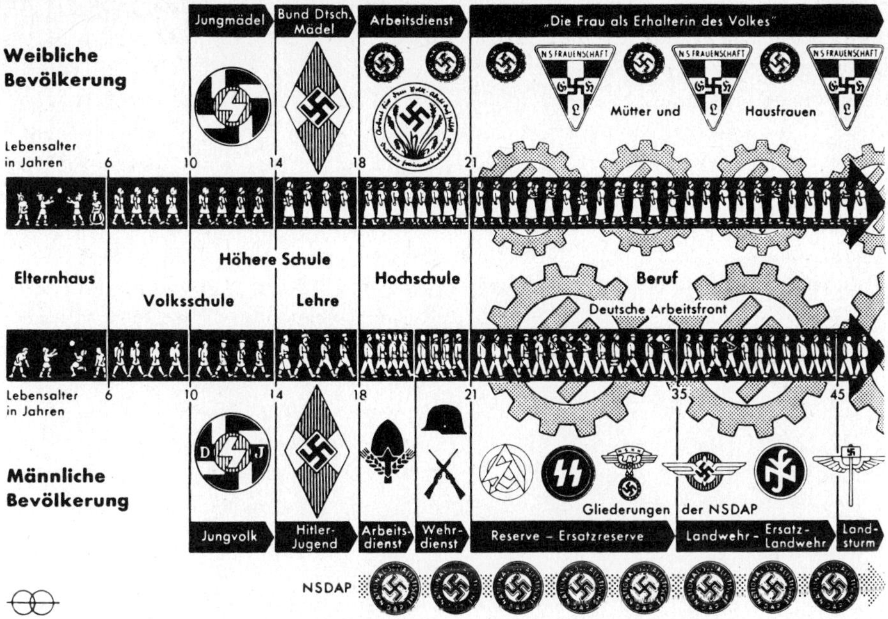

1937 waren 10% der Frauen in der NS-Frauenschaft organisiert, 1939 6% der Männer in der SA. Dagegen waren 90% der Beamten durch den Lehrer- bzw. Beamtenbund erfaßt, und 95% der Studenten, Mittel- und Oberschüler waren Mitglied in nationalsozialistischen Verbänden.

Reichsparteitag der NSDAP in Nürnberg 1934, Hitler spricht zum Reichsarbeitsdienst.

Ergänzung:
Um den Schülern die Praxis der Gleichschaltung deutlich zu machen, werden ihnen Bilder aus dem Alltag des Dritten Reiches vorgelegt. Folgende Bilder eignen sich besonders:
- Sudetendeutsche Männer 1939, in: Anschläge, S. 115;
- Aufmarsch des Reichsarbeitsdienstes, in: Faschismus, S. 61;
- Kulturtagung der NSDAP, in: Faschismus, S. 69;
- Motorradsportgruppe der HJ, in: Faschismus, S. 85;
- Massentrauung von SA-Leuten und Politischen Leitern, in: Faschismus, S. 95;
- Reichsparteitag in Nürnberg und Hitlerjungen, in: Grundzüge der Geschichte, Oberstufe II, Diesterweg, S. 160;
- Hitlerjugend, BDM, RAD, in: Schmid, Fragen an die Geschichte, Bd. 4, Hirschgraben, S. 55;
- Reichsparteitag 1937; Hitler, ein deutsches Verhängnis, in: Zeiten und Menschen G2, Schöningh, zwischen den S. 128 und 129.

Weitere Beispiele finden sich in der Alternative zur Stunde 11.

Unterrichtsschritt 4: Das Verhältnis von Partei und Staat als „Dualismus"

Abschließend wird der Begriff ‚Staatspartei' problematisiert und die angeblich monolithische Struktur des Dritten Reiches als Einparteienstaat in Frage gestellt. Dazu erhielten die Schüler eine vorbereitende Hausaufgabe: sie sollten einen Textauszug aus K. D. Bracher, Die deutsche Diktatur, S. 232 f. bearbeiten. Der Text ist abgedruckt in:
- Weltgeschichte im Aufriß 3/1, Diesterweg, S. 382 f. T12.

Folgende Aufgaben wurden gestellt:
1. Wie charakterisiert Bracher die Herrschaftstechnik des Nationalsozialismus?
2. Welchen Zweck verfolgte diese Technik? Erläutern Sie in dem Zusammenhang die Position des „Führers“!

Erwartete Ergebnisse des Unterrichtsgesprächs:
1. „Dualismus von ‚Staat‘ und ‚Partei‘“
   a) Doppelbesetzung wesentlicher Funktionen;
   b) rivalisierende Institutionen, Ämter und Kompetenzbereiche („System von Satrapien“) mit zahllosen Kompetenzüberlagerungen und daraus resultierenden Konflikten;
   c) von Hitler „gesteuertes Chaos“;
2. Zweck dieser Technik:
   a) Gewinnung der konservativen Fachleute in Verwaltung und Diplomatie
   b) Durchsetzung des ‚Führerprinzips‘ Führer als „oberster Schiedsrichter“ und letztentscheidende Instanz;
   c) Durchsetzung von Macht nur unter Berufung auf den Führer (Gewalt ist allein vom Führer abgeleitete Gewalt);
   d) „Dualismus“ als organisatorische Grundlage des Führerstaates (divide-et-impera-Prinzip).

An dieser Stelle veranschaulicht ein Beispiel aus der Außenpolitik des Dritten Reiches diesen Dualismus: Der Lehrer weist darauf hin, daß es neben dem Reichsaußenministerium noch das „Außenpolitische Amt der NSDAP“ unter Alfred Rosenberg und das „Amt Ribbentrop“ gab, die besonders bis 1938 um die Führung in der Außenpolitik miteinander rivalisierten.

Hausaufgabe:

Analyse des Vierjahres-Plans
(siehe Stunde 10 Unterrichsschritt 3)

10. Stunde: Wirtschafts- und Sozialpolitik im Dritten Reich

Vorbemerkung:

Wie bedeutend die Wirtschaftspolitik für das Dritte Reich war, soll durch folgende Äußerungen aus der Forschungsliteratur dokumentiert werden: „Wirtschaftspolitische Argumente ebneten den Nationalsozialisten vor 1933 in einer tiefen wirtschaftlichen Depression – von allen europäischen Industriestaaten wurde Deutschland weitaus am schwersten von der Weltwirtschaftskrise betroffen – den Weg zur politischen Macht, wirtschaftspolitische Argumente erleichterten ihnen nach 1933 den Ausbau dieser Macht.“ (F. Blaich, Wirtschaftspolitik und Wirtschaftsverfassung im Dritten Reich, Aus Politik und Zeitgeschichte, B 8/71, S. 3), oder: „Wenn die Gleichschaltung des deutschen Lebens durch den Führerstaat es tatsächlich zuwege brachte, das Volk in seiner Mehrheit, wenn nicht innerlich zu überzeugen, so doch jedenfalls dahin zu bringen, daß es das neue Regime gewähren ließ, daß es ihm eine Chance zubilligte und sich ihm in der Mehrheit konformistisch ein- und unterordnete, so lag das entscheidende und überzeugende Argument in den Erfolgen der nationalsozialistischen Wirtschaftspolitik.“ (K. D. Erdmann, Die Zeit der Weltkriege, in: B. Gebhardt, Handbuch der Deutschen Geschichte, Bd. 4, Stuttgart 1968, S. 208). Und auch in der Populärwissenschaft wird bis in die jüngste Zeit die Wirtschaftspolitik Hitlers lobend erwähnt: S. Haffner widmet ein ganzes Kapitel Hitlers „Leistungen“, worunter die wirtschaftlichen gerechnet werden (S. Haffner, Anmerkungen zu Hitler, München 1978, S. 38 ff.). In dieser Stunde soll nun das Verhältnis von Politik und Ökonomie untersucht werden, das kein statisches war, sondern als „Prozeß einer zunehmenden Verselbständigung der

von den Faschisten kontrollierten Exekutive" (R. Saage, Zum Verhältnis von Nationalsozialismus und Industrie, in: Aus Politik und Zeitgeschichte, B 9/75, S.35) verstanden wird. Dabei wird angeschlossen an die schon in der 5. und 6 Stunde angeschnittenen Frage nach dem Verhältnis von Industrie und Faschismus: die Großindustrie war weder gleichgeschaltet, noch bloßer Auftraggeber „an seinen NS-Faschismus" (D. Eichholtz, zit. nach: R. Saage, Zum Verhältnis von Nationalsozialismus und Industrie, in: Aus Politik und Zeitgeschichte, B 9/75, S.35).
Ferner soll erkannt werden, daß der Vierjahresplan eine Zäsur in der Wirtschaftspolitik im Dritten Reich darstellte: bis 1936 herrschte eine Art Gleichgewicht zwischen Politik und Ökonomie (nachdem 1934 nach der ‚Röhm-Affäre' der Mittelstandssozialismus beseitigt war); mit dem Vierjahresplan hat sich der Primat der Politik herausgebildet und Eigendynamik entwickelt. Dieser Primat der Politik kam zustande, weil sich die Industrie spalten ließ: „Während ein Teil von ‚Big Business' unter der Führung der IG Farben für einen stärkeren Ausbau der synthetischen Produktion optierte und hierin von den Nationalsozialisten unterstützt wurde, forderten Teile der Schwerindustrie und der Militärs eine Intensivierung des Stahlexports." (R. Saage, Zum Verhältnis von Nationalsozialismus und Industrie, in: Aus Politik und Zeitgeschichte, B 9/75, S.35) „Das bedeutete, [...] daß die nationalsozialistische Führung mit Hilfe der eng mit der staatlichen Wirtschaftsleitung verknüpften Teile namentlich der Großindustrie ihren Einfluß auf die Gesamtwirtschaft verstärken und in der Folgezeit auch die Wehrmachtsstäbe hinausdrängen konnte." (D. Petzina, Autarkiepolitik im Dritten Reich. Der nationalsozialistische Vierjahresplan, Stuttgart 1968, S.196). Somit wird deutlich, daß „so wie innerhalb der Staatsverfassung Demokratie und persönliche Freiheit Schritt für Schritt ausgelöscht wurden, [...] im Bereich der Wirtschaft die Planautonomie der Staatsbürger allmählich zugunsten des Staates abgebaut [wurde]." (F. Blaich, Wirtschaftspolitik, in: Aus Politik und Zeitgeschichte, B 8/71, S.18).
Die Annäherungs- bzw. Gleichschaltungsversuche zwischen Industrie und Nationalsozialismus verliefen allerdings weitaus differenzierter und rücksichtsvoller als in anderen gesellschaftlichen Bereichen, wie das Beispiel des Reichsverbands der Deutschen Industrie lehrt: erst abwartende, kritische Haltung des RDI, dann gar Kontaktaufnahme mit den Gewerkschaften, Wende nach den März-Wahlen zu einem Prozeß wechselseitiger Anpassungen (nach: U. Wengst, Der Reichsverband der Deutschen Industrie in den ersten Monaten des Dritten Reiches, in: VfZG 28 (1980), S.94–110).
Als wichtiges Entstehungselement für den Vierjahresplan wird in der Forschung anerkannt, daß „die auftretenden Engpässe bei industriellen Kapazitäten und Produktionsfaktoren [...] bei dem gegebenen Ziel schneller Aufrüstung den wirtschaftlichen Kurs zum Problem werden" ließen (D. Petzina, Hitler und die deutsche Industrie, S.489). Entscheidend wurde in dieser Phase, daß „die politischen Interessen der nationalsozialistischen Führung an innerer Militarisierung und wirtschaftlicher Kriegsvorbereitung [...] mit dem Interesse eines gewichtigen und schließlich des stärksten und einflußreichsten Teils der deutschen Wirtschaft am Aufbau einer profitablen Industrie und an der Einflußnahme auf die staatliche Wirtschaftspolitik" sich ergänzten (D. Petzina, Autarkiepolitik, S.196).
Für den Unterricht bietet sich folgende Gliederung des Stoffes an:
Die Schüler erarbeiten zunächst die Phasen der nationalsozialistischen Wirtschafts- und Sozialpolitik unter dem Gesichtspunkt des Eingriffs des Staates: Zu erkennen ist dabei, daß das Hauptproblem von 1932/33, die Beseitigung der Arbeitslosigkeit, von Anfang an im Zusammenhang mit der Ausweitung der

Rüstung gesehen wurde. Hier sollen die Methoden und Begleiterscheinungen dieser Arbeitsbeschaffungspolitik erkannt werden. Zu dieser 1. Phase nationalsozialistischer Wirtschafts- und Sozialpolitik kann der Lehrer folgende Exkurse einschalten:
a) das Problem der Finanzierung der Arbeitsbeschaffung, b) Integrierungs- und Disziplinierungspolitik: Zerschlagung der Gewerkschaften und neue Sozialverfassung. Sollten die Exkurse nicht gewählt werden, so sind die notwendigen Informationen der Zeittafel zu entnehmen.
Den zweiten Schwerpunkt bildet der Vierjahresplan, an dem folgende Probleme erarbeitet werden sollen:

a) der Zusammenhang zwischen Autarkie und Krieg
b) das Verhältnis von Politik und Ökonomie
c) die Charakterisierung der veränderten Wirtschaftsordnung, die durch zwei Aspekte gekennzeichnet ist: „einmal [durch] die prinzipielle Respektierung des privaten Eigentums durch die nationalsozialistische Führung", als zweites durch „die Kooperation von Staat und Großunternehmertum bei der Verwirklichung der Autarkiepläne". (D. Petzina, Autarkiepolitik, S. 196).

Lernziele:

Die Schüler erkennen
- unter welchen Bedingungen der Nationalsozialismus das Problem der Arbeitslosigkeit beseitigt hat;
- die Problematik der Finanzierung der Aufrüstungspolitik;
- wie und weshalb die Sozialverfassung verändert wurde;
- die Politik gegenüber der Arbeiterschaft als „Integrations- und Disziplinierungspolitik",
- die Ziele, die Bedeutung und die Probleme des Vierjahresplans;
- den Zusammenhang zwischen Autarkie- und Kriegspolitik.

Die Schüler erarbeiten
- aus einer Chronologie Maßnahmen der Arbeitsbeschaffung und der staatlichen Eingriffe ins Wirtschaftsleben;
- aus statistischem Material den Verlauf der Arbeitslosigkeit, den Zusammenhang zwischen Lohnentwicklung und Arbeitszeit, sowie Strukturveränderungen und Einkommensverhältnisse.

Die Schüler beurteilen
- die Entwicklung und Beseitigung der Arbeitslosigkeit;
- die Sozialpolitik des NS-Regimes im Zusammenhang mit der innenpolitischen Stabilisierung des Systems zur Vorbereitung des Krieges;
- den Vierjahresplan und Veränderungen der Wirtschafts- und Sozialpolitik;
- die Bedeutung der Leerformel „Volksgemeinschaft".

Verlaufsskizze:

Unterrichtsschritt 1:
Problemstellung

Als Einstieg liest der Lehrer folgende Äußerung vor: „Unter diesen positiven Leistungen Hitlers muß an erster Stelle [...] sein Wirtschaftswunder genannt werden." (S. Haffner, Anmerkungen zu Hitler, S. 37). Daran schließt sich die Frage an, was unter „Leistungen" und „Wirtschaftswunder" verstanden werden könnte. Erfahrungsgemäß wird die Beseitigung der Arbeitslosigkeit genannt. Eine Folie (siehe Vorschlag für eine Folie) mit Vergleichszahlen von 1933 und 1938 zur Arbeitslosigkeit, zur Industrieproduktion und zu den Unternehmergewinnen gibt erste Informationen über wirtschaftliche Entwicklung im Dritten Reich.

Mögliche weiterführende Fragen:
- Inwiefern könnte es berechtigt sein, diese Entwicklung als „Wirtschaftswunder" zu bezeichnen?
- Welche weiteren Informationen sind wichtig zur Beurteilung der wirtschaftlichen Situation?

Herausgearbeitet werden sollte:
- der starke Rückgang der Arbeitslosigkeit, die Verdoppelung der Industrieproduktion und auch die Steigerung der Unternehmergewinne waren und sind für viele bis heute ein „Wunder", wie der Ausspruch von S. Haffner zeigt;
- notwendig sind genauere Daten über die Entwicklung der Arbeitslosigkeit (zeitlicher Faktor, Problem der Aufrüstung), die Arbeitnehmerlöhne und die Arbeitszeit.

Unterrichtsschritt 2:
Beseitigung der Arbeitslosigkeit

Der Analyse des Arbeitsbeschaffungsprogramms werden folgende Informationen im Lehrervortrag vorangestellt: Bereits vor der „Machtergreifung" waren Maßnahmen zur Beseitigung der Arbeitslosigkeit von Papen und Schleicher ergriffen worden, und die NSDAP hatte bereits im Juli 1932 das „Strassersche Sofortprogramm" im Wahlkampf lautstark angekündigt. Erst vier Monate nach der Machtergreifung wurde das „Erste Gesetz zur Verminderung der Arbeitslosigkeit" („Reinhardt-Programm") vorgelegt. Die Maßnahmen zur Arbeitsbeschaffung lernen die Schüler in Schülerpartnerarbeit aus einer Zeittafel kennen (siehe Vorschlag für eine Zeittafel). Folgende Fragen werden gestellt:
1. Mit welchen Mitteln sollte die Arbeitslosigkeit beseitigt werden?
2. Wie sind diese Maßnahmen zu beurteilen? (auch zeitlichen Faktor beachten!)

Erarbeitet werden soll:
1. Das Arbeitsbeschaffungsprogramm ist recht vielseitig und stützt sich auf staatliche Finanzierungshilfe; die Grenzen zwischen Arbeitsbeschaffungs- und Aufrüstungsmaßnahmen sind nicht immer klar festzumachen;
2. die Maßnahmen sind nicht nur wirtschaftlich, sondern auch ideologisch motiviert. Probleme bringt die Finanzierung der Rüstungsgüter. Die Art der Maßnahmen ist nicht sehr originell: ähnliches wurde schon von den Gewerkschaften vorgeschlagen. Vom Lehrer könnte als Ergänzung folgende Meinung aus der Wissenschaft vorgelesen werden: „Es kann nicht verwundern, daß viele Repräsentanten der Privatwirtschaft von dieser Politik nicht allzu überzeugt waren, da es sich nach ihrer Auffassung um unechte Arbeitsbeschaffung handelte und eine wirkliche Wiederbelebung nur von einem erneuten Aufschwung der privaten Wirtschaft erwartet werden konnte." (K. Hardach, Wirtschaftsgeschichte Deutschlands im 20. Jahrhundert, Göttingen 1979, S. 71)

An die Statistik zur Entwicklung der Arbeitslosigkeit und zur Entwicklung der Löhne (Vorschlag für ein Arbeitsblatt) sind folgende Fragen zu stellen:
1. In welchem Zeitraum wurde die Arbeitslosigkeit beseitigt?
2. Welche Bedeutung hat der Zusammenhang von Lohnentwicklung und Arbeitszeit?

Mögliche Antworten:
1. die Arbeitslosigkeit wurde relativ langsam eingedämmt; erst 1935 hatte die Arbeitslosenzahl eine Stufe erreicht, die mit der Stabilisierungsphase der Weimarer Republik vergleichbar wäre; erst mit der Aufrüstung konnte die Arbeitslosigkeit beseitigt werden.

   Um diese Aussage zu veranschaulichen, stellt der Lehrer kurz mit Hilfe einer Folie

die öffentlichen Investitionen in Deutschland vor (siehe Vorschlag für eine Folie).
2. in der Lohnentwicklung konnte erst 1937 der Stand von 1928 erreicht werden, wobei hervorgehoben werden muß, daß diese Steigerung nur durch die Verlängerung der Arbeitszeit möglich war.

Als *Exkurse* bieten sich folgende Themen an:
1. Finanzierung durch Mefo-System (siehe Vorschlag für eine Folie);
2. die „Disziplinierungs- und Integrierungspolitik" (Veränderungen der Sozialverfassung).

Exkurs 2:
„Disziplinierungs- und Integrierungspolitik"
a) *„Disziplinierungspolitik"*
Material: „Gesetz über Treuhänder der Arbeit" vom 19. 5. 1933, in: W. Conze (hg.), Der Nationalsozialismus Teil 1, Klett, S. 75, T98, und R. Kühnl (hg.), Der deutsche Faschismus, Pahl-Rugenstein, S. 245–246)
„Gesetz zur Ordnung der nationalen Arbeit" vom 20. 1. 1934, in: W. Conze, Der Nationalsozialismus Teil 1, Klett, S. 75, T98; B. Hey/J. Radkau (hg.) Nationalsozialismus und Faschismus, Klett, S. 79, T50a. R. Kühnl (hg.), Der deutsche Faschismus, Pahl-Rugenstein, S. 249–251 und Weltgeschichte im Aufriß, 3/1, Diesterweg, S. 390, T4a.
Beide Gesetze können in arbeitsteiliger Gruppenarbeit bearbeitet werden. Sie sind deshalb von Bedeutung, weil an ihnen gezeigt werden kann, wie neben der Möglichkeit der Herrschaftsstabilisierung Staat und Unternehmer die Gewerkschaften und deren Forderungen nach mehr Demokratie ausschalten, um die Wirtschaft für die weiterreichenden Ziele der Aufrüstung zur Eroberung neuen Lebensraums im Osten vorzubereiten.
Folgende Aufgaben sind zu stellen:
1. zum „Gesetz über Treuhänder": Bestimmen Sie die Einflußmöglichkeiten der „Treuhänder"!
2. zum „Gesetz zur Ordnung der nationalen Arbeit": Welche Bedeutung hat Ihrer Meinung nach dieses Gesetz? Begründen Sie Ihre Ansicht!

Mögliche Antworten:
zu 1.: die „Treuhänder der Arbeit" waren vom Reichskanzler eingesetzte Beamte, die die Aufgabe hatten, rechtsverbindliche Tarif- und Arbeitsverträge aufzustellen. Neben dieser Beseitigung der Tarifautonomie sollten sie für die Aufrechterhaltung des Arbeitsfriedens sorgen, d. h. das Streikrecht war also abgeschafft. Nach außen hin hatten sie Verschleierungsfunktion: sie sollten die wahren Machtverhältnisse zwischen Arbeitgeber und Arbeitnehmer verdecken.
zu 2.: die Betriebe waren nach dem „Führerprinzip" aufgebaut; Arbeiter und Angestellte gehörten zur „Gefolgschaft", was also eine Quasi-Militarisierung am Arbeitsplatz bedeutete. Der „Betriebsrat" wurde durch den einflußlosen „Vertrauensrat" abgelöst. Somit hatten sich die Unternehmer voll durchgesetzt: alle Mitbestimmungs- und Vertretungsorgane wurden von ihnen beherrscht.

b) *„Integrierungspolitik" am Beispiel der DAF*
Material: M. Broszat, Der Staat Hitlers, S. 192. Ausgehend von einem Ley-Zitat: „Die soziale Frage ist kein Problem der Tarifverträge, sondern ein Problem der Erziehung und Schulung" sollen sich die Schüler mit der anderen Methode nationalsozialistischer Sozialpolitik befassen. An den Text sind folgende Fragen zu stellen:
1. Welche Aufgaben sollte die DAF erfüllen?
2. In welchen Bereichen waren Probleme zu erwarten?

Mögliche Antworten:
zu 1.: Die DAF sollte vor allem eine Verschleierungsfunktion übernehmen, sollte Harmonie zwischen Unternehmern und Arbeitern vortäuschen. Sie besaß keine tarifpolitischen Rechte; sie sollte für Schulung, Propaganda und Überwachung am Arbeitsplatz sorgen. Sie setzte sich für sozialpolitische Probleme ein, wie z. B. verbesserte Arbeitsbedingungen und bezahlten Urlaub, Reisen im Rahmen der Aktion „Kraft durch Freude" („Einheits-Reisegesellschaft und Freizeitgestaltungsorganisation mit billigsten Eintrittspreisen" [M. Broszat, Der Staat Hitlers, S. 193]).
zu 2.: Die DAF versuchte zeitweise, ihre Monopolstellung zu demonstrieren; so nahmen Lohn- und Arbeitskonflikte vor allem seit der Vollbeschäftigung zu.

Unterrichtsschritt 3: Der Vierjahresplan

Die permanente Rohstoff- und Devisenkrise (siehe Vorschlag für eine Folie) machte – aus der Sicht der Nationalsozialisten – eine veränderte Wirtschaftspolitik nötig, da die Abhängigkeit der deutschen Rüstungswirtschaft von ausländischen Zulieferungen verringert werden sollte.

Bevor der Vierjahresplan untersucht wird, erläutert der Lehrer den „Neuen Plan" von Schacht, der durchaus schon Ansätze zum späteren Vierjahresplan enthielt. Anlaß für die *Außenwirtschaftskontrolle* war das Defizit der Handelsbilanz, das die Versorgung mit rüstungswichtigen Rohstoffen erschwerte. Durch die Arbeitsbeschaffungsmaßnahmen wurde eine Nachfrage verursacht, die nicht gedeckt werden konnte. Hinzu kam, daß durch die verstärkt betriebene Rüstungspolitik der Bedarf an Rohstoffen stieg, dieser jedoch wegen des Devisenmangels nicht gedeckt werden konnte. Diese Zusammenhänge können mit Hilfe einer Folie erklärt werden (siehe Vorschlag für eine Folie).

Der zweite Bereich, der staatlicher Kontrolle unterlag, war die *Landwirtschaft:* Reichsnährstand, Preisfestlegung, feste Ablieferungskontingente, Eingriffe in die Nutzung des Bodens und Reichserbhofgesetz engten die Bauern ein.

Auf dem Bereich des Arbeitsmarktes wurden folgende staatliche Eingriffe wirksam: Zerschlagung der Gewerkschaften, Festsetzung der Löhne durch „Treuhänder der Arbeit", „Führerprinzip" in Betrieben.

Eine spürbare Einschränkung des zeitlichen Aufwands kann durch Hektographie-Vorlage des 1. Teils des Tafelbildes erreicht werden; während des Unterrichts sind dann nur die vorgegebenen Kästchen auszufüllen.

Der Vierjahresplan (siehe Vorschlag für ein Arbeitsblatt) wurde unter folgender Fragestellung als Hausaufgabe vorbereitet:

1. Welche Ziele verfolgte Hitler mit dem Vierjahresplan?
2. Welche Einstellung Hitlers zur Wirtschaft ist erkennbar?

Folgende Antworten sind möglich:

1. Hitler ging aus vom Ziel der Erweiterung des Lebensraums bzw. von der Erweiterung der Rohstoff- und Ernährungsbasis. Alternativlos auf Autarkiepolitik eingeschworen, glaubte er, wirtschaftliche Probleme nur durch Krieg lösen zu können. „Für Hitler war die Revision der Wirtschaftspolitik Teil einer Gesamtstrategie, die bewußt den militärischen Konflikt einkalkulierte und dafür eine unverwundbare Wirtschaft benötigte." (D. Petzina, Autarkiepolitik im Dritten Reich, S. 51) Aus der Zeittafel kann ersehen werden, daß Alternativen durchaus vorhanden waren, diese jedoch nicht ins Konzept der NS-Führung paßten.
2. Hitler wies der deutschen Wirtschaft ihre Funktionen zu:
   a) wirtschaftliche Existenzbedingungen garantieren;
   b) Voraussetzungen für die „endgültige Behauptung" liefern, der militärischen eine wirtschaftliche Aufrüstung folgen lassen; jede Maßnahme der Wirtschaftspolitik habe auf das Endziel gerichtet zu sein.

Hitler machte der Wirtschaft Vorwürfe, nicht aktiv genug gewesen zu sein („vier kostbare Jahre" nutzlos verstrichen) und drohte der Wirtschaft und ihren Führern; sogar die Privatwirtschaft galt nicht mehr als sakrosankt. „Neu war [...], wie nachdrücklich Hitler jetzt die Wirtschaftspolitik zum Instrument der Rüstungspolitik degradierte und wie offen er die wirtschaftliche Autarkie der künftigen Lebensraumsgewinnung zuordnete. Diese Verknüpfung beweist, daß Hitler spätestens im Sommer 1936 die gewaltsame Expansion bewußt in sein außenpolitisches Kalkül einbezog." (D. Petzina, Autarkiepolitik im Dritten Reich, S. 51)

Unterrichtsschritt 4:
Beurteilung der nationalsozialistischen Wirtschafts- und Sozialpolitik

In einem Lehrervortrag wird ein Fazit der nationalsozialistischen Wirtschaftspolitik gezogen. Dem Lehrer bleibt es dabei überlassen,

vereinzelt seine Ausführungen durch Einsatz des Zahlenmaterials zu belegen (siehe Vorschlag für ein Arbeitsblatt). Im Leistungskurs sollten die Statistiken von den Schülern selbst ausgewertet werden.
Zu den Investitionen ist folgendes zu vermitteln: die Investitionsquote stieg trotz Investitionsprogramm des Vierjahresplans (Anteil der Investitionen am Sozialprodukt) nur auf die Höhe von 1928. Sie lag sogar in den Jahren 1937 und 1939, als industrielle Anlagen und das Verkehrsnetz ausgebaut wurden, darunter. Zu erklären ist diese Quote aus der Abnahme der Investitionen in verbrauchsorientierten Bereichen. Der Vierjahresplan bewirkte keine Zunahme der Gesamtinvestitionen, aber eine Veränderung der volkswirtschaftlichen Investitionsstruktur: zu erkennen ist diese Tatsache im Vergleich der industriellen Investition mit dem Wohnungsbau, wobei die Höhe der industriellen Investitionen gleich Hundert gesetzt werden.
Aus Material 2 ist zu erkennen, daß durch die Ankurbelung der Produktionsgüterindustrien deren Anteil an den gesamten Investitionen gestiegen ist auf Kosten der Konsumgüterindustrien. Der Einschnitt 1936/37 ist hierbei gut erkennbar. „Der Vierjahresplan veränderte also entscheidend sowohl die Investitionsstruktur der gesamten Volkswirtschaft wie auch die des engeren industriellen Bereichs im Sinne immer stärkerer Diskriminierung des Verbrauchsgütersektors. Das bedeutete gleichzeitig eine einseitige Privilegierung der großen Konzerne, die sich ganz überwiegend in den Produktionsgüterindustrien fanden, gegenüber den mittleren und kleineren Unternehmen, die das Bild der Konsumgüterindustrie bestimmten, so daß diese vom Vierjahresplan gewollte und verursachte Verlagerung des Investitionsschwerpunkts den *Monopolisierungsprozeß* in der deutschen Wirtschaft sehr *beschleunigt* hat." (D. Petzina, Autarkiepolitik im Dritten Reich, S. 185)
Beim Problem der sozialen Schichtung wird auf die Verteilung des Volkseinkommens hingewiesen. Die Einkommen der großen Kapitalgesellschaften sind viel schneller gestiegen als die privaten, „da sich ihr Anteil an den Gesamtumsätzen der Wirtschaft vergrößert hat [Entstehung der großen Konzerne], zum anderen die nationalsozialistische Wirtschaftspolitik starke Anreize zur Selbstfinanzierung der Kapitalgesellschaften (steuerliche Diskriminierung der Dividendenausschüttung) geschaffen hat. Diese Privilegierung der Kapitalgesellschaften stand zwar der Mittelstandspropaganda diametral entgegen, entsprach aber voll und ganz der Logik der Wiederaufrüstungspolitik." (D. Petzina, Materialien zum sozialen und wirtschaftlichen Wandel in Deutschland seit dem Ende des 19. Jahrhunderts, in: VfZG 17 (1969), S. 332). Nach 1933 stiegen die Einkommen der Selbständigen erheblich schneller als die Löhne, Gehälter und Renten, die in der Weimarer Republik einen Zuwachs zu verzeichnen hatten. „Die Abhängigen-Einkommen fielen vor allem in der nationalsozialistischen Zeit zurück, wie [...] die sinkende Lohnquote verdeutlicht. Der Rüstungsboom kam vor allem den Unternehmen zugute, und das Einkommen der Landwirte wurde durch gezielte Staatshilfen abgestützt. Kaum ein anderes Faktum verdeutlicht besser die arbeiterfeindliche Politik des Regimes als die Gegenüberstellung dieser Einkommensreihen." (D. Petzina, Materialien, VfZG 17 (1969), S. 333–334)
In einer Zusammenfassung soll versucht werden, das Chaos auf wirtschaftlichem Gebiet, das das NS-Regime hinterlassen hat, zu notieren: Es wird deutlich, daß die Parole von der „Volksgemeinschaft", wie vieles andere auch, sich als Leerformel erwies, die eine Art Gleichheit vorgaukeln sollte.

Vorschlag für eine Folie *(zu Unterrichtsschritt 1)*

1. „Unter diesen positiven Leistungen Hitlers muß an erster Stelle [...] sein Wirtschaftswunder genannt werden."
(S. Haffner, Anmerkungen zu Hitler, München 1978, S. 37)

2.	1933	1938
Arbeitslose (in Mio)	4804428	428461
Industrieproduktion (Index)	66	125
Unternehmergewinne (Mio RM)		
– unverteilte Gewinne	175	3420
– Firma Krupp	6,6	21,11

Vorschlag für ein Arbeitsblatt *(zu Unterrichtsschritt 2)*

Hoch- und Tiefpunkte der Arbeitslosigkeit 1933–39 (in Tausend)

Jahr	Hoch	Tief
1933	6014	0715
1934	4039	2268
1935	2974	1706
1936	2520	1035
1937	1853	469
1938	1052	156
1939	456	74

Reallöhne der Arbeiter je Woche und Arbeitszeit durchschnittlich wöchentlich

Jahr	Reallöhne je Woche 1928 = 100	Arbeitszeit in Stunden
1928	100	46,0
1929	102	—
1930	97	—
1931	94	—
1932	86	41,5
1933	91	42,9
1934	94	44,6
1935	95	44,4
1936	97	45,6
1937	101	46,1
1938	105	46,5
1939	108	47,0

(zit. nach: Th. Berger, NS-Sozialpolitik als ein Mittel der Herrschaftssicherung, in: Der Nationalsozialismus in der histor.-polit. Bildung, S. 87 f.)

Aufgaben:
1. In welchem Zeitraum wurde die Arbeitslosigkeit beseitigt?
2. Welche Bedeutung hat der Zusammenhang von Lohnentwicklung und Arbeitszeit?

Vorschlag für eine Folie *(zu Unterrichtsschritt 2)*

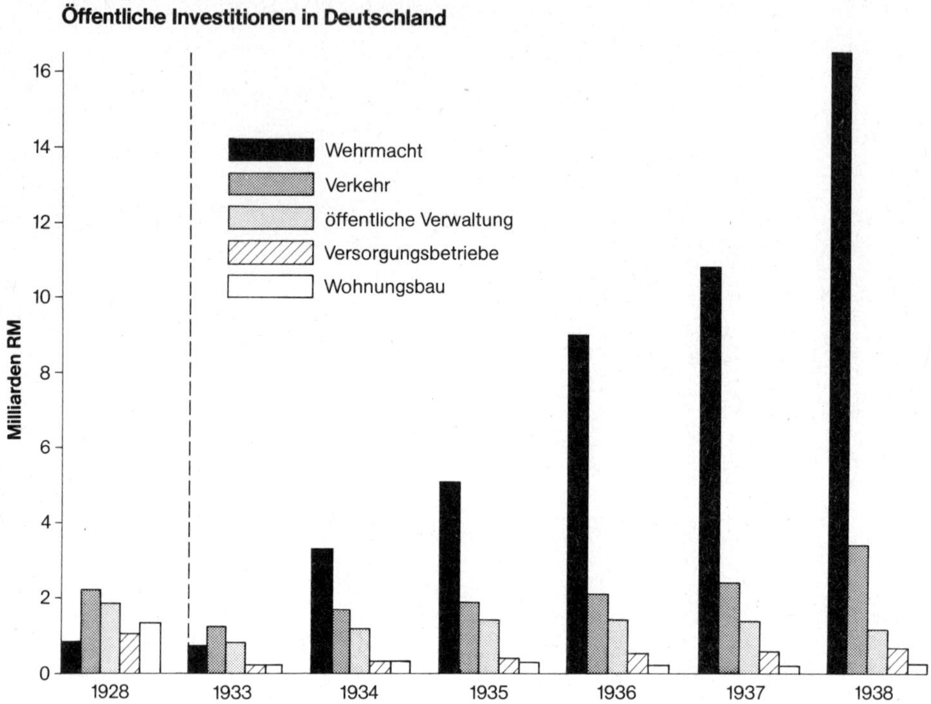

(nach: Neue Gesellschaft für Bildende Kunst und Kunstamt Kreuzberg, [hg.], Faschismus [Vespignani-Katalog]. Berlin 1976, S. 13)

Aufgabe:
Wo liegt der Schwerpunkt der Investitionen?

Zeittafel zur Wirtschafts- und Sozialpolitik

1.2.1933	*Hitler:* „Die nationale Regierung wird das große Werk der Reorganisation unserer Wirtschaft unseres Volkes mit zwei großen Vierjahresplänen lösen: Rettung des deutschen Bauern zur Erhaltung der Ernährungs- und damit Lebensgrundlage der Nation. Rettung des deutschen Arbeiters durch einen gewaltigen und umfassenden Angriff gegen die Arbeitslosigkeit."
10.3.	Krupp von Bohlen und Halbach an RIMin. Frick: „sichere Grundlage für eine stabile Regierung" durch die Wahlen; „Voraussetzung für die Rückkehr des Vertrauens": SS und SA zur Disziplin rufen!
23.3.	Thyssen fordert Anschluß des RDI an die Bewegung
2.5.	Zerschlagung der Gewerkschaften
10.5.	Gründung der Deutschen Arbeitsfront (DAF)
19.5.	*Gesetz über „Treuhänder der Arbeit"* *Gründung der Mefo/Metallurgische Forschungsgesellschaft*
1.6.	*„Erstes Gesetz zur Verminderung der Arbeitslosigkeit" (Reinhardt-Programm):* Ankurbelung der Bauindustrie (Kanäle, öffentl. Gebäude, Reichsautobahn); Steuerer-

leichterungen für bestimmte Investitionen (Ersatz u. Erweiterung von Anlagen); Gesetz zur Überführung weiblicher Arbeitskräfte in die Hauswirtschaft; Gesetz zur Förderung von Eheschließungen (Ehestandsdarlehen); Abschaffung der Kfz-Steuer (– private Nachfrage nach Autos – requirierbare Fahrzeuge); Förderung der Handarbeit. Ergänzt durch 2. Gesetz im September: Gebäudeinstandsetzungsgesetz; Steuersenkungen für Wohnungsbau und Landwirtschaft; Investitionen von Post und Bahn.

15.7. „Gesetz über den vorläufigen Aufbau des Reichsnährstandes und Maßnahmen zur Markt- und Preisregelung für landwirtschaftliche Erzeugnisse“: Vollmachten zur Regelung des Absatzes, der Festlegung von Preisen und Handelsspannen, der Produktion und des Verkaufs.

29.9. *Reichserbhofgesetz:* Verfügungsfreiheit des landwirtschaftlichen Eigentümers über sein Privateigentum aufgehoben (bürgerl. Vertragsrecht und Erbrecht außer Kraft gesetzt).

20.1.1934 *„Gesetz zur Ordnung der nationalen Arbeit“:* „Führerprinzip“ im Betrieb

11.9. *Schachts „Neuer Plan“:* totale Bewirtschaftung der Devisen; 25 Überwachungsstellen; bilaterale Verrechnungsabkommen; Herauslösung aus dem weltwirtschaftlichen Verbund; Hinwendung der Wirtschaft zu den staatlichen Zielen der Rüstung und Absicherung der Binnenkonjunktur

3.1935 Proklamation der allgemeinen Wehrpflicht

26.6. Arbeitsdienst wird Pflicht

Propaganda gegen die Berufstätigkeit der Frau

Sommer 1936 Krise der Außen- und Rüstungswirtschaft (Devisendefizit 1/2 Milliarde RM; deutsche Munitionsbetriebe wegen fehlender Rohstoffvorräte nur noch zu 70% genutzt; Außenhandel erst Stand von 1933, industrieller Produktionsindex um 50% höher als 1933: risikoloses Inlandgeschäft

August *Denkschrift Hitlers zum Vierjahresplan*

Ende August Goerdeler (Leipziger Oberbürgermeister und Preiskommissar, in Wirtschaftskreisen hoch angesehen) legt Denkschrift vor, in der er vorschlägt: Abwertung, freien Außenhandel, restriktive Budgetpolitik, Einschränkung der Rüstung und der Rohstoffeinfuhren. Autarkiemaßnahmen lehnte er ab. Göring: „Völlig unbrauchbar“.

17.10. *Lohn und Preisstopp*

29.10. *Vierjahresplan;* neuer Preiskommissar zur Preisbestimmung; Kontrolle über Industrie und Gewerbe

1937

Gründung der „Reichswerke Hermann Göring“; *Rücktritt Schachts als Reichswirtschaftsminister*

10.2. Reichsbankdirektion dem „Führer und Reichskanzler“ unterstellt; Reichsbank nicht mehr unabhängig

23.3. Behörden des Reichsnährstandes werden ermächtigt, die Art der Nutzung landwirtschaftlicher Güter zu diktieren, wenn der Eigentümer nicht den Anforderungen zur Sicherung der Volksernährung nachgekommen war

25.6.1938 *„Treuhänder der Arbeit“ können mit bindender Wirkung Höchstlöhne festsetzen*

Reichsbank muß 2 Mrd. RM Mefo-Wechsel rediskontieren; Geldumlauf um 46% erhöht

12.11. Verordnung zur Ausschaltung der Juden aus dem deutschen Wirtschaftsleben

15.6.1939 *„Gesetz über die Deutsche Reichsbank“:* Autonomie wurde aufgehoben und unmittelbar dem „Führer“ unterstellt. Alle einengenden Bestimmungen bezüglich der Geldschöpfung beseitigt; Kriegsfinanzierung mittels Notenpresse beginnt. Rücktritt Schachts als Reichsbankpräsident

Januar „Verordnung der Sicherstellung des lebenswichtigen Bedarfs“:

27.8. Alle wichtigen Güter bezugsscheinpflichtig

16.10. *Verbot von Lohnerhöhungen*

Herbst Rohstofflieferungen aus der UdSSR (Fett, Kautschuk, Buntmetalle, später Getreide)

22.4.1942 Errichtung der „Zentralen Planung“ unter Albert Speer

18.2.1943 Goebbels verkündet im Berliner Sportpalast den totalen Krieg; Produktion von Konsumgütern wird gekürzt

Vorschlag für eine Folie *(zu Exkurs Unterrichtsschritt 2)*

Vorfinanzierung durch Mefo-System

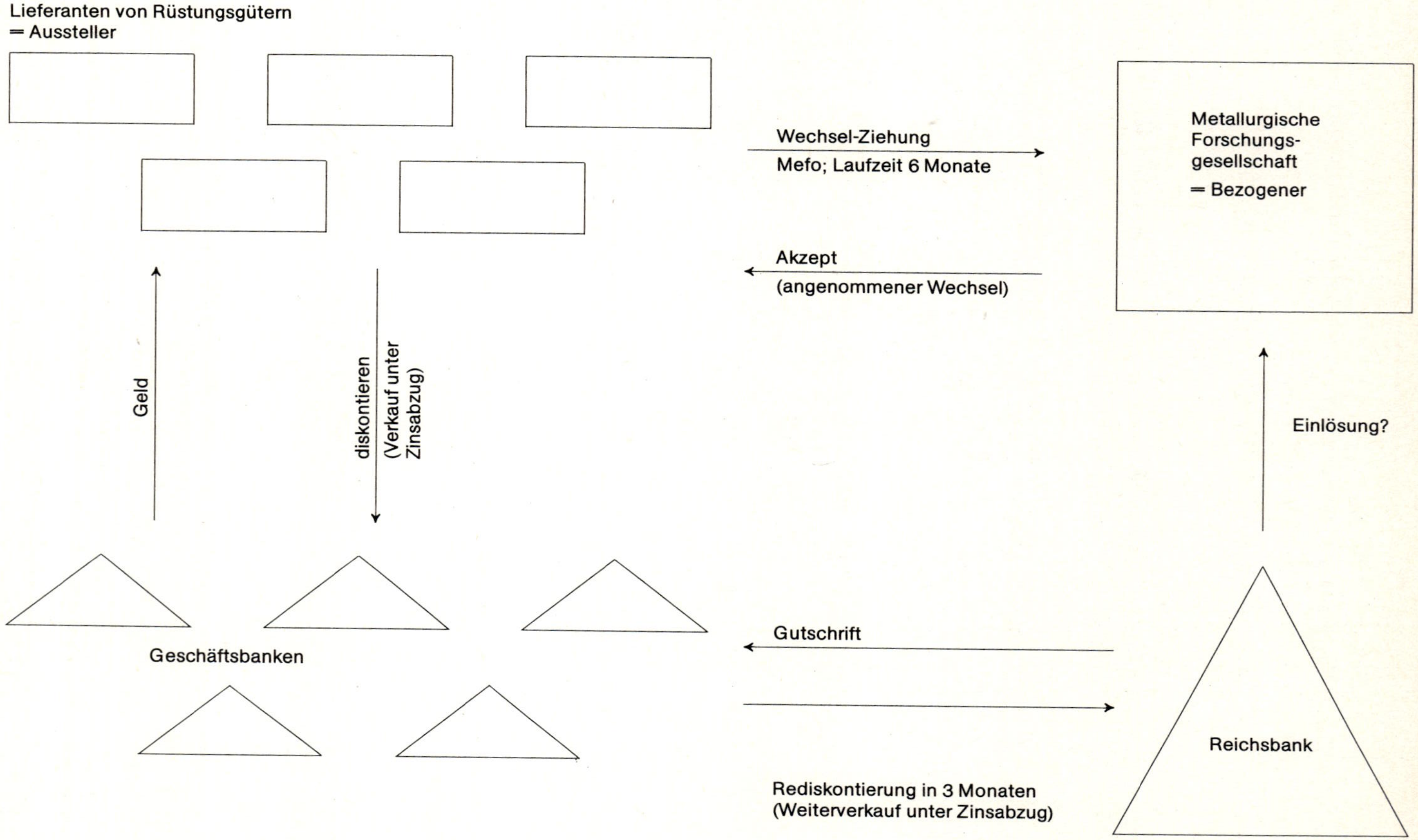

Vorschlag für eine Folie *(zu Unterrichtsschritt 3)*

Probleme in der 1. Phase der nationalsozialistischen Wirtschaftspolitik

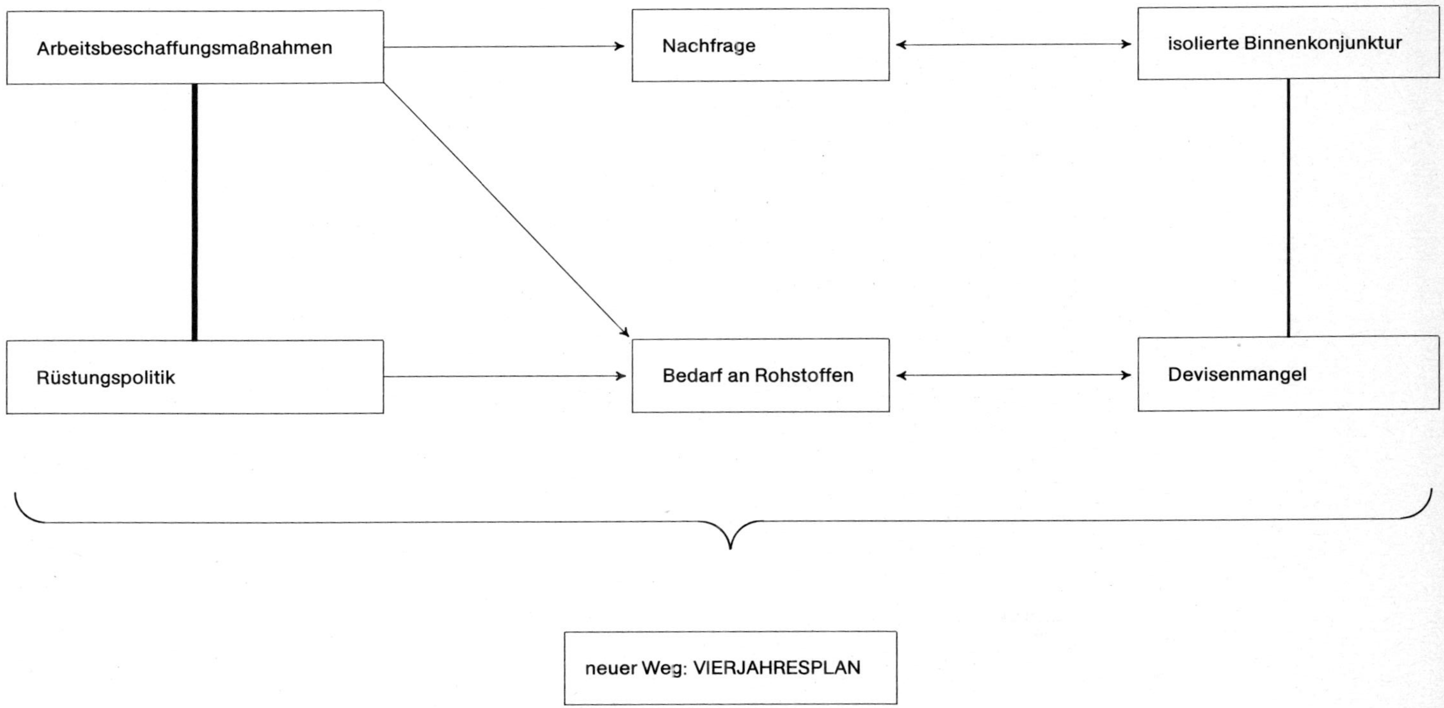

Vorschlag für ein Arbeitsblatt

(zu Unterrichtsschritt 3)

Denkschrift Hitlers über die Aufgaben eines Vierjahresplans (August 1936)

[...]

Die wirtschaftliche Lage Deutschlands

So wie die politische Bewegung in unserem Volk nur ein Ziel kennt, die Lebensbehauptung unseres Volkes und Reiches zu ermöglichen, d. h. alle geistigen und sonstigen Voraussetzungen für die Selbstbehauptung unseres Volkes sicherzustellen, so hat auch die Wirtschaft nur diesen einen Zweck. Das Volk lebt nicht für die Wirtschaft oder für die Wirtschaftsführer, Wirtschafts- oder Finanz-Theorien, sondern die Finanz und die Wirtschaft, die Wirtschaftsführer und alle Theorien haben ausschließlich diesem Selbstbehauptungskampf unseres Volkes zu dienen.

[...]

I. Ähnlich der militärischen und politischen Aufrüstung bzw. Mobilmachung unseres Volkes hat eine wirtschaftliche zu erfolgen, und zwar im selben Tempo, mit der gleichen Entschlossenheit und wenn nötig auch mit der gleichen Rücksichtslosigkeit. [...]

[...]

V. [...] Das Wirtschaftsministerium hat nur die nationalwirtschaftlichen Aufgaben zu stellen, und die Privatwirtschaft hat sie zu erfüllen.Wenn aber die Privatwirtschaft glaubt, dazu nicht fähig zu sein, dann wird der nationalsozialistische Staat aus sich heraus diese Aufgabe zu lösen wissen.

Kurz zusammengefaßt: Ich halte es für notwendig, daß nunmehr mit eiserner Entschlossenheit auf all den Gebieten eine 100%ige Selbstversorgung eintritt, auf denen diese möglich ist und daß dadurch nicht nur die nationale Versorgung mit diesen wichtigsten Rohstoffen vom Ausland unabhängig wird, sondern daß dadurch auch jene Devisen eingespart werden, die wir im Frieden für die Einfuhr unserer Nahrungsmittel benötigen. Ich möchte dabei betonen, daß ich in diesen Aufgaben die einzige wirtschaftliche Mobilmachung sehe, die es gibt, und nicht in einer Drosselung von Rüstungsbetrieben im Frieden zur Einsparung und Bereitlegung von Rohstoffen für den Krieg. Ich halte es aber weiter für notwendig, sofort eine Überprüfung vorzunehmen der Devisenausstände der deutschen Wirtschaft im Auslande. Es gibt keinen Zweifel, daß die Außenstände unserer Wirtschaft heute ganz enorme sind. Und es gibt weiter keinen Zweifel, daß sich dahinter zum Teil auch die niederträchtige Absicht verbirgt, für alle Fälle im Ausland gewisse, dem inneren Zugriff entzogene Reserven zu besitzen. Ich sehe darin eine bewußte Sabotage der nationalen Selbstbehauptung bzw. der Verteidigung des Reiches, und ich halte aus diesem Grund die Erledigung zweier Gesetze vor dem Reichstag für notwendig.

1. ein Gesetz, das für Wirtschaftssabotage die Todesstrafe vorsieht und
2. ein Gesetz, das das gesamte Judentum haftbar macht für alle Schäden, die durch einzelne Exemplare dieses Verbrechertums der deutschen Wirtschaft und damit dem deutschen Volke zugefügt werden.

Die Erfüllung dieser Aufgaben in der Form eines Mehr-Jahresplans der Unabhängigmachung unserer nationalen Wirtschaft vom Ausland wird es aber auch erst ermöglichen, vom deutschen Volk auf wirtschaftlichem Gebiet und dem Gebiete der Ernährung Opfer zu verlangen, denn das Volk hat dann ein Recht, von seiner Führung, der es die blinde Anerkennung gibt, zu verlangen, daß sie auch auf diesem Gebiete durch unerhörte und entschlossene Leistungen die Probleme anfaßt und sie nicht bloß beredet, daß sie sie löst und nicht bloß registriert!

Es sind jetzt fast 4 kostbare Jahre vergangen. Es gibt keinen Zweifel, daß wir schon heute auf dem Gebiet der Brennstoff-, der Gummi- und zum Teil auch in der Eisenerzversorgung vom Ausland restlos unabhängig sein könnten. Genau so, wie wir zur Zeit 700000 oder 800000 to Benzin produzieren, könnten wir 3 Millionen to produzieren. Genau so, wie wir heute einige tausend to Gummi fabrizieren, könnten wir schon jährlich 70000 und 80000 to erzeugen. Genau so, wie wir von 2½ Milionen to Eisenerzerzeugung auf 7 Millionen to stiegen, könnten wir 20 oder 25 Millionen to deutsches Eisenerz verarbeiten, und wenn notwendig auch 30. Man hat nun Zeit genug gehabt, in 4 Jahren festzustellen, was wir nicht können. Es ist jetzt notwendig, auszuführen, das, was wir können.

Ich stelle damit folgende Aufgabe:

I. Die deutsche Armee muß in 4 Jahren einsatzfähig sein.

II. Die deutsche Wirtschaft muß in 4 Jahren kriegsfähig sein.

[zit. nach: Jacobsen/Jochmann [hg.], Ausgewählte Dokumente zur Geschichte des Nationalsozialismus, Bielefeld 1961, S. 1–5]

Aufgaben:

1. Welche Ziele verfolgte Hitler mit dem Vierjahresplan?
2. Welche Einstellung Hitlers zur Wirtschaft ist erkennbar?

Vorschlag für ein Arbeitsblatt *(zu Unterrichtsschritt 4)*

1. Die Entwicklung der Vierjahresplan-Investitionen

Jahr	Brutto-sozial-produkt in Mrd. RM	Bruttoanlage-Investitionen		Industrielle Anlage-Investitionen		Vierjahresplan-Investitionen	
		in Mrd. RM	in % des Sozial-prod.	in Mrd. RM	in % der volksw. Anl.-Inv.	in Mrd. RM	in % der ind. An-lage-Inv.
1928	88	13,7	15,5	2,6	19,0	–	–
1935	73	10,3	14,1	1,6	15,5	–	–
1936	81	11,4	14,0	2,2	19,5	0,75	34,0
1937	91	12,9	14,2	2,8	21,7	1,50	53,5
1938	115	15,3	13,3	3,7	24,2	1,95	52,7
1939	129	17,2	13,3	4,4	25,6	2,10	47,7
1940	132	15,3	11,6	4,3	28,8	2,49	58,0
1941	137	15,0	11,6	4,6	28,9	2,49	54,0
1942	143	15,2	10,6	4,9	32,2	1,97	40,0

(D. Petzina, Autarkiepolitik im Dritten Reich. Der nationalsozialistische Vierjahresplan, Schriftenreihe der Vierteljahreshefte für Zeitgeschichte, Stuttgart 1968, S. 183, T17)

2. Anteil der Industriegruppen an der industriellen Nettoproduktion in %
(Deutsches Reich, jeweiliger Gebietsstand)

Gruppen	1938	1939	1940	1941	1942	1943	1944
Grundstoffe	21	21	22	25	25	24	21
Rüstungsgerät	7	9	16	16	22	31	40
Bauten	25	23	15	13	9	6	6
Übrige Investitionsgüter	16	18	18	18	19	16	11
Verbrauchsgüter	31	29	29	28	25	23	22
Industrie insgesamt	100	100	100	100	100	100	100

(D. Petzina, Autarkiepolitik im Dritten Reich, S. 187, T20)

3. Die Entwicklung der Industrie-Investitionen

	1928	1934	1935	1936	1937	1938	1939
Produktionsgüterindustrien							
Wert	1717	700	1221	1637	2208	2952	3596
Volumen (1928 = 100)	100	49	86	1161	56	209	256
Konsumgüterindustrien							
Wert	898	360	415	522	635	739	836
Volumen (1928 = 100)	100	59	65	80	92	106	119

(D. Petzina, Autarkiepolitik im Dritten Reich, S. 185, T18)

4. Übersicht über die Sozialausgaben von 1932–1937 (in Mrd. RM)

1932	2,8	1934	1,4	1936	0,9
1933	2,3	1935	1,3	1937	0,4

(Quelle: Ch. Bettelheim: Die deutsche Wirtschaft unter dem Nationalsozialismus. München 1974, S. 245; abgedruckt in: Wirtschaft und Politik verstehen, hg. E. H. Bernewitz, Reinbek 1978, S. 87)

5. Verteilung der Privateinkommen und unverteilte Gesellschaftsgewinne im Reich[1]
(Preise von 1928)

Jahr	Privateinkommen in Mrd. M	davon in %				Unverteilte Gesellschaftsgewinne	
		Selbständ. Einkommen	Einkommen aus Vermögen und Vermietung	Löhne u. Gehälter	Renten, Unterstützungen	abs. (Mrd. M)	% des VE
1915	66,1	38	15,1	47,7	3,2	1,8	2,6
1925	62,5	29	3,0	58,5	9,5	1,0	1,5
1928	72,7	24,8	4,9	58,7	11,5	1,3	1,7
1933	61,6	21,5	6,5	54,2	17,7	0,9	1,3
1936	76,3	25,5	5,9	56,3	12,3	2,3	2,9
1939	100,0	27,7	5,1	54,5	11,6	5,0	5,3
Veränd. 1925/39 in %	+ 51	+ 54	+ 170	+ 50	+ 93	+ 430	

[1] Gebietsstand 1934; ab 1936 einschl. Saarland.
(Quelle: Statistische Jahrbücher für das Deutsche Reich 1934, 1939/40, 1941/42; abgedruckt in: Materialien zum sozialen und wirtschaftlichen Wandel, VfZG 17 (1969) S. 333)

Aufgabe:
Welche Veränderungen sind zu erkennen?

11. Stunde: Die Kirchen im Dritten Reich

Ein wesentliches Segment im Interdepenzgefüge des Nationalsozialismus stellen die christlichen Kirchen dar, die als traditionelle Autorität und Werte-Vermittler eine Konkurrenz für die auf Absolutheit pochende Ideologie des Nationalsozialismus waren. „Was die kirchenfeindliche Politik des Nationalsozialismus [...] grundlegend von allen anderen seit der Christianisierung im deutschen Raum stattgehabten Unterdrückungen unterschied, war ihre Verbindung mit der massiven Propagierung einer sowohl antikirchlichen als auch antichristlichen ‚Weltanschauung' durch die das Regime tragende NSDAP" (Staatslexikon, hg. Görres-Gesellschaft, Freiburg 1959, Bd. 4, S. 1022). Doch gerade die Tatsache, daß die Gleichschaltung der Kirchen „mißlang", stellte den Nationalsozialismus an einem Punkt in Frage, an dem er sonst von keiner Gruppe und keiner Institution mehr angegriffen schien: am Totalitätsanspruch seiner weltanschaulichen Herr-

schaft.“ (K. Scholder, Die Kirchen im Dritten Reich, in: Aus Politik und Zeitgeschichte, B 15/71, S.31)
Am Vorgehen des Nationalsozialismus gegen die Kirchen zeigt sich auch, wie die Ideologie dem Primat der Politik untergeordnet wurde: „Hitlers Ziele waren [...] ausschließlich politischer Natur. Es ging ihm bei seiner Kirchenpolitik nur darum, alles, was sich möglicherweise als hemmender oder störender Faktor auf dem Weg zum nationalsozialistischen Einheitsstaat erweisen konnte, so weit wie möglich auszuschalten.“ (K. Scholder, Die Kirchen im Dritten Reich, in: Aus Politik und Zeitgeschichte, B 15/71, S.17). „An eine Liquidierung von Christentum und Kirchen in Deutschland hat Hitler anfänglich zweifellos nicht gedacht. [...] Verschiedene seiner Unterführer, etwa Rosenberg, waren in diesem Punkt von Anfang an anderer Meinung. [...] Die Grundrichtung der Hitlerschen Kirchenpolitik [war] zunächst auf Anpassung, Gewinnung und Gleichschaltung (notfalls auch mit Gewalt), nicht aber auf Vernichtung der Kirchen ausgerichtet.“ (K. Scholder, Die Kirchen im Dritten Reich, in: Aus Politik und Zeitgeschichte, B 15/71, S.17).
Dabei zeigt sich, daß vor allem mit Beginn der Kriegsvorbereitungen diese Kirchenpolitik keineswegs gradlinig verlief, sondern daß man von einer „Mehrgesichtigkeit der nationalsozialistischen Kirchenpolitik“ (K. Scholder, Die Kirchen im Dritten Reich, in: Aus Politik und Zeitgeschichte, B 15/71, S.29) sprechen kann. Dieser „Mehrgesichtigkeit“ auf staatlicher Seite entspricht eine „Mehrgesichtigkeit“ in der Haltung der Kirchen: „Wer nach Beweisen für Schuld und Versagen des christlichen Glaubens in dieser Zeit sucht, wird sie ebenso finden wie Beweise für Standhaftigkeit und Bewährung: Es gab blinde Gutgläubigkeit, fanatischen Nationalismus und hemmungslosen Opportunismus ebenso wie hellsichtige Warnungen, freimütiges Bekennen und entschlossenen Widerstand.“ (K. Scholder, Die Kirchen im Dritten Reich, in: Aus Politik und Zeitgeschichte, B 15/71, S.29)
Wurden auch die Vorstellungen über die Rolle der Kirchen politischen Zwecken – etwa der Kriegsführung – untergeordnet, so ist jedoch nicht zu übersehen, daß Parteikreise die totale Eindämmung des kirchlichen Einflusses anstrebten. Dabei bedienten sich die Nationalsozialisten zweier konträrer religionspolitischer Vorstellungen: sie verbanden das System der Staatskirchenhoheit (kirchliche Selbstverwaltung, staatliche Kirchenhoheit mit besonderer Staatsaufsicht) mit dem System der Trennung von Kirche und Staat (Kirche gerät in den Rechtsstatus eines Privatvereins). „Die früheren Ordnungsvorstellungen der Trennung von Staat und Kirche und der Staatskirchenhoheit haben als Folge der ‚weltanschaulichen Klarstellung‘ die Rechte des Staats gegenüber der Kirche zwar bewahrt, die Rechte der Kirche gegenüber dem Staat aber preisgegeben. Denn die Kirchenhoheit wird einzig ausgeübt als verschärfte Staatsaufsicht, die Trennung einseitig herbeigeführt, um die Kirche zu verdrängen mit der ‚geistigen Übermacht der nationalsozialistischen Weltanschauung, die gestützt wird von der realen Machtfülle des Staats- und Parteiapparats. Des Schutzes, des Wohlwollens oder wenigstens der Duldung des Staats entkleidet, verkümmern die Kirchen am Rand der Volksgemeinschaft und sollen schließlich gänzlich beseitigt werden. In diesem Sinne fungieren die Reste beider Systeme als staatskirchenrechtliche Begründung der Elimination, sowohl in der frühen Zeit, als sie noch, auf Partei und Staat verteilt, nebeneinander herlaufen, als auch in der späteren Phase der politischen Entwicklung, als sie zu einer neuen Ordnungsvorstellung, der ‚Sonderbehandlung‘ (Bormann) auch der Kirchen verbunden werden. Indem sie das Recht des omnipotenten Weltanschauungsstaats vertreten, konvergieren sie in der ‚Endlösung‘, der Ausschaltung der

Kirchen." (L. Siegele-Wenschkewitz, Nationalsozialismus und Kirchen, Religionspolitik von Partei und Staat bis 1935, Frankfurt 1978, S. 61).

Den Schülern soll zunächst die Unvereinbarkeit von nationalsozialistischer Weltanschauung und Christentum vermittelt werden. In einem weiteren Schritt wird dann die Machtergreifung als kurze Phase der Übereinkunft von Staat und Kirche verstanden und dieses Zusammengehen kritisch hinterfragt. Daran schließt sich eine Untersuchung der nationalsozialistischen Taktik gegenüber den Kirchen an, wobei die Schüler in die wissenschaftliche Kontroverse über Zustandekommen und Bedeutung des Reichskonkordats eingeführt werden.

Dabei sollen die Zusammenhänge von nationalsozialistischer Kirchenpolitik und Einfluß des Vatikans auf den deutschen Katholizismus beleuchtet werden.

Das Vorgehen gegenüber dem Protestantismus zeigt, daß Hitler hierfür keine klare Konzeption besaß, daß er deshalb bereit war, seine Weisungen außenpolitischen Zielsetzungen und vor allem der Kriegsvorbereitung anzupassen, wodurch die Kirche eine Art Freiraum erhielt und gleichzeitig den parteiinternen Auseinandersetzungen ausgesetzt war.

Als Abschluß der Stunde wird das Endziel der nationalsozialistischen Kirchenpolitik besprochen, um den Absolutheitsanspruch des Nationalsozialismus zu verdeutlichen und Vorstellungen entgegenzuwirken, die eine Verharmlosung des Nationalsozialismus im kirchlichen Bereich propagieren.

Lernziele:

Die Schüler erkennen
- daß zwischen der Weltanschauung Hitlers und dem Christentum ein unüberbrückbarer Gegensatz besteht
- daß die Haltung der Nationalsozialisten gegenüber der Kirche in der Anfangsphase taktisch bestimmt war
- daß die Kirchen um ihren Erhalt besorgt waren und aus Furcht, politischer Opportunität und Überzeugung zu Verbrechen an den Juden anfangs schwiegen
- daß Gegner des Regimes sich innerhalb der Kirche zusammenschlossen
- daß Hitler mit Rücksicht auf die außenpolitische Situation die Kirchenpolitik lockerte
- daß bei den Kirchen die Gleichschaltungsversuche mißlangen.

Die Schüler erarbeiten
- im Unterrichtsgespräch die Positionen von Christentum und Nationalsozialismus
- aus Quellenmaterial das Verhältnis von Kirche und faschistischer Diktatur.

Die Schüler beurteilen
- die Bedeutung des Verhältnisses von christlicher Lehre zum Nationalsozialismus
- die Haltung der Kirchen zur Machtergreifung und deren Folgen
- die Methoden des Widerstands der Kirchen.

Verlaufsskizze:

Unterrichtsschritt 1: Christentum und Hitlers Weltanschauung

Mit Hilfe eines Bildes wird in das Problem Nationalsozialismus – Kirchen eingeführt. 1.Möglichkeit: Berufung Pfarrer Müllers zum Reichsbischof (in: Der Nationalsozialismus, Informationen zur Politischen Bildung 123/126/127, S. 27).

2. Möglichkeit: Der päpstliche Nuntius und Hitler (in: F. Arnold (hg.), Anschläge, Politische Plakate in Deutschland 1900–1970, S. 97).

Folgende Frage wird gestellt:
Wie wird das Verhältnis von Nationalsozialismus und Kirchen auf dem Bild dargestellt? Herausgearbeitet werden soll, daß diese Bilder eine enge Verbindung zwischen Kirche und Staat zeigen, wobei auf der Abbildung „Hitler und päpstlicher Nuntius“ (Plakat!) besonders deutlich wird, daß Hitler über der Kirche steht. Eine erste Vertiefung dieses Problems kann in der Form eines Unterrichtsgesprächs über die Frage der Unterschiede zwischen der christlichen Lehre und den Inhalten der NS-Weltanschauung erfolgen (Rückgriff auf die in den Stunden 2 und 3 erarbeiteten Inhalte).
Die Ergebnisse werden in einem Arbeitsblatt festgehalten (s. Vorschlag für ein Arbeitsblatt).

Ergänzung:
Die Haltung Hitlers zur Kirche und die Unterschiede zwischen Christentum und Nationalsozialismus kann auch mit Quellenmaterial erarbeitet werden (s. Vorschlag für ein Arbeitsblatt). Diese Ergänzung macht deutlich, daß das Verhältnis der Nationalsozialisten zu den Kirchen von Anfang an taktisch bestimmt war. Folgende Arbeitsanweisungen sind möglich:
1. Welche Lebensauffassung vertritt Hitler? Wodurch unterscheidet sie sich vom Christentum?
2. Welche Bedeutung hat das von Hitler gezeichnete Bild Jesu Christi?
3. Wodurch ist Hitlers Stellung zu den Kirchen in Wirklichkeit bestimmt?
4. Inwiefern war es den Nationalsozialisten möglich, mit dieser Aussage des Parteiprogramms Christen irre zu führen?

Mögliche Antworten:
1. Hitler geht vom Dualismus zwischen einer hochwertigen und einer minderwertigen Rasse aus, woraus er dann den Kampf zwischen Juden und Ariern als Grundgesetz des Lebens herleitet. Das Christentum dagegen gründet sich u. a. auf dem Prinzip der Nächstenliebe, ist also unvereinbar mit der Weltanschauung Hitlers.
2. Jesus soll als ‚Kämpfer‘, als echter Deutscher gesehen werden, der, von anderen gezwungen, in der Gewalt ein Mittel zur Lösung von Konflikten sieht; ein Vergleich mit Hitler soll sich aufdrängen.
3. Die Haltung der Neutralität gegenüber der Kirche ist von reiner Taktik bestimmt. Die NSDAP ist in dieser Zeit noch unbedeutend und kann sich unnötigen Konflikt mit den beiden wichtigen gesellschaftlichen Kräften nicht leisten.
4. Problematisch war der Begriff ‚positives Christentum‘. Er wurde in kirchlichen Kreisen „im traditionellen Sinne als Vertretung einer klar dogmatisch bestimmten Christlichkeit“ verstanden. „Gemeint aber war mit dem ‚positiven Christentum‘ ein ‚Christentum der Tat‘ im Sinne des zweiten Satzes, der als Interpretation des ersten verstanden werden muß: Gemeinnutz geht vor Eigennutz. In Parteikreisen hielt man diesen Satz für die Quintessenz des Christentums.“ (K. Scholder, Die Kirchen im Dritten Reich, in: Aus Politik und Zeitgeschichte, B 15/71, S. 7)

Unterrichtsschritt 2:
Die Kirchen und die Machtergreifung

In diesem Unterrichtsschritt wird die kurze Übereinkunft zwischen Nationalsozialismus und Kirchen im Verlauf der Machtergreifung demonstriert. An zwei Texten, die auch für den Unterrichtsschritt 3 wichtig werden, soll in arbeitsteiliger Gruppenarbeit das Verhältnis von Nationalsozialismus und Kirchen näher untersucht werden. Ein Grund, weshalb die Kirchen sich positiv zur Machtergreifung äußerten, bildete die Haltung Hitlers in der Regierungserklärung (in: G. van Norden, Das Dritte Reich im Unterricht, S. 66, und A. Krink (hg.), Die NS-Diktatur, Diesterweg, S. 84, T 98). An den Text sind folgende Fragen zu richten:
- Wie läßt sich die Einstellung der Nationalsozialisten beurteilen?
- Wo sind Probleme zu erwarten?

Mögliche Antworten, die gegebenenfalls vom Lehrer ergänzt werden:
Hitler garantiert den Kirchen ihre Rechte und hebt ihre Bedeutung in der Gesellschaft hervor, er argumentiert nicht nur juristisch, sondern auch (schein-)moralisch. Positiv auf die Christen wirkte die klare Ablehnung des Bolschewismus. Problematisch und in ihrer Tragweite wohl nicht erkannt wurden die „allgemeinen Verpflichtungen“; ebenfalls verschiedenartig auslegbar ist der „zukom-

mende Einfluß", den die Kirchen auf die Schule und Erziehung behalten dürfen.

Eine andere Schülergruppe behandelt die Verlautbarungen der Fuldaer Bischofskonferenz, die ein Beispiel dafür sind, mit welchem Enthusiasmus weite Kreise der christlichen Kirchen den Faschismus begrüßten (in: G. van Norden, das Dritte Reich im Unterricht, S. 62). Folgende Fragen sind zu stellen:

- Welche Haltung nimmt die Bischofskonferenz gegenüber der faschistischen Regierung ein?
- Welche Gründe können dafür genannt werden?

Mögliche Antwort: Trotz vorheriger Bedenken fügt sich die Kirche der neuen Obrigkeit. Dafür können folgende Gründe genannt werden:

- Ablehnung des Bolschewismus durch die faschistische Bewegung
- Zusicherungen der faschistischen Regierung
- die Tatsache, daß Hitler – jetzt als Obrigkeit – Gehorsam fordern kann.

Unterrichtsschritt 3:
Die nationalsozialistische Taktik:
Reichskonkordat und Reichskirche

Mit Hilfe der „Zeittafel zum Reichskonkordat" werden die Probleme und die Bedeutung dieses Konkordats im Lehrervortrag erläutert. Der Lehrer sollte die Schüler mit der wissenschaftlichen Kontroverse um das Reichskonkordat vertraut machen und die Bedeutung der wissenschaftlichen Standpunkte erklären. Der Streit zwischen K. Repgen und K. Scholder (gut in: VfZG 26 [1978] S. 499–570) über die Vorgeschichte des Reichskonkordats führt zu folgenden Fragen:

- Besteht ein Zusammenhang zwischen der Fraktionsentscheidung des Zentrums am 23. 3. 1933 und dem Anfang der Konkordatsverhandlungen?
- Hat sich der Vatikan in die Entscheidung des Zentrums zum Ermächtigungsgesetz eingeschaltet?
- War der Vatikan bei der Annahme der deutschen Verhandlungsofferte (April 1933) entschlossen, das Zentrum fallen zu lassen und die Entpolitisierung des Klerus zu konzedieren (Art. 32 RKK)?
- Besteht ein Zusammenhang zwischen der Initiative zu Konkordatsverhandlungen und der Verlautbarung der deutschen Bischöfe vom 28. 3. 1933 (siehe Unterrichtsschritt 2)?

Da es nicht möglich ist, den Schülern alle Details zu vermitteln, die K. Scholder mit kriminalistischer Akribie zusammenfügt, muß vom Lehrer folgendes erklärt werden:

- die Vorstellungen über ein Konkordat bestanden schon lange vor dem offiziellen Verhandlungsbeginn durch v. Papen;
- Vatikan und faschistische Bewegung hatten – mit dem italienischen Beispiel vor Augen – beide ein brennendes Interesse an einer Übereinkunft. Der Vatikan suchte in der Regel die Anerkennung des neuen kirchlichen Rechts
  a) *mit* den katholischen Parteien in einem funktionierenden parlamentarischen System
  b) *gegen* die katholischen Parteien, wenn diese den politischen Einfluß verloren hatten und sich das autoritäre Regime verhandlungsbereit zeigte. (vgl. K. Scholder, Altes und Neues zur Vorgeschichte des Reichskonkordats, in: VfZG 26 [1978] S. 560)
- das Ziel einer Argumentation, die die oben angesprochenen Zusammenhänge leugnet, ist für K. Scholder der Versuch, „den Vatikan von jeder Mitverantwortung für die Vorgeschichte des Konkordats und damit zugleich von jeder Verstrickung in die Machtergreifung Hitlers zu entlasten." (K. Scholder, Altes und Neues zur Vorgeschichte des Reichskonkordats, VfZG 26

[1978] S. 536). Von Repgen dagegen wird ein umgekehrter Kausalzusammenhang konstruiert: „Wegen der Zustimmung des Zentrums vom 23. März und der Erklärung des deutschen Episkopats vom 28. März war es dem Vatikan schlechterdings unmöglich, jenes Verhandlungsangebot zu verwerfen, mit dem Papen in Rom auftauchte." (K. Repgen, zitiert nach K. Scholder, Altes und Neues zur Vorgeschichte des Reichskonkordats, S. 536) „Damit waren zugleich alle jene Vorwürfe bestritten, die behaupteten, der Vatikan sei dem Zentrum in entscheidender Stunde in den Rücken gefallen und habe Hitler zur ersten großen internationalen Anerkennung verholfen." (K. Scholder, Altes und Neues zur Vorgeschichte des Reichskonkordats, S. 536)

– nach genauer Überprüfung der Fakten scheint es möglich, sich folgender These K. Scholders anzuschließen: „Der deutsche Katholizismus hat mit bewundernswürdiger Standfestigkeit und Geschlossenheit den Nationalsozialismus abgelehnt, bis Rom es aus den höheren Gründen seiner Konkordatspolitik heraus für geboten hielt, diese Front zu räumen". (K. Scholder, Altes und Neues zur Vorgeschichte des Reichskonkordats, S. 559 f.)

Wichtig erscheint es auch, die Bedeutung des Konkordats zu vermitteln:
„Die Kirche hatte sich in diesem Vertrag verpflichtet, sich aller politischer Tätigkeit zu enthalten, und das Dritte Reich zögerte nicht, die Erfüllung dieser Bestimmung mit zynischer Konsequenz zu überwachen [...] Praktisch hatte sich die Kirche damit selbst die Hände gebunden." Allerdings muß man dem Konkordat zubilligen, „daß es für die Erhaltung des kirchlichen Bestandes im Dritten Reich eine wichtige und positive Funktion besessen hat". (K. Scholder, Die Kirchen im Dritten Reich, in: Aus Politik und Zeitgeschichte, B 15/71, S. 19)

Die Ergebnisse werden im Arbeitsblatt festgehalten.
Anhand der „Zeittafel zum Verhältnis Nationalsozialismus – Evangelische Kirche" wird das Vorgehen des Nationalsozialismus gegenüber der evangelischen Kirche vermittelt. Im Gegensatz zum Vorgehen gegen die katholische Kirche besaß Hitler hier kein festes Konzept und versuchte

– durch die „Deutschen Christen" von innen heraus die evangelische Kirche gleichzuschalten;
– die „Deutschen Christen" forderten: eine einheitliche Reichskirche, Führerprinzip im kirchlichen Bereich, eine heldische Jesusgestalt und die Anwendung des Arierparagraphen für Geistliche;
– sie konnten sich durch massive Unterstützung der NSDAP durchsetzen und Fr. v. Bodelschwingh als Reichsbischof absetzen; diesen Posten übernahm der von Hitler favorisierte L. Müller (s. Abbildung zu Unterrichtsschritt 1);
– Hitler, „der ständigen Streitereien in der evangelischen Kirche müde und in Sorge um etwaige außenpolitische Folgen" (K. Scholder, Die Kirchen im Dritten Reich, in: Aus Politik und Zeitgeschichte, B 15/71, S. 22) gab dem Druck, der von der Bekennenden Kirche ausging, nach;
– diese Auseinandersetzungen hielten an, wurden aber von Hitler nicht beeinflußt (Krieg!).

Unterrichtsschritt 4:
Die Bekennende Kirche

In einem knappen Lehrervortrag (auch als Schülerreferat möglich) sollte die Bekennende Kirche als Gegenpartei der „Deutschen Christen" den Schülern vorgestellt werden. Folgende Aspekte sollten dabei genannt werden:

– die Bekennende Kirche wandte sich gegen die Einführung des Arierparagraphen im kirchlichen Bereich;

- Bekennende Kirche heißt „dogmatisches Ernstnehmen der Bekenntnisse [...] wie vor allem fortlaufende Akte des Bekennens gegenüber neuen Irrlehren und staatlicher Omnipotenz“ (Staatslexikon, Bd. 4, S. 996)
- ihre Mitglieder wurden durch die Gestapo verfolgt, bespitzelt, mit „Schutzhaft“, Gefängnis und KZ bedroht.

Die oft mutige Haltung der Bekennenden Kirche kann verdeutlicht werden durch Vorlesen des Briefes von Bischof Wurm an Reichsinnenminister Frick vom 19. 7. 1940 (in: Der deutsche Widerstand 1933–45, Informationen zur Politischen Bildung, 160, S. 13).

Als *Alternative* dazu bietet sich die Analyse der Barmer Bekenntnissynode vom 31. 3. 1934 an (in: Der deutsche Widerstand 1933–45, S. 12).

Die Ergebnisse werden im Arbeitsblatt festgehalten.

Unterrichtsschritt 5:
Die Beseitigung des christlichen Einflusses

Wesentlich erscheint es, den Schülern die Zielsetzung der nationalsozialistischen Kirchenpolitik zu vermitteln: die restliche Beseitigung des Christentums aus dem gesellschaftlichen Leben. Vom Lehrer wird knapp die Situation geschildert, in der sich die Kirchen seit ca. 1937 befanden:
- zunehmende Schikanen der NSDAP und ihrer Organisationen beeinträchtigten das tägliche Leben der Kirchen.
- Hitler unterließ es, grundsätzliche Entscheidungen in Kirchenfragen zu fällen: alle Kräfte sollten für den Krieg mobilisiert werden!
- in der Partei entstand ein Dualismus zwischen Vertretern, die auf seiten des Reichsbischofs standen und staatskirchlich-zentralistisch orientiert waren, und einer Gruppe mit starkem Einfluß bei Hitler (u. a. Bormann, Rosenberg, Heß), die auf eine Trennung von Staat und Kirche hinarbeitete.

Die Vorstellungen der letzteren Gruppe werden genauer untersucht; (siehe Vorschlag für ein Arbeitsblatt). Folgende Frage ist an den Bormann-Text zu stellen:
Welche Bedeutung haben diese Vorstellungen Bormanns für die Zukunft der Kirchen?
Folgendes sollte herausgearbeitet werden:
- die Kirchen wären nach diesen Vorstellungen nicht mehr Körperschaften des öffentlichen Rechts, sondern gerieten in den Status eines Privatvereins;
- sie blieben einer Staatsaufsicht unterstellt, wodurch die Rechte des Staates erhalten blieben, die der Kirche aber eingeschränkt würden;
- dadurch würde die Kirchenhoheit zur verschärften Staatsaufsicht;
- die Kirchen würden – am Rand der Gesellschaft – letztlich gänzlich beseitigt werden.

Im Unterrichtsgespräch sollte geklärt werden, daß diese Zielsetzung des Nationalsozialismus – von den Grundpositionen her gesehen (siehe Unterrichtsschritt 1!) – nur konsequent war. Erkannt werden sollte ferner (im Tafelbild festgehalten), daß der Nationalsozialismus die Prinzipien der Staatskirchenhoheit und der Trennung von Kirche und Staat in schon zynischer Weise seinem Primat der Politik nutzbar zu machen verstand.
Erwähnt werden sollte auch, wie gerade der Krieg, den die Kirchen z. T. freiwillig, z. T. gezwungen in ihren Gebeten erwähnten, das Fortbestehen der Kirchen rettete.

Als *Alternative* könnten einleitend die Zitate Hitlers stehen (siehe Vorschlag für ein Arbeitsblatt). Danach wäre ein anderer Bormann-Text zu bearbeiten, der ebenso schonungslos die nationalsozialistische Zielsetzung darlegt (in: W. Conze (hg.), Der Nationalsozialismus Teil 2, S. 85). An diesen Text sind folgende Fragen zu stellen:

1. Wie beurteilt Bormann Christentum und Nationalsozialismus?
2. Welche Absichten verfolgt er mit den Kirchen?
3. Wie sollte Ihrer Meinung nach – nach den Erkenntnissen dieser Kirchenpolitik – das Verhältnis von Kirche und Staat gestaltet werden?

Folgende Antworten sind möglich:

1. Die Behauptung Bormanns, der Nationalsozialismus sei eine wissenschaftliche Lehre, ist falsch! Richtig ist: beim Nationalsozialismus handelt es sich (im Gegensatz z.B. zum Marxismus) um ein emotionales Ideengemisch mit irrationalen Elementen (H. Krausnick: „Von einer in sich geschlossenen Ideologie kann im Nationalsozialismus nicht die Rede sein, höchstens von gewissen ideologischen Bruchstücken biologisch-materialistischer Art [...]" in: Unser Weg, München 1965, S.235)
2. Bestenfalls beabsichtigte Bormann die Trennung von Kirche und Staat; nach Erfahrungen mit anderen politischen Gegnern und dem Vorgehen in den besetzten Gebieten scheinen auch brutalere Durchsetzungsmethoden nicht ausgeschlossen.
3. Die Diskussion sollte möglichst kontrovers geführt werden.

Keine Hausaufgabe.

Vorschlag für ein Arbeitsblatt
(zu Unterrichtsschritt 1)

1. *Artikel 24 des Parteiprogramms der NSDAP (1920)*

Der Text findet sich in:
Politik und Gesellschaft, Bd.2, Hirschgraben, S.150; F. Esche u.a., Parteiendemokratie. Wahlen und Parteien in der Bundesrepublik Deutschland, Hoffmann und Campe, 1978, S.203; A. Krink (hg.), Die NS-Diktatur, Diesterweg, S.13–15; L. Graf v. Westphalen (hg.), Geschichte des Antisemitismus in Deutschland, Klett, S.57f.; B. Hey/J. Radkau (hg.), Nationalsozialismus und Faschismus, Klett, S.13; Weltgeschichte im Aufriß, Bd.3/1, Diesterweg, S.342ff.

2. *Hitler am 12.4.1922*

„[...] Ich sage, mein christliches Gefühl weist mich hin auf meinen Herrn und Heiland als Kämpfer (stürmischer langanhaltender Beifall). Es weist mich hin auf den Mann, der einst einsam, nur von wenigen Anhängern umgeben, diese Juden erkannte und zum Kampf gegen sie aufrief und der, wahrhaftiger Gott, nicht der Größte war als Dulder, sondern der Größte als Streiter! In grenzenloser Liebe lese ich als Christ und Mensch die Stelle durch, die uns verkündet, wie der Herr sich endlich aufraffte und zur Peitsche griff, um die Wucherer, das Nattern- und Otterngezücht hinauszutreiben aus dem Tempel! Seinen ungeheuren Kampf aber für diese Welt, gegen das jüdische Gift, den erkenne ich heute, nach zweitausend Jahren, in tiefster Ergriffenheit am gewaltigsten an der Tatsache, daß er dafür am Kreuze verbluten mußte (Bewegung im Saale)". (K. Scholder, Die Kirchen im Dritten Reich, in: Aus Politik und Zeitgeschichte, B 15/71, S.5f.)

3. *Hitler: Mein Kampf, S.70*

„... So glaube ich heute im Sinne des allmächtigen Schöpfers zu handeln: Indem ich mich des Juden erwehre, kämpfe ich für das Werk des Herrn." (Hitler, Mein Kampf, S.70)

4. *Hitler 1928 auf der Generalmitgliederversammlung*

„Ich habe nur den einzigen Wunsch, daß in der Partei niemals der Zustand einreißt, daß es einem Katholiken oder Protestanten Gewissenskonflikte unmöglich machen würden, der Partei anzugehören. Die Partei muß stets so geleitet werden, daß jeder fromme Katholik, ohne in Konflikt mit seinem Gewissen zu kommen, ihrer Politik zustimmen kann. Wenn jemand sagt: dann werden Sie Diener einer Konfession, so sagen wir im Gegenteil: nicht Diener einer Konfession, sondern Diener des deutschen Volkes (lebhafter Beifall) im Kampf für die Zukunft unseres deutschen Volkes gegen die Todfeinde unseres Volkes, gegen die jüdische Blut- und Rassenvergiftung." (zit. in: K. Scholder, Die Kirchen im Dritten Reich, in: Aus Politik und Zeitgeschichte, B 15/71, S.7f.)

Aufgaben:

1. Welche Lebensauffassung vertritt Hitler? Worin unterscheidet er sich vom Christentum?
2. Welche Bedeutung hat das von Hitler gezeichnete Bild Jesu Christi?
3. Wodurch ist Hitlers Stellung zu den Kirchen in Wirklichkeit bestimmt?
4. Inwiefern war es den Nationalsozialisten möglich, mit der Aussage des Parteiprogramms Christen irre zu führen?

Vorschlag für ein Arbeitsblatt

(zu Unterrichtsschritt 5)

Martin Bormann kommentiert am 9. Mai 1939 das „Gesetz über die Erhebung von Kirchenbeiträgen in der Ostmark":
„Dieses österreichische Gesetz [..] das wesentlich auf die Anregung und Mitwirkung der Partei zurückgeht, [...] bringt zum ersten Mal eine völlige Trennung von Staat und Kirche. Allerdings keine Trennung im früheren liberalistischen oder marxistischen Sinne, sondern eine Trennung, die eine Folgeerscheinung der weltanschaulichen Klarstellung unserer Zeit ist. Die Kirche in der Ostmark steht deshalb nach Inkrafttreten dieses Gesetzes nicht etwa gleichberechtigt neben dem Staat, sondern sie ist in vermögensrechtlicher Hinsicht dem Staat unterstellt und hat lediglich in ihrem eigenen Aufgabengebiet eine gewisse Selbständigkeit. Das Gesetz für die Ostmark sieht deshalb auch vor, daß trotz dieser grundsätzlichen Trennung von Staat und Kirche die Beitragsordnungen der Kirchen, einschließlich der Höhe dieser Beträge staatlicher Genehmigung bedürfen, ferner haben die Kirchen ihre Haushaltspläne der Staatsaufsichtsbehörde vor Beginn des Rechnungsjahres vorzulegen. Sie haben außerdem auf Verlangen nach Ablauf des Verwaltungsjahres die Verwendung ihrer Mittel nachzuweisen. Auch kann der Staat in die kirchliche Vermögensverwaltung Einsicht nehmen und jede Auskunft verlangen. Die Staatsaufsichtsbehörde kann ferner einzelne Haushaltsposten beanstanden, so daß sie aus dem Haushaltsplan zu streichen sind." (zitiert nach: L. Siegele-Wenschkewitz, Nationalsozialismus und Kirchen, Religionspolitik von Partei und Staat bis 1935, S. 60–61)

Hitler zur Lösung der Kirchenfrage

Im Gespräch mit Rauschning sagte Hitler, er wolle das Christentum „mit Stumpf und Stiel, mit allen seinen Wurzeln und Fasern" ausrotten. (H. Rauschning, Gespräche mit Hitler, 1940, S. 50)

Im Dezember 1940 äußerte Hitler, die Kirchenfrage sei „die letzte große Aufgabe unserer Zeit".

Februar 1942 bezeichnete er das Christentum als eine „Kulturschande", die nach dem Krieg „beseitigt werden" müsse. (H. Picker, Hitlers Tischgespräche im Führerhauptquartier 1941/42, Stuttgart 1965, S. 154)

Aufgabe:
Welche Bedeutung haben diese Vorstellungen für die Zukunft der Kirchen?

Vorschlag für ein Arbeitsblatt

Die Kirchen im Dritten Reich

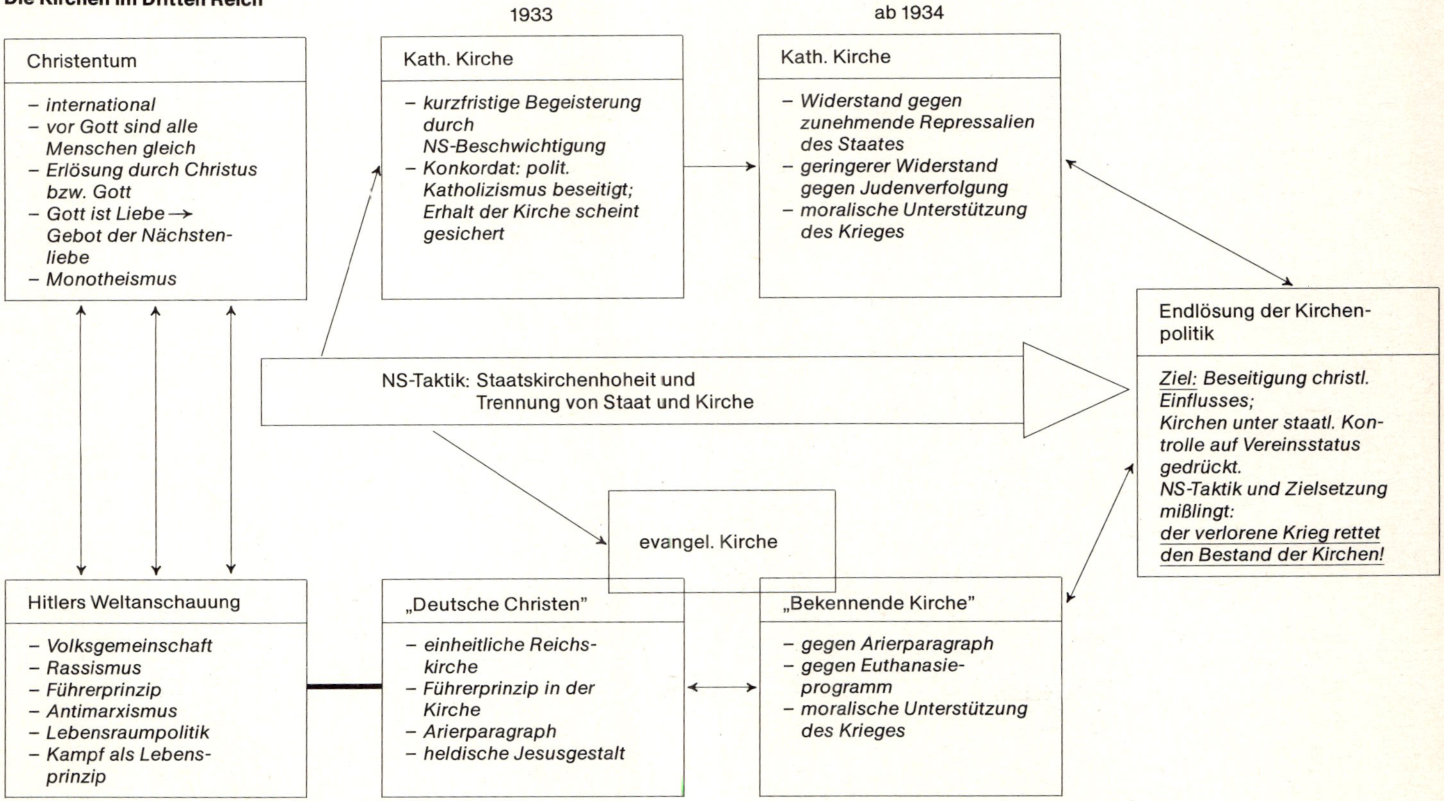

Die von den Schülern einzutragenden Inhalte sind kursiv gedruckt!

Vorschlag für eine Zeittafel zum Reichskonkordat

seit 1917	Ziel der Konkordatspolitik des Heiligen Stuhls seit Veröffentlichung des Codex Juris Canonici: weitestmögliche staatliche Anerkennung des neuen kirchlichen Rechts. „Diesem Oberziel wurden alle anderen Ziele und Rücksichten rigoros untergeordnet." (K. Scholder, S. 560)
Febr. 1929	Konkordat Mussolini-Heiliger Stuhl (Art. 43 verbot die politische Betätigung von Geistlichen und garantiert Mussolini die Einparteienherrschaft)
April–Mai 1931	Kontroverse zwischen „Nationalsozialistischen Monatsheften" und „Zentrum" über die Übertragbarkeit des ital. Konkordats auf Deutschland
Mai 1931	Göring in Rom
Juni	Hitler: es werde keinen Kreuzzug des Vatikans gegen die Partei geben; der Vatikan habe Interesse, daß die deutschen Katholiken ein Statut bekommen
August	Pacelli drängt Brüning zu einer Koalition mit den Nationalsozialisten
5. März 1933	Reichstagswahlen
6. März	Der Papst teilt dem frz. Botschafter Charles-Roux mit, daß er seine Meinung über Hitler grundlegend geändert habe aufgrund der antikommunistischen Haltung des Reichskanzlers
7. März	Kabinettssitzung, Hitler: Was die Wähler des Zentrums und der Bayrischen Volkspartei anlange, so würden sie erst dann für die nationalen Parteien zu erobern sein, wenn die Kurie die beiden Parteien fallen lasse
9.–17. März	Der Münchner Kardinal Faulhaber in Rom: man möge mehr Toleranz gegenüber der neuen Regierung haben
20. April	Faulhaber: „In Rom beurteilt man den Nationalsozialismus wie den Faschismus als die einzige Rettung vor dem Kommunismus."
20. Juli	Reichskonkordat: Rahmenkonkordat für Länderkonkordate; regelte Rechtsstellung, Besetzung von Kirchenämtern, von Bischofsstühlen, Recht und kath.-theolog. Fakultät, Konfessionsschulen und Religionsunterricht; Schutz des kirchl. Eigentums; Staat gesteht Militärseelsorge zu. Staat verlangt von der Kirche ein Gebet für das Wohlergehen von Staat und Volk sowie den Ausschluß der kath. Geistlichen von parteipolit. Betätigung.
25. Juli 1933	Schlußbericht De Veccis: „Der Papst und der Kardinalstaatssekretär haben sich über das Konkordat mit Deutschland gefreut wie Kinder, die in der Schule belohnt werden, und sie hatten (und haben noch) die einzige Angst, daß man in der Praxis das Konkordat nicht voll durchführen kann. Die Zerstörung des Zentrums und die ‚Gewalttätigkeiten' gegen politisierende Geistliche wurden ohne Bedauern vergessen und das, seit dem Tag der Machtergreifung durch Hitler." (zit. nach: K. Scholder, Altes und Neues zur Vorgeschichte des Reichskonkordats, in: VfZG 26 [1978] S. 570f.)

Vorschlag für eine Zeittafel zum Verhältnis Nationalsozialismus–Evangelische Kirche

Reichskirchenpläne 1927–34

14.7.1933	Verfassung der neuen Reichskirche
23.7.	Kirchenwahlen, Propaganda der NSDAP für die „Deutschen Christen"
27.9.	Ludwig Müller wird Reichsbischof
7.9.	Päpstlicher Nuntius wird bei Hitler wegen überschwänglicher Lutherfeiern vorstellig
18.8.	Amt Rosenberg sieht in „Deutschen Christen" eine Konkurrenz
25.1.1934	Hitler bringt die Kirchenführer nochmals hinter den Reichsbischof
	Das AA interveniert bei Hitler, im Kirchenkampf nachzugeben
18.9.	Reichsbischof Müller: „Was wir wollen, ist eine romfreie deutsche Kirche."
21.9.	Gauleiter Bürckel (Saarbevollmächtigter) schickt Telegramm: „Situation an der Saar gestattet keine weitere Belassung des Reichsbischofs Müller."

6.10. württemberg. Landesbischof Wurm unter Hausarrest

12.10. bayr. Landesbischof Meiser von politischer Polizei sistiert

16.10. Eb. von Canterbury will am 24.10. auf einer Bischofskonferenz dem Weltprotestantismus eine Stellungnahme zu kirchlichen Vorgängen vorlegen. Telegramm wird Hitler am 18.10. vorgelegt

23.10. Empfang des Reichsbischofs und der Landesbischöfe bei Hitler: er rehabilitiert die renitenten Bischöfe Wurm und Meiser
- bisherige Kirchenpolitik liquidiert,
- „theologisches, politisches und vor allem rechtliches Chaos innerhalb der Deutschen Evangelischen Kirche." (K. Scholder, Die Kirche im Dritten Reich; in: Aus Politik und Zeitgeschichte B 15/71, S. 25)

14.11. Antwort der Reichskanzlei auf Anfrage, wie man sich zu verhalten habe: Weisungen des Führers über das weitere Verhalten dem Kirchenstreit gegenüber nicht zu erwarten.

Staatskirchenpläne 1935–37

16.7.1935 Einrichtung einer mit außerordentlichen Angelegenheiten ausgestatteten staatl. Zentralstelle für alle kirchlichen Angelegenheiten: Reichskirchenministerium unter H. Kerrl, Weigerung der „Deutschen Christen" und der „Bekennenden Kirche", wie auch antikirchlicher Kreise in der Partei

15.2.1937 Erlaß des Führers, daß „nunmehr die Kirchen in voller Freiheit nach eigener Bestimmung des Kirchenvolks sich selbst die neue Verfassung und damit eine neue Ordnung geben" solle; das Reichskirchenministerium soll Wahlen einer Generalsynode vorbereiten. (Wiederholung des Wahlerfolgs vom Juli 1933 möglich? Staatskirche sollte mit dem Schleier der Legalität errichtet werden)

22.2. Besprechung bei Hitler über Kirchenfragen (anwesend u. a.: Heß, Goebbels, Himmler, Heydrich, Kerrl, Bormann

März Hitlers Interesse an Kirchenangelegenheiten läßt nach

25.6. alle Kirchenwahlvorbereitungen werden unter Strafe gestellt. Hitler überläßt „das Feld der evangelischen Kirche den rivalisierenden Gruppen in Partei und Staat." (K. Scholder, Die Kirche im Dritten Reich; in: Aus Politik und Zeitgeschichte B 15/71, S. 30)

Rivalisierende Gruppen im Kampf um die Evang. Kirche

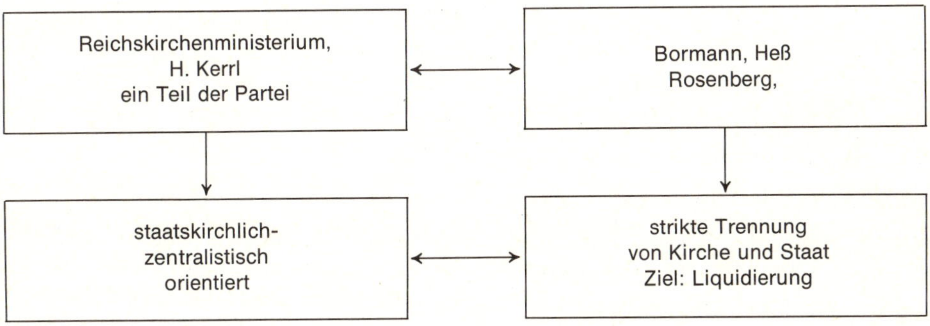

Alternativ-Stunde: Die Schule im Dritten Reich

Die Behandlung des Themas ‚Schule im Dritten Reich' konfrontiert den Schüler mit einem Bereich, dem er selbst unmittelbar ausgesetzt ist. Er lernt, daß die Schule nicht beziehungslos zur Vergangenheit steht, sondern einem historischen Prozeß unterworfen, also veränderbar ist. „Die eigene Gegenwart wird erhellt, begreifbar, kann in ihren historischen Bezügen und Kontinuitäten bzw. Diskontinuitäten erkannt werden, Sensibilität für gegenwärtige Erscheinungen und Tendenzen kann sich entwickeln. [...] Die didaktische Erschließung von Schulgeschichte bietet sich zweifach an: einmal können die konkreten Erfahrungen mit der historischen Entwicklung bzw. den historischen Gegebenheiten konfrontiert werden, zum anderen können an der Beschäftigung mit Schulgeschichte die eigenen Erfahrungen reflektiert und aufgearbeitet werden." (R. Fricke-Finkelnburg, Schulpolitik des Nationalsozialismus, in: P. Meyer/D. Riesenberger [hg.], Nationalsozialismus in der historisch-politischen Bildung, S. 108f.)

Die Stunde „Schule im Dritten Reich" eignet sich deshalb als Alternative zur „Kirche im Nationalsozialismus", weil an dieser Thematik deutlich wird, wie der Nationalsozialismus auch hier versuchte, einen wesentlichen gesellschaftlich-kulturellen Bereich gleichzuschalten und für seine Zwecke zu mißbrauchen und wie diese Versuche durch den Krieg beeinflußt wurden: die Gleichschaltungsversuche im Bereich der Kirche wurden mit Rücksicht auf den Krieg nicht mit letzter Konsequenz durchgeführt; die „Erziehung zum Krieg" wurde letztlich durch diesen selbst abgebrochen.

Der vorliegende Entwurf versteht sich als eine nach verschiedenen Seiten ausbaubare Konzeption. Folgende Wege sollen als Anregung dienen:

1. Den Schülern wird das Problem „Schule im Dritten Reich" durch eine Abitur-Prüfung vorgestellt (siehe Vorschlag für ein Arbeitsblatt). Dieses heitere Beispiel zeigt, welch irrsinnige Früchte dieses Regime hervorbrachte. Daß dahinter durchaus ernsthafte und ernstzunehmende Erziehungsziele standen, wird durch die Lektüre von Textpassagen aus Hitlers „Mein Kampf" verdeutlicht (s. Arbeitsmaterialien S. 106).
Die Schulpolitik des Nationalsozialismus wird in Anlehnung an R. Fricke-Finkelnburg (Schulpolitik des Nationalsozialismus, in: P. Meyers/D. Riesenberger [hg.], Der Nationalsozialismus in der historisch-politischen Bildung, S. 94–119) in drei Phasen dargeboten (siehe Vorschlag für ein Arbeitsblatt/ eine Folie). Die drei Phasen können jeweils zu Unterrichtsschritten ausgebaut werden. Am Schluß der Stunde sollten dann die Schüler zu dieser Schulpolitik Stellung beziehen, indem sie sie mit der gegenwärtigen vergleichen.
2. Eine andere Möglichkeit wird darin gesehen, vom konkreten Beispiel auszugehen: Man kann Erlasse und dgl. aus der eigenen Schule heranziehen, in Gruppenarbeit ältere Lehrer und Eltern als ehemalige Schüler befragen über ihre Schulerfahrungen im Dritten Reich. Erscheint diese Art der Quellenbeschaffung als nicht opportun, so bietet folgendes Material eine Grundlage, um Schulpolitik, ihre Wirkungen und Reaktionen auf Schulleitung, Lehrerschaft und Schüler kennenzulernen: U. Popplow, Schulalltag im Dritten Reich, Fallstudie über ein Göttinger Gymnasium, in: Aus Politik und Zeitgeschichte, B 18/80. Am Ende sollten wiederum die Schüler zu ihrer unmittelbaren Situation Stellung beziehen und diese mit der erarbeiteten historischen Situation vergleichen.

Verlaufsskizze:

Unterrichtsschritt 1:
Ablauf einer mündlichen Abiturprüfung

Die Schüler sollen neugierig werden auf die Verhältnisse in der Schule im Dritten Reich. Aus dem Text (Abitur-Prüfung, siehe Vorschlag für ein Arbeitsblatt) soll erkannt werden, wie „Wissensvermittlung" im Dienste einer Ideologie zur Farce werden kann. Darauf stellt sich die Frage, wie dieser Unsinn entstehen konnte, wodurch sich ein Übergang zu den nationalsozialistischen Erziehungszielen anbietet.

Unterrichtsschritt 2:
Nationalsozialistische Erziehungsziele

Folgende Aufgabe wurde als Hausaufgabe (Vorschlag für ein Arbeitsblatt) gestellt: Stellen Sie die Erziehungsziele Hitlers zusammen!

Erwartete Antworten:
- körperliche Ausbildung ist oberstes Ziel;
- Charakterbildung: Treue, Opferbereitschaft, Verschwiegenheit, Mut zur Tat;
- Wissensvermittlung weniger wichtig (steht an letzter Stelle);
- Betonung der geisteswissenschaftlichen Bildung, die der nationalsozialistischen Ideologie dienen soll;
- Trennung der Erziehung von Jungen und Mädchen entsprechend der ihnen von der Natur zugewiesenen Aufgaben;
- Auslesefunktion: rassische Auslese, Führerauslese, körperliche Auslese.

Daraus ergibt sich, daß die ganze Erziehung darauf abgestellt sein soll, wehrbereite, opferwillige, sich dem jeweiligen „Führer" gehorsam unterordnende „Volksgenossen" zu erhalten. Die Ergebnisse sind im Tafelbild festzuhalten.

Ergänzung:
Diesen Erziehungszielen werden die „Bildungs- und Erziehungsziele für das Fach Gemeinschaftskunde für die Klassen 9 und 10" gegenübergestellt, um zu zeigen, wie sich von den Lernzielen her betrachtet Schule im Faschismus und in der Demokratie unterscheiden.

Unterrichtsschritt 3:
Phasen der nationalsozialistischen Schulpolitik

Im Lehrervortrag wird mit Hilfe des Arbeitsblattes ein Überblick über die wichtigsten Eingriffe des NS-Staates gegeben. Dabei sollte versucht werden, die Schulpolitik durch Hinweise auf eventuelle Parallelen in den Gesamtzusammenhang des Nationalsozialismus zu stellen. Die Ergebnisse sollten im Tafelbild festgehalten werden (siehe Vorschlag für ein Tafelbild).

Unterrichtsschritt 4:
Schule in der Kriegszeit

Ausgehend vom Plakat „Eltern der Berliner Schuljugend!" (siehe Vorschlag für ein Arbeitsblatt), wahrscheinlich aus dem Jahr 1943, wird die Situation in den Schulen z. Zt. des Krieges geschildert. Hierbei könnte versucht werden, Schülerberichte aus Erzählungen von Eltern und Großeltern einzubringen und zu verarbeiten.

Alternative:
Die Erziehung im Nationalsozialismus soll in ihren Folgen erkannt werden; dabei wird der Text von Th. W. Adorno, „Erziehung nach Auschwitz" (siehe Vorschlag für ein Arbeitsblatt) untersucht. Die Schüler werden aufgefordert, zu diesen Thesen Stellung zu nehmen und von dem Text ausgehend selbst Erziehungsziele abzuleiten.

Vorschlag für ein Arbeitsblatt
(zu Unterrichtsschritt 1)

Abitur – Pusch, Träger des goldenen Ehrenzeichens, geistig wie körperlich klein, früherer Oberstudienrat in Peine, war aus Hannover er-

schienen. Er führte den Vorsitz. Geprüft wurde in Religion, und zwar ausgerechnet der Sohn unseres Kollegen „Schorse" Eickemeyer, der ein bißchen begriffsstutzig war. Thema: Jesus Christus, der Arier. Pusch gab dem Prüfling dauernd Hilfen: „Wer war denn die Mutter?" „Maria." „Ja. Wo stammt die denn her?" „Aus Galiläa." „Woran erinnert Sie das Wort Galiläa?" Schweigen, dann: „An die Gallier." „Na also! Was können Sie daraus schließen?" Der Kandidat paßte. Pusch: „Bei der Völkerwanderung muß ein Teil der Gallier nach Palästina gekommen sein. Maria aus Galiläa. Was können Sie also daraus schließen?" Endlich kam er darauf, daß Maria wohl eine Arierin gewesen sei. Nun war der Vater an der Reihe: Joseph. „Das ist doch nicht der Vater gewesen. Wer war der Vater?" Das wußte der Prüfling natürlich ebenso wenig wie wir anderen auch. „Ja, haben Sie denn niemals die Legende gehört, die besagt, daß ein germanischer Zenturio der Vater gewesen sein soll?" Das wußte er. „Also, wenn wir das als wahr annehmen, dann war Jesus Christus ein Arier." Die Komik war kaum noch zu überbieten. Aber Pusch war noch nicht am Ende. Er zog das Bild von Hannibal mit dem Helm aus der Tasche. „Zu welcher Rasse gehörte Hannibal?" „Karthago – Semiten!" „Nun sehen Sie ihn sich doch mal an! Hannibal, das wissen Sie doch: Kriegführer, die Römer besiegt!" Hannibal wurde dann auch noch arisiert. Das war Pusch, Regierungsdirektor und Dezernent unserer Schule, ein Hundertfünfzigprozentiger.
(aus: U. Popplow, Schulalltag im Dritten Reich, Aus Politik und Zeitgeschichte B 18/80, S. 52)

Aufgabe:
Worin liegen die Besonderheiten dieser Prüfung und wie sind diese zu erklären?

Vorschlag für ein Arbeitsblatt
(zu Unterrichtsschritt 2)

1. Der völkische Staat hat in dieser Erkenntnis seine gesamte Erziehungsarbeit in erster Linie nicht auf das Einpumpen bloßen Wissens einzustellen, sondern auf das Heranzüchten kerngesunder Körper. Erst in zweiter Linie kommt dann die Ausbildung der geistigen Fähigkeiten. Hier aber wieder an der Spitze die Entwicklung des Charakters, besonders die Förderung der Willens- und Entschlußkraft, verbunden mit der Erziehung zur Verantwortungsfreudigkeit, und erst als letztes die wissenschaftliche Schulung.
[...]
Analog der Erziehung des Knaben kann der völkische Staat auch die Erziehung des Mädchens von den gleichen Gesichtspunkten aus leiten. Auch dort ist das Hauptgewicht vor allem auf die körperliche Ausbildung zu legen, erst dann auf die Förderung der seelischen und zuletzt der geistigen Werte. Das Ziel der weiblichen Erziehung hat unverrückbar die kommende Mutter zu sein.
(aus: A. Hitler, Mein Kampf, München 1943, S. 452 ff.)

2. A. Hitler über Jugenderziehung, zit. in: W. Hofer (hg.), Der Nationalsozialismus, fi-Tb, S. 88, T46

Aufgabe:
Stellen Sie Hitlers Erziehungsziele zusammen!

Vorschlag für ein Arbeitsblatt
(zu Unterrichtsschritt 3)

Phasen der nationalsozialistischen Schulpolitik

1. Phase (1933–37) Sofortmaßnahmen mit dem Ziel ideologischer Durchdringung einzelner Unterrichtsinhalte und -mittel. Die Schule hat „im Dienste des Volksganzen" zu stehen. Noch Rücksichtnahme auf national-konservative Kreise und Kirchen. Eingriffe auf drei Ebenen: Schulverwaltung, Lehrerschaft und Unterrichtsinhalte. Kulturhoheit aufs Reich übertragen durch „Gesetz über den Neuaufbau des Reiches" vom 30. 1. 1934; seit 1. Mai 1934 „Reichsministerium für Wissenschaft, Erziehung und Volksbildung". Das „Gesetz zur Wiederherstellung des Berufsbeamtentums" bietet die Gelegenheit, jüdische und politisch schwierige Lehrer zu entlassen. Juli 1933: Auflösung der Lehrerräte; Eingaben an Behörden weitgehend verboten. April 1934: Einsicht in die Personalakte untersagt; Gleichschaltung der Lehrerverbände zum NSLB; 97% der Erzieherschaft war Mitglied, davon 32% Parteigenossen! – 1.10.33: Rassenkunde Pflichtfach für die Abschlußklassen aller Schulen. Daneben gab es: Gedenktage zur Stärkung des Gemeinschaftsbewußtseins, Einführung des Hitler-Grußes, Festlegung der Mädchenbildung.

2. Phase (1937–42) Reichseinheitliche innere und äußere Umgestaltung nach Abschluß der Zentralisierung der Schulverwaltung: Neuordnung des höheren Schulwesens (um ein Jahr verkürzt); Neugestaltung der Richtlinien für Schulbücher; neue Lernziele: „die Jugend unseres Volkes zu körperlich, seelisch und geistig gesunden und starken deutschen Männern und Frauen erziehen, die in Heimat und Volkstum fest verwurzelt, ein jeder an seiner Stelle zum vollen Einsatz für Führer und Volk bereit sind". Rangstufe der Fächer: Leibeserziehung, weltanschauliche Fächer, Rechnen; akademische Ausbildung der Volksschullehrer entfiel, dafür Lehrerbildungsanstalten. Institutionalisierung von: Schulfeier, Verhältnis zur HJ, nationalsozialistischen Zielsetzungen in fast allen Fächern. – Der Geschichtsunterricht soll (2. Kriegsjahr) „die Jugend zum freudigen, opferbereiten Einsatz für Volk und Vaterland" erziehen. Nicht lernen, wissen, erkennen, beurteilen, sondern erfüllt und begeistert sein gilt als Ziel.

3. Phase (1942–45) Stagnation der Veränderungen durch den Krieg. Die Situation an den Schulen ist gekennzeichnet durch Lehrermangel, akute Schulraumnot, wenig Lernmittel, fehlendes Heizmaterial, Hunger, Bombenangriffe. Ziel ist jetzt ein geregelter Unterricht; Kinderlandverschickung für Kinder aus strategisch gefährdeten Gebieten. In den letzten Monaten des Krieges fand kaum Unterricht statt.

Vorschlag für ein Arbeitsblatt
(zu Unterrichtsschritt 4)

Eltern der Berliner Schuljugend!

Der feindliche Luftterror nimmt keine Rücksicht auf die Zivilbevölkerung. Die Terrorflieger führen einen brutalen Vernichtungskrieg gegen wehrlose Frauen und Kinder. Die Sorge um die deutsche Jugend, um ihre Gesundheit und ihr Leben erfordert besondere Maßnahmen.
Mit sofortiger Wirkung werden die Berliner Schulen mit ihren Lehrern klassenweise in die für den Gau Berlin vorgesehenen Aufnahmegaue Mark Brandenburg, Ostpreußen und Wartheland verlegt. Die Umquartierung erfolgt im Rahmen der erweiterten Kinderlandverschickung.
Die Eltern werden vom Beginn dieser Aktion durch die Schulleitungen und die Dienststellen der NSV über die näheren Einzelheiten der Umquartierung in Elternversammlungen unterrichtet.
Die Ausstellung der Abreisebescheinigung durch die zuständigen Kartenstellen ist in jedem Falle erforderlich. Hierzu sind sämtliche Lebensmittelkarten sowie die örtlichen Berliner Bezugsausweise mitzubringen.
Mütter, auch solche von Kleinkindern, können die Transporte begleiten, sofern ihre Anwesenheit in Berlin aus beruflichen oder sonstigen Gründen nicht erforderlich ist.
Es ist Vorsorge getroffen, daß diese Mütter in den neuen Schulorten mit ihren Kleinkindern Unterkunft finden. Schüler und Schülerinnen der Berliner Schulen, die sich z. Zt. außerhalb Berlins befinden, dürfen ohne besonderen Urlaubsantrag auch über die Zeit des Schulbeginns in ihrem derzeitigen Aufenthaltsort bleiben.
Über die Fortsetzung des Schulunterrichts nach Schulbeginn erhalten sie durch ihre Schulen weiteren Bescheid. Die Orte, wohin die Klassen verlegt wurden, werden ihnen von der Schule mitgeteilt.
Von den Eltern wird Verständnis für die getroffenen Maßnahmen, die im Interesse ihrer Kinder getroffen werden, erwartet. Ihre Bereitwilligkeit und Einsicht werden dazu beitragen, daß die Verlegung der Schulen reibungslos vonstatten geht und ihre Kinder vor den Folgen des feindlichen Luftterrors bewahrt bleiben.

Der Reichsverteidigungskommissar
für den Reichsverteidigungsbezirk Berlin
Dr. Goebbels
Gauleiter und Reichsminister

(aus: Anschläge, Politische Plakate in Deutschland 1900–1970, hg. F. Arnold, Frankfurt 1979, S. 122)

Aufgabe:
Welche Probleme brachte der Krieg für die Jugendlichen?

Vorschlag für ein Arbeitsblatt
(für Alternative zu Unterrichtsschritt 4)

Erziehung nach Auschwitz

Die Forderung, daß Auschwitz nicht noch einmal sei, ist die allererste an Erziehung. Sie geht so sehr jeglicher anderen voran, daß ich weder glaube, sie begründen zu müssen noch zu sol-

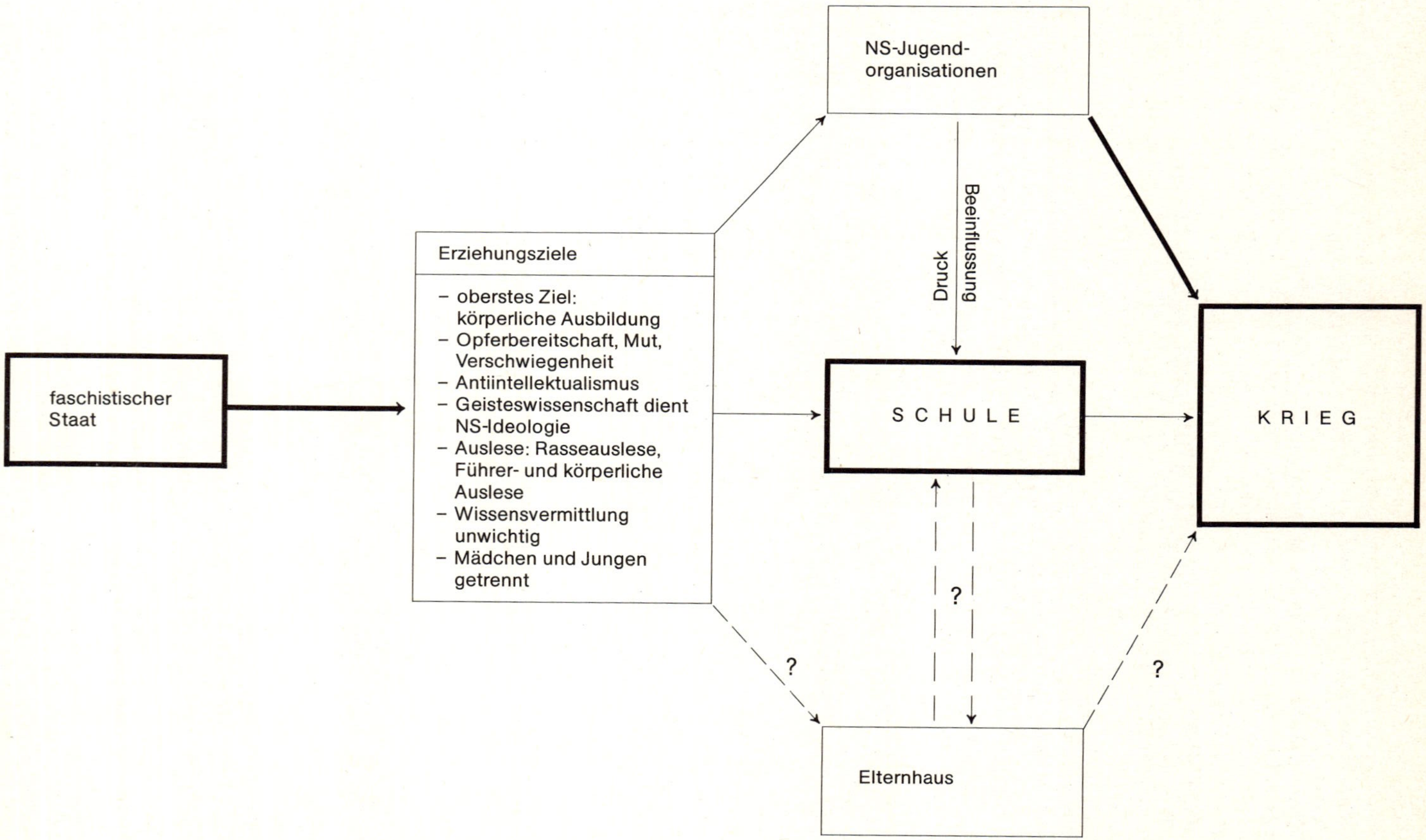
NS-Jugend-
organisationen
Beeinflussung
Druck
faschistischer
Staat
Erziehungsziele
– oberstes Ziel:
körperliche Ausbildung
– Opferbereitschaft, Mut,
Verschwiegenheit
– Antiintellektualismus
– Geisteswissenschaft dient
NS-Ideologie
– Auslese: Rasseauslese,
Führer- und körperliche
Auslese
– Wissensvermittlung
unwichtig
– Mädchen und Jungen
getrennt
S C H U L E
K R I E G
?
?
?
Elternhaus

len. Ich kann nicht verstehen, daß man mit ihr bis heute so wenig sich abgegeben hat. Sie zu begründen hätte etwas Ungeheuerliches angesichts des Ungeheuerlichen, das sich zutrug. Daß man aber die Forderung, und was sie an Fragen aufwirft, so wenig sich bewußt macht, zeugt, daß das Ungeheuerliche nicht in die Menschen eingedrungen ist, Symptom dessen, daß die Möglichkeit der Wiederholung, was den Bewußtseins- und Unbewußtseinsstand der Menschen anlangt, fortbesteht. Jede Debatte über Erziehungsideale ist nichtig und gleichgültig diesem einen gegenüber, daß Auschwitz nicht sich wiederhole. Es war die Barbarei, gegen die alle Erziehung geht. Man spricht vom drohenden Rückfall in die Barbarei. Aber er droht nicht, sondern Auschwitz *war* er; Barbarei besteht fort, solange die Bedingungen, die jenen Rückfall zeitigten, wesentlich fortdauern. Das ist das ganze Grauen. Der gesellschaftliche Druck lastet weiter, trotz aller Unsichtbarkeit der Not heute.
(aus: Th. W. Adorno, Erziehung zur Mündigkeit, Frankfurt 1970, S. 88)

Aufgabe:
Beziehen Sie Stellung zu diesen Thesen!

12. und 13. Stunde: Das Vorgehen gegen die Juden

Vorbemerkung:

Die Behandlung dieses Themas „ist sowohl ein moralisch-ethisches als auch ein politisches Problem“ (W. Scheffler, Judenverfolgung, S. 5) und eine unbestrittene Notwendigkeit. „Im Angelpunkt nationalsozialistischer Herrschaftsphilosophie, in der Proklamation und Verwirklichung der Rassendoktrin, hat sich der terroristische Charakter des [NS-] Regimes [...] auf die Dauer am schärfsten entschieden“ (K. D. Bracher, in: Die NS-Machtergreifung I, S. 375). „Das Phänomen, um das es sich handelt, erscheint eindeutig: unbestreitbar sind dem nationalsozialistischen Rassenantisemitismus Millionen jüdischer Menschen zum Opfer gefallen, unbestreitbar ist die Verpflichtung, dies den Jugendlichen in der Schule bekannt zu machen und sie zu der Einsicht zu führen, daß hier Verbrechen geschehen sind, die den Namen des deutschen Volkes unerträglich beschmutzt haben und ihn heute noch belasten“ (G. van Norden, Nationalsozialistische Judenverfolgung, in: GWU 21 [1970], S. 660 f). „Judenverfolgung hat es im Verlauf der Geschichte des öfteren gegeben – niemals aber eine staatlich veranlaßte von solch diabolischer Konsequenz der Planung, kalter Systematik der Durchführung, so schauerlichem Ausmaß und Ergebnis wie die Verfolgung, welche das nationalsozialistische Regime in seinem Herrschaftsbereich mit allen Mitteln administrativer und maschineller Technik unternahm“ (H. Krausnick, Judenverfolgung, in: Anatomie des SS-Staates, Bd. 2, dtv, S. 235), um die programmatisch geplante „Rassenreinigung“ vorzunehmen, denn „mit dem Juden war der sichtbare innere Feind Nr. 1 gefunden“ (H. Krausnick, Judenverfolgung, in: Anatomie des SS-Staates, Bd. 2, dtv, S. 257).
Für den Unterrichtsverlauf bieten sich u. E. verschiedene Möglichkeiten der notwendigen Schwerpunktbildung:

1. „Schwerpunkt: Konzentrationslager“ (G. van Norden, Das Dritte Reich im Unterricht, S. 85).
Zurecht meint van Norden, daß dieses Thema „verbal nicht verdeutlicht werden kann“ (a. a. O., S. 85); man muß gerade hier auf den Film als veranschaulichendes Medium zurückgreifen. Die Landesbildstellen bieten für dieses Thema eine große Anzahl von geeigneten Filmen an: z. B. „KZ-Dachau“ (23 Min.), „Simon- KZ-Haft“ (22 Min.). Als besonders geeignet halten die Verfasser den 16 mm Film „Ein Tag-Bericht aus einem deutschen Konzentrationslager 1939“, den man den Schülern allerdings wegen seiner

Spieldauer von etwa 95 Minuten außerhalb der Unterrichtszeit zeigen muß.
Als Literatur für den Lehrer bieten sich u.a. an:
M. Broszat, Nationalsozialistische Konzentrationslager 1933–1945, in: Anatomie des SS-Staates, Bd. 2, dtv, S. 11–232 (mit Dokumenten);
F. Pingel, Die Konzentrationslager, in: P. Meyers/D. Riesenberger (hg.), Der Nationalsozialismus in der historisch-politischen Bildung, Göttingen 1979, S. 147–163;
E. Kogon, Der SS-Staat. Das System der deutschen Konzentrationslager, München 1974.

2. Schwerpunkt: Das „Novemberpogrom 1938", die sog. „Reichskristallnacht".
Hierzu liegen spezielle, leicht zugängliche Materialiensammlungen vor:
z.B. H. Kistler, Der Pogrom vom November 1938 ‚Reichskristallnacht', hg. Bundeszentrale für politische Bildung;
W. Scheffler, Dokumente zum Novemberpogrom 1938, in: Aus Politik und Zeitgeschichte, B44/78;
‚Die Nacht, in der die Synagogen brannten'. Dokumente und Materialien zur Orientierung über die „Reichskristallnacht" (9./10.11.1938), hg. Landeszentrale für politische Bildung Baden-Württemberg, 1978.
Auch hier eignet sich ein kurzer Film als Ausgangspunkt für die Behandlung des Themas: z.B. „Der 9. November 1938" (12 Min.). Ausgehend vom Film werden dann die Etappen der NS-Judenpolitik erarbeitet.

3. Schwerpunkt: „Holocaust" – Die Vernichtung der europäischen Juden nach 1941/42.
Als Grundlage können Filme dienen, aber auch Auszüge aus der Selbstbiographie von Rudolf Höss, Kommandant in Auschwitz von Mai 1940 bis November 1943 (vgl. M. Broszat [hg.], Kommandant in Auschwitz, Autobiographische Aufzeichnungen des Rudolf Höss, dtv, München 7/1979) oder aus E. Demant (hg.), Auschwitz – ‚Direkt von der Rampe weg ...' Kaduk, Erber, Klehr: Drei Täter geben zu Protokoll, rororo aktuell, 1979 oder Auszüge aus dem sog. „Gerstein-Bericht" vom 4. Mai 1945 über Massenvergasungen (in: W. Hofer [hg.], Der Nationalsozialismus, fi-Tb, S. 307 ff. T 177).
Als Filme eignen sich u.a.:
„16. Oktober 1943. Deportation der jüdischen Bürger Roms und Vernichtung des Ghettos" (13 Min.); „Das Tagebuch der Anne Frank" (152 Min.); „Glauben und Leiden" (70 Min.).

Die Verfasser halten es für sinnvoll, die ‚Schwerpunkte' 2 und 3 zu verbinden, aber in getrennten Unterrichtsstunden zu behandeln. Daß dies sinnvoll ist, zeigt die NS-Judenpolitik selbst: „Das Geschehen in den Jahren 1933 bis 1941 spielte sich in aller Offenheit ab, während die letzten Ereignisse, vor allem die Durchführung der ‚Endlösung der Judenfrage', unter strenger Tarnung vor sich gingen" (W. Scheffler, Judenverfolgung, S. 17).
Auf die Versuche der jüdischen Bevölkerung zur „Selbsthilfe" – etwa durch die 1933 als Dachorganisation aller jüdischen Organisationen und Gemeinden gegründete „Reichsvertretung der deutschen Juden" – kann nicht eingegangen werden – dem interessierten Lehrer sei hier S. Adler-Rudel, Jüdische Selbsthilfe unter dem Naziregime 1933–1939, Tübingen 1974, empfohlen.
Aus zeitlichen Gründen verzichten die Verfasser auch auf die Behandlung des „Euthanasieprogrammes" (vgl. hierzu u.a. K. D. Erdmann, ‚Lebensunwertes Leben'. Totalitäre Lebensvernichtung und das Problem der Euthanasie, in: GWU 26 [1975], S. 215–225), der Ausrottungsaktion gegen die Zigeuner, die „im stillen erfolgte", weil sie „niemals propagandistisch vorbereitet und kommentiert wurde" (S. Haffner, Anmerkungen zu Hitler, S. 166 f.); auch eine

Behandlung des Vorgehens gegen die jüdische Intelligenz und gegen die polnischen und sowjetischen Juden im speziellen muß entfallen.
Als grundlegendes Werk für die NS-Judenpolitik sei hier für die Unterrichtsvorbereitung
– U. D. Adam, Judenpolitik im Dritten Reich, Düsseldorf 1972 (auch als Taschenbuch erschienen: Athenäum-Droste Taschenbücher Geschichte 7223, 1979) empfohlen.

Ziele der beiden Stunden:

Die Schüler erarbeiten
- aus Quellen die Maßnahmen gegen die jüdische Bevölkerung 1938 und nach dem Januar 1942.

Die Schüler erkennen
- die Phasen der nationalsozialistischen Judenpolitik bis 1945
- daß es bis zum Kriegsbeginn das Hauptziel war, die jüdische Bevölkerung aus dem politischen, kulturellen und wirtschaftlichen Leben Deutschlands auszuschalten
- daß nach dem 20. Januar 1942 die Vernichtung der europäischen Juden Hauptziel der NS-Politik war
- den Pogrom vom 9./10. November 1938 als ein von der NSDAP organisiertes Vorgehen.

Die Schüler beurteilen
- das Vorgehen gegen die Juden als stufenweise Umsetzung der Rassenideologie in die Realpolitik
- die Judenpolitik als „Verbrechen gegen die Menschlichkeit".

12. Stunde: Das Vorgehen gegen die Juden bis 1941

Verlaufsskizze:

Unterrichtsschritt 1:
Der Novemberpogrom im Film

Der Film „Der 9. November 1938" eignet sich schon wegen seiner relativen Kürze als Einstieg in das Problem „Judenpolitik im Dritten Reich". Er zeigt in etwa 12 Minuten dokumentarisch das Vorgehen gegen die jüdische Bevölkerung, besonders die Zerstörung der Synagogen und den SA-Terror.

Unterrichtsschritt 2:
Das Vorgehen bis zum Pogrom

Ausgehend vom Film wird dann die Judenpolitik des Dritten Reiches bis zu diesem Zeitpunkt besprochen. Als Ausgangspunkt der Besprechung dienen die Zeittafel und die sog. „Nürnberger Gesetze" vom 15.9.1935. Sie sind in allen gängigen Quellensammlungen, z.T. gekürzt, abgedruckt: z.B. in
W. Conze (hg.), Der Nationalsozialismus, Teil 2, Klett, S.70f. T79, 80;
W. Hofer (hg.), Der Nationalsozialismus, fi-Tb, S.284f. T159, 160;
A. Krink (hg.), Die NS-Diktatur, Diesterweg, S.135f. T159, 160;
R. Kühnl (hg.), Der deutsche Faschismus, Pahl-Rugenstein, S.270ff. T171, 172
Politik und Gesellschaft, Bd.2, Hirschgraben, S.176 T1;
Weltgeschichte im Aufriß, 3/1, Diesterweg, S.398f., T1;
Grundzüge der Geschichte, Oberstufe, Quellenband II, Diesterweg, S.241f. T252;
Schmid, Fragen an die Geschichte, Bd.4, Hirschgraben, S.59 Q29.

Als Aufgaben bieten sich an:

1. Welche Maßnahmen werden ergriffen? Versuchen Sie, diese begrifflich zu umschreiben!
2. Zeigen Sie kurz den ideologischen Hintergrund auf!

Ein Schülerreferat in Verbindung mit einem Arbeitsblatt zeigt dann die Entwicklung der NS-Judenpolitik bis 1937 auf (vgl. Vorschlag für ein Arbeitsblatt). Als Grundlage dieses Referats könnten dienen:
U. D. Adam, Judenpolitik im Dritten Reich, S. 46–203; W. Scheffler, Judenverfolgung im Dritten Reich, S. 17–23.
Um den Schülern zu zeigen, mit welchen Mitteln die Nationalsozialisten die Bevölkerung zu beeinflussen suchten, zeigt der Lehrer mit Hilfe des Episkops die Titelseite der antisemitischen Hetzschrift „Der Stürmer“, hg. von Julius Streicher, vom Mai 1934 (Sondernummer), abgedruckt in: E, Aleff, Das Dritte Reich, 9/1970, S. 81. Geeignet sind u. a. auch folgende Bilder in: R. Kühnl (hg.), Der deutsche Faschismus, Pahl-Rugenstein, S. 271 (Plakat zur Ausstellung „Der Ewige Jude“ 1937);
Die Reise in die Vergangenheit, Bd. 4, Westermann, S. 137 (Seite aus einem Bilderbuch für Kinder 1935: bildhafte Umsetzung der NS-Forderung nach Auswanderung der Juden in „gemildertem“ „Stürmerstil“.).

Unterrichtsschritt 3:
Der Pogrom vom November 1938

Zunächst erläutert ein Schülerreferat die Entwicklung bis zum November 1938 (vgl. Vorschlag für ein Arbeitsblatt). Dann werden die Schüler aufgefordert, den Begriff ‚Pogrom‘ zu erläutern (siehe dazu Stunde 2, S. 23).
Anhand kurzer Texte wird den Schülern deutlich gemacht, daß der Pogrom nicht, wie von Goebbels und seiner Propaganda behauptet wurde, Ausdruck für „die berechtigte und verständliche Empörung über den feigen jüdischen Meuchelmord“ (Goebbels-Aufruf, abgedr. in: H. Kistler, Der Pogrom vom November 1938, S. 5) war, sondern von der NSDAP, v. a. der SA organisiert worden ist – der SS hatte Himmler „die Beteiligung ausdrücklich verboten“ (H. Kisteler, Der Pogrom vom November 1938, S. 5) –, daß die Bevölkerung ihn aber, von Einzelfällen abgesehen, widerstandslos hinnahm.
Geeignete Texte finden sich u. a. in:

- W. Scheffler (hg.), Dokumente zum Novemberpogrom, in: Aus Politik und Zeitgeschichte B 44/78, S. 7ff.;
- H. Kistler, Der Pogrom vom November 1938, hg. Bundeszentrale für politische Bildung, S. 7;
- ‚Die Nacht, in der die Synagogen brannten‘, hg. Landeszentrale für politische Bildung Baden-Württemberg, S. 9ff.;
- W. Conze (hg.), Der Nationalsozialismus, Bd. 2, Klett, S. 71 T 81;
- W. Hofer (hg.), Der Nationalsozialismus, fi-Tb, S. 294f T 167;
- R. Kühnl (hg.), Der deutsche Faschismus, Pahl-Rugenstein, S. 273 f. T 173.

Aufgabenstellung für Schülerpartnerarbeit:

1. Welche Maßnahmen werden von den Nationalsozialisten ergriffen?
2. Welche Ziele verfolgte Ihrer Meinung nach der Pogrom?
3. Welche Folgen ergaben sich aus dem Pogrom?

Im Unterrichtsgespräch werden die Ergebnisse zusammengetragen und in das in U'schritt 1 angelegte Arbeitsblatt eingetragen (vgl. Vorschlag für ein Arbeitsblatt)

Alternative:
An die Stelle der Quellenarbeit tritt ein Lehrervortrag, durch den die Maßnahmen der Nationalsozialisten aufgezeigt werden. Die Schüler ergänzen aufgrund dieses Vortrages das Arbeitsblatt.
Dann wird untersucht, welche Reaktionen das

Vorgehen gegen die Juden in der Bevölkerung hervorrief. Als Beispiel dafür könnte die Verdrängung jüdischer Schüler dienen. Das „Lesebuch" Alltag unterm Hakenkreuz, hg. H. Focke und U. Reimer, rororo aktuell, bietet auf den Seiten 99 bis 108 Ausschnitte aus Elternbriefen, die das genannte Problem deutlich machen.
Eine weitere Möglichkeit ist die Untersuchung von Reaktionen im In- und Ausland direkt auf den Pogrom. Materialien finden sich z.B. in ‚Die Nacht, in der die Synagogen brannten', hg. Landeszentrale für politische Bildung Baden-Württemberg, S. 63–67.

Hausaufgabe:

Vorbereitende Lehrbucharbeit: Die „Endlösung der Judenfrage" ab 1942.

13. Stunde: „‚Holocaust' – die Endlösung der Judenfrage"

Vorbemerkung:

Im Mittelpunkt der Stunde steht die Vernichtung der europäischen Juden in den Vernichtungslagern der SS, begleitet von einem unerhörten Aufwand an Planung und Organisation, der auch die Rüstung und das Transportwesen für den Krieg negativ beeinflußte.
Wird aus Zeitgründen auf einen Film verzichtet (vgl. Vorbemerkung zur 12. und 13. Stunde), sollten zeitgenössische Beschreibungen des „Holocaust" im Mittelpunkt stehen. Mit G. van Norden (Das Dritte Reich im Unterricht, S. 93) bietet sich besonders der sog. „Gersteinbericht" vom 4. Mai 1945 an, in dem Massenvergasungen vom 18. 8. 1942 geschildert werden (in: W. Hofer [hg.], Der Nationalsozialismus, S. 307ff., T 177). Eine weitere Möglichkeit wäre, ausgehend von der Wannseekonferenz (20. Januar 1942) die behördlichen Regelungen zu erarbeiten, um dann mit Hilfe des Films „16. Oktober 1943" oder einer zeitgenössischen Beschreibung deren Realisierung zu erkennen. Für dieses Vorgehen schlagen die Verfasser folgenden Stundenablauf vor:

Verlaufsskizze:

Unterrichtsschritt 1:
Maßnahmen und Pläne 1939–1941

Der Lehrer leitet die Stunde mit einem Zitat Hitlers ein, das knapp das zentrale Thema der Stunde umreißt: Hitler schlug 1941 in einem Gespräch vor, die europäischen Juden zu deportieren, „denn, wenn auch nur ein Staat aus irgendwelchen Gründen eine jüdische Familie bei sich dulde, so würde diese der Bazillenherd für eine neue Zersetzung werden. Gäbe es keine Juden mehr in Europa, so würde die Einigkeit der europäischen Staaten nicht mehr gestört werden" (zit. nach: K. Hildebrand, Das Dritte Reich, S. 81).
Im Unterrichtsgespräch wird dann knapp gezeigt, wie dieses Ziel bis 1941 erreicht werden sollte; dazu wurde den Schülern eine vorbereitende Hausaufgabe erteilt; die Ergebnisse des Gesprächs werden im Arbeitsblatt festgehalten (vgl. Vorschlag für eine Zeittafel zur 12. und 13. Stunde). Der Lehrer weist auf den sog. „Madagaskar-Plan" hin, den Hitler im Juni 1940 in Gesprächen erwähnte:
- Deportation der Juden auf die Insel Madagaskar, um dort unter SS-Bewachung „als Faustpfand in deutscher Hand" zu dienen (vgl. K. Hildebrand, Das Dritte Reich, S. 82).

Unterrichtsschritt 2:
Die Wannsee-Konferenz am 20. Januar 1942

Der Lehrer sollte zunächst den Namen der Konferenz erläutern:

– Reinhard Heydrich erhielt im Sommer 1941 von Göring die Ermächtigung zur Lösung der Judenfrage; das Madagaskarprojekt wurde Ende 1941 „endgültig abgeschrieben“ (U.D. Adam, Judenpolitik im Dritten Reich, S. 313). Daher lud Heydrich zunächst auf den 9.12.1941, dann für den 20. Januar 1942 nach Berlin ein, um Lösungswege zu finden, denn die Entscheidung Hitlers, die Juden Europas zu vernichten, war bereits gefallen (vgl. U.D. Adam, Judenpolitik im Dritten Reich, S. 312). Heydrich erhielt den Auftrag, weil ihm mit dem ‚Reichssicherheitshauptamt‘ ein leistungsfähiger Apparat zur Verfügung stand, der der gestellten Aufgabe gewachsen schien.
  Die Konferenz fand in Berlin, Am Großen Wannsee Nr. 56/58 statt; das Sitzungsprotokoll ist erhalten geblieben.

Die Schüler sollen anhand von Quellenauszügen die behördlichen Regelungen erarbeiten, die für die nächsten drei Jahre Grundlage eines umfassenden Völkermordes waren, und die Namen der Verantwotlichen kennenlernen.

Texte zur Wannsee-Konferenz finden sich u.a. in: W. Conze (hg.), Der Nationalsozialismus, Teil 2, Klett, S. 74f. T84;
B. Hey/J. Radkau (hg.), Nationalsozialismus und Faschismus, Klett, S. 64f. T42a;
W. Hofer (hg.), Der Nationalsozialismus, fi-Tb, S. 303–305 T174;
W. van Kampen, Holocaust. Materialien zu einer Fernsehserie über die Judenverfolgung im ‚Dritten Reich‘, hg. Landeszentrale für politische Bildung Baden-Württemberg, 1978, S. 34–40;
A. Krink (hg.), Die NS-Diktatur, Diesterweg, S. 136f., T161;
Politik und Gesellschaft, Bd. 2, Hirschgraben, S. 177 T1
Schmid, Fragen an die Geschichte Bd. 4, Hirschgraben, S. 60 Q32;
L. Graf v. Westphalen (hg.), Geschichte des Antisemitismus in Deutschland, Klett, S. 71f. T77;
Weltgeschichte im Aufriß, 3/1, Diesterweg, S. 466 T6

Als Aufgaben werden gestellt:
– Zeigen Sie die Festlegungen der Wannsee-Konferenz und ihre Bedeutung!
– Vergleichen Sie die geplanten Maßnahmen mit der NS-Ideologie!

Als Ergebnisse werden erwartet:
a) zunächst geplant: Arbeitsdienst der Juden „im Osten“;
b) Überführung der europäischen Juden in großen Arbeitskolonnen und straßenbauend mit dem Ziel einer „natürlichen“ Auslese;
c) „entsprechende“ Behandlung des Rests (bei Arbeitsunfähigkeit hieß das Vernichtung!), um einen „widerstandsfähigen Rassekern“ zu bekommen, dem das „Herrenrecht“ gebühre;
d) Europa wird von West nach Ost durchkämmt; erfaßt werden dabei rd. 11 Mio. jüdischer Menschen;
e) Aufbau eines „Altersghettos“ in Theresienstadt für „Juden im Alter über 65 Jahren“;
f) Ausweitung der „Nürnberger Gesetze“
g) diese Regelungen waren die Grundlage der Massenvernichtung in den Vernichtungslagern;
h) konsequente Umsetzung des „Rassenprogramms“.

Ergänzung:
Das Protokoll eignet sich besonders gut für eine Analyse der „Sprache des Unmenschen“.

Unterrichtsschritt 3:
Die Durchführung der „Endlösung"

Mit Hilfe einer Karte werden die sog. Vernichtungslager gezeigt. Besonders geeignet ist die Karte in: Schmid, Fragen an die Geschichte, Bd. 4, Hirschgraben, S. 59. Dann liest ein Schüler einen zeitgenössischen Text vor, der die „Endlösung" als brutalen Massenmord entlarvt!
Als Textvorlage eignen sich besonders der sog. Gerstein-Bericht in: W. Hofer (hg.), Der Nationalsozialismus, fi-Tb, S. 307 ff. T 177, oder ein Auszug aus: R. Höss, Kommandant in Auschwitz, Hg. M. Broszat, dtv, S. 157 ff., abgedruckt in: W. Conze (hg.), Der Nationalsozialismus, Teil 2, Klett, S. 75 ff. T 85;
A. Krink (hg.), Die NS-Diktatur, Diesterweg, S. 137 f. T 162.

Auf ein wertendes Unterrichtsgespräch sollte verzichtet werden, um den „Eindruck von der unmenschlichen Brutalität der Judenmassaker" nicht zu zerstören (G. van Norden, Das Dritte Reich im Unterricht, S. 93).
Abschließend gibt der Lehrer die schätzungsweisen Zahlen der Opfer des nationalsozialistischen Rassenwahns, die sich u. a. in folgenden Büchern finden lassen:
B. Hey / J. Radkau (hg.), Nationalsozialismus und Faschismus, Klett, S. 69 T 45 b;
W. Hofer (hg.), Der Nationalsozialismus, fi-Tb, S. 306 f. T 176;
A. Krink (hg.), Die NS-Diktatur, Diesterweg, S. 138 T 163;
Politik und Gesellschaft, Bd. 2, Hirschgraben, S. 179 T 3;
W. Scheffler, Judenverfolgung, Colloquium, S. 87;
L. Graf v. Westphalen (hg.), Geschichte des Antisemitismus in Deutschland, Klett, S. 79.
Die Schüler ergänzen das in Stunde 12 angelegte Arbeitsblatt (vgl. Vorschlag für eine Zeittafel).

Hausaufgabe:

Lehrbuch in Verbindung mit einem Zahlenblatt (vgl. Vorschlag für ein Arbeitsblatt zu Stunden 14/15)
- Die nationalsozialistische Außenpolitik bis 1936: Erarbeiten der wesentlichen Schritte und Maßnahmen!

Vorschlag für eine Zeittafel *(12. und 13. Stunde)*

Die Nationalsozialistische Judenpolitik 1933–1945

I. 1933–1935	*Der „friedliche Terror" (W. Scheffler) – „Wechsel von Politik und Terror" (U. D. Adam)*
1.4.1933	„Boykott-Tag"
7.4.1933	Gesetz „Zur Wiederherstellung des Berufsbeamtentums" – Allmähliche Ausschaltung der Juden aus allen Gebieten des öffentlichen Lebens auf Grund von Verordnungen und Gesetzen
II. 1935–1938	*Diffamierung der deutschen Juden und ihre Deklassierung* durch Koordination aller staatlichen Maßnahmen
15.9.1935	„Nürnberger Gesetze" als sog. „Verfassungsgesetze" – Juden $\neq$ Staatsangehörige $\neq$ Reichsbürger; d.h. Juden ohne volle politische Rechte
14.11.1935	Definition des „Juden" in der ‚Durchführungsverordnung' (sog. „Arierparagraph") Verbot von Mischehen im „Gesetz zum Schutze des deutschen Blutes und der deutschen Ehre" – Entlassung aller Juden aus dem öffentlichen Dienst – Einführung des „Arierparagraphen" in fast allen Berufen (Ahnenpaß)
1937	Beginn der Zwangsarisierung der Wirtschaft unter Drohungen und Erpressung
III. 1938–1941	*Systematische Einschränkung des Lebensbereiches der Juden auf gesetzlicher Grundlage* Ziele: 1. die totale Ausschaltung der Juden aus dem deutschen Wirtschaftsleben 2. Rapide Verminderung des jüdischen Bevölkerungsanteils durch Auswanderungsdruck
1938	Schlag gegen die jüdischen Gemeinden Pflicht zur Anmeldung des Vermögens für Juden, wenn es 5000,– RM überstieg Berufsverbot für jüdische Ärzte und Rechtsanwälte Zwang zum Vornamen „Sara" bzw. „Israel"
Juni/Okt.	Erste große Verhaftungswelle gegen „vorbestrafte" oder „arbeitsscheue" Juden; sog. „Polenaktion": Ausweisung früher in Polen beheimateter Juden, auch wenn sie nach 1919 Deutsche geworden waren (rd. 15000–17000)
7.11.1938	Attentat des Henschel Grünspan in Paris auf den deutschen Gesandtschaftsrat Ernst vom Rath – Anlaß zur radikalen Ausschaltung der Juden
9./11. Nov.	1. Phase: der gesteuerte Pogrom: die sog. „Reichskristallnacht" – Zerstörung von Synagogen, Häusern, Geschäften Schaden: mehrere 100 Mio. RM = Vernichtung jüdischen Eigentums 2. Phase (parallel dazu): Verhaftungswelle (über 26000 Menschen kamen in KZs) 3. Phase: Ausschaltung aus der Wirtschaft – Enteignungen; „Bußzahlungen" von 1 Mrd. RM – Zwangsdeponierung von Wertgegenständen – Zwangsverkauf von Schmuck, Gold, Kunstgegenständen – Einführung erhöhter Steuersätze Alle jüdischen Organisationen wurden verboten; Verbot für jüdische Kinder, nichtjüdische Schulen zu besuchen. „Mit dem Novemberpogrom kam das öffentliche Leben des deutschen Judentums völlig zum Erliegen." (W. Scheffler)
1939	Zwang zu Massenflucht Seit Kriegsbeginn: Zwangsarbeit v.a. in Rüstungsbetrieben

	Beschränkungen (Verbot von Radios, Ausgehverbot – Sommer ab 21 Uhr, Winter ab 20 Uhr –, Sperrzonen, „Judenhäuser")
1939/40	Erste Deportation von Juden nach Ostpolen (Heydrich)
	„Madagaskar-Plan" der SS (Zwangsansiedlung der Juden auf der Insel Madagaskar)
1941	Verbot der jüdischen Auswanderung; „Judenstern"
IV. 1942–1945	*„Holocaust" – „Die Endlösung der Judenfrage"*
31.7.1941	Entschluß zum Massenmord (Göring an Heydrich)
20.1.1942	sog. „Wannseekonferenz" als Ausgangspunkt der Ausrottungspolitik: – „Säuberung von West nach Ost" (erfaßt: rd. 11 Mio.) – Arbeitseinsatz und Massenvernichtung in Lagern im Osten (Mindestschätzung: insgesamt 6 Mio. Menschen) Lager: Auschwitz-Birkenau (rd. 1 Mio. Ermordete); Belzec (rd. 600000); Chelmno (rd. 300000); Maidanek (rd. 250000); Sobibor (rd. 250000); Treblinka (mindestens 750000 Ermordete)

Das Geschehen in den Jahren 1933 bis 1941 spielte sich in aller Offenheit ab!! Erst die sog. „Endlösung" ab 1942 geschah unter strenger Tarnung!!

(Die von den Schülern zu ergänzenden Angaben sind gerade gesetzt)

14. und 15. Stunde: Die NS-Außenpolitik

Vorbemerkung:

Die Verfasser folgen in ihrer Stundendisposition der in der Forschung vertretenen Auffassung, daß die NS-Außenpolitik bis zum Kriegsausbruch 1939 in 2 Teilabschnitte gegliedert ist (vgl. u. a. K. D. Erdmann, Die Zeit der Weltkriege, in: B. Gebhardt, Handbuch der deutschen Geschichte, 4/2 S. 455ff.; K. Hildebrand, Deutsche Außenpolitik 1933–1945, S. 30ff.; A. Kuhn, Hitlers außenpolitisches Programm, S. 141ff.; K. Hildebrand, Das Dritte Reich, Inhaltsverz.). Stunde 14 behandelt die erste Phase bis 1936/37, die geprägt ist einmal vom „Werben um England", d.h. vom Versuch, das geplante Bündnissystem aufzubauen, zum anderen von einer „Verschleierungspolitik" – Abrüstungsvorschläge, Friedenserklärungen –, hinter der sich lediglich die Vorbereitung für eine aktive, expansive Außenpolitik verbarg. Als Stundenthema eignet sich daher „Die NS-Außenpolitik – die ‚vorbereitende Phase' 1933–1936/37". Gegenstand der 15. Stunde ist dann die zweite Phase 1937–1939, „der Weg in den Krieg" mit den Teilaspekten „Schaffung eines Großdeutschland 1938" und „Griff über die Volkstumsgrenzen hinaus: 1939", für die eigentlich je eine Unterrichtsstunde aufgewendet werden sollte. Das hier vorgeschlagene Verfahren bietet ein „Minimalprogramm" und stellt jeweils ein „Schlüsseldokument" in den Mittelpunkt der Stunde, von dem aus dann die Ereignisse kritisch hinterfragt werden.
Für die erste Phase 1933–1936/37 eignet sich besonders die sog. „Liebmann-Aufzeichnung" vom 3.2.1933, für die zweite Phase die sog. „Hoßbach-Niederschrift" vom 10.11.1937 über eine Unterredung Hitlers mit der Armeeführung, dem Reichskriegsminister und dem Reichsaußenminister am 5.11.1937, da beide Dokumente in fast allen für den Unterricht zur Verfügung stehenden Quellensammlungen wenigstens in längeren Auszügen abgedruckt sind. Neben diesem Verfahren gibt es je nach Intention und Klassensituation Alternativen; z. B.:

- Anstatt von den genannten „Schlüsseldokumenten" auszugehen, kann man charakteristische Ereignisse der jeweiligen Phase betrachten und fragen, wie ist es dazu gekommen.
  Für die Zeit zwischen 1933 und 1936/37 bieten sich folgende Alternativen an:
  1. der deutsch-polnische Nichtangriffspakt vom 26. Januar 1934;
  2. das deutsch-britische Flottenabkommen vom 18. Juni 1935.

  Für die Jahre 1937–1939:
  1. der „Anschluß" Österreichs an das Reich im März 1938;
  2. die Münchner Konferenz vom 29. 9. 1938;
  3. der deutsch-sowjetische Nichtangriffspakt vom 23. August 1939.

  Diese zentralen Ereignisse erlauben einen klaren Bezug zur NS-Ideologie und dienen mit zu deren Überprüfung im Unterricht.
- man kann aber auch die NS-Außenpolitik ausgehend von einem Ereignis oder einem „Schlüsseldokument" im orientierenden Verfahren in einer Stunde behandeln; Thema der anderen Stunde ist dann die Beurteilung der NS-Außenpolitik, ihre Motive, Ziele und Methoden in der Geschichtswissenschaft heute – hierzu bietet das vorliegende Modell als eine Art Ergänzung geeignete Textvorschläge an (vgl. S. 130–132).

Die notwendige Begrenzung macht es unmöglich, auf wichtige Aspekte der außenpolitischen Situation der Jahre 1933–1939 einzugehen:
Auf eine genauere Betrachtung der tschechischen Politik gegenüber den nationalen Minderheiten, besonders den Deutschen anhand von Quellenmaterial muß ebenso verzichtet werden wie auf eine gründliche Untersuchung der Motive für die britische Appeasement-Politik gegenüber Hitler (hierzu wird jedoch für eine Ergänzung zu U'schritt 3, Stunde 15 ein Vorschlag für ein Arbeitsblatt vorgelegt.) Auch werden weder der Zweite Weltkrieg in seinem Ablauf behandelt, noch die Außenpolitik des Dritten Reichs während des Krieges.
Auf einen Abriß der Forschungsergebnisse kann hier verzichtet werden, weil sie
1. für die Motive und Ziele Hitlers bereits aufgeführt worden sind (vgl. Stunde 4, Vorbemerkung);
2. nicht wesentlich kontrovers sind.

Dem Lehrer seien dafür u. a. empfohlen:
- K. Hildebrand, Das Dritte Reich, S. 17–22, S. 26–44;
- K. Hildebrand, Deutsche Außenpolitik 1933–1945;
- A. Kuhn, Hitlers außenpolitisches Programm, S. 141–266;
- J. Dülffer, Zum „decision-making process" in der deutschen Außenpolitik 1933–1939, in: M. Funke (hg.), Hitler, S. 186–204.

Die beigefügte Zeittafel orientiert sich an A. Kuhn, Hitlers außenpolitisches Programm, S. 141–266.
Da sie sehr umfangreich ist, kann sie dem Lehrer nur als Hilfe dienen; er muß eine für seine Intention sinnvolle Auswahl treffen.
Die Zeittafel sollte bereits vor der 14. Stunde den Schülern ausgeteilt werden.

Ziele der beiden Stunden:

Die Schüler erarbeiten aus Texten und einer Zeittafel
- die wichtigsten außenpolitischen Ereignisse bis 1939
- die programmatischen Zielvorstellungen Hitlers bis zu diesem Zeitpunkt.

Die Schüler erkennen
- die beiden Phasen der NS-Außenpolitik 1933–1939

- die Außenpolitik als schrittweise Umsetzung des außenpolitischen Programms
- die Unterordnung der traditionellen Innenpolitik unter die Außenpolitik
- „daß Politik keinen Sinn hat, als diesen ethischen: das konfliktreiche Zusammenleben der Menschen gewaltfrei und sozial gesichert zu ermöglichen“ (G. van Norden, Das Dritte Reich im Unterricht, S. 48).

Die Schüler beurteilen
- die NS-Außenpolitik zumindest bis 1938 als ein „Doppelspiel“ von Friedensbeteuerungen und Vertragsbrüchen, sowie Aggression
- die NS-Außenpolitik als von Anfang an auf einen Krieg hin ausgerichtet.

14. Stunde: 1. Die „vorbereitende Phase“ 1933–1936/37

Verlaufsskizze:

Unterrichtsschritt 1:
Das außenpolitische Programm

Am Beginn der Stunde steht ein Zitat aus „Mein Kampf“ (S. 689):
„Das Schwert zu schmieden, ist Aufgabe der innenpolitischen Leitung eines Volkes; die Schmiedearbeit zu sichern und Waffengenossen zu suchen, die der außenpolitischen.“
Mit Hilfe dieses Zitats wird das außenpolitische Programm Hitlers im Unterrichtsgespräch wiederholt, was für die Beurteilung der Realpolitik nach 1933 unerläßlich ist.
Mittels einer Folie wird der ‚Stufenplan‘, wie er bereits seit 1924 vorlag, gezeigt und seine Etappen besprochen (vgl. Vorschlag für einen Foliensatz, Stunde 4, S. 32).

Unterrichtsschritt 2:
Die „Liebmann-Aufzeichnung“

„Daß Hitler diese [...] Ansichten auch als Reichskanzler weiterverfolgte“ (G. van Norden, Das Dritte Reich im Unterricht, S. 43), wird anhand der sog. „Liebmann-Aufzeichnung“ vom 3. Februar 1933 über eine Ansprache Hitlers vor den Befehlshabern von Heer und Marine deutlich, wobei der frühe Termin dieser entlarvenden Äußerungen bemerkenswert ist.
Die Erarbeitung der wesentlichen Aussagen des Textes erfolgt in Partnerarbeit, damit die Schüler untereinander bereits Meinungen austauschen können.
Der Text findet sich u. a. in:
- G. van Norden, Das Dritte Reich im Unterricht, S. 43 f.;
- W. Hofer (hg.), Der Nationalsozialismus, fi-Tb, S. 180 f. T99;
- Weltgeschichte im Aufriß, 3/1, Diesterweg, S. 366 f. T1b;
- Grundzüge der Geschichte, Oberstufe, Quellenband II, Diesterweg, S. 357 f. T265;
- Zeiten und Menschen B 4, Schöningh, S. 109.

Aufgabenstellung:
1. Zeigen Sie die Argumente Hitlers!
2. Versuchen Sie, diese zu gliedern!
3. Zeigen Sie den Stellenwert dieser Aussagen in bezug auf das außenpolitische Programm Hitlers!

Erwartete Antworten:
1. und 2.:
   Aussagen zur Innenpolitik:
   - Beseitigung von Demokratie, Marxismus und Pazifismus;
   - Vorbereitung des Volkes, besonders der Jugend auf einen Krieg;
   - Errichtung einer nationalen Diktatur;
   - Verschärftes Vorgehen gegen alle politischen Gegner

- Unterstützung der Landwirtschaft als Basis des Volkes;
- Reichswehr als alleiniger Vertreter der Wehrmacht;

Aussagen zur Außenpolitik:
- „Kampf gegen Versailles"
- Aufbau eines Bündnissystems
- Mögliche Eroberung von Lebensraum im Osten und dessen „Germanisierung", wobei Hitler das eigentliche Ziel, die UdSSR nicht nennt, wohl wegen der eher rußlandfreundlichen Haltung der Reichswehr.

3. Hitler beschäftigt sich v. a. mit der 1. Stufe seines ‚Stufenplans', die anderen werden wohl aus taktischen Gründen nur angedeutet, denn diese Stufe entsprach am ehesten den Vorstellungen der deutschen Militärs, ebenso die Forderungen nach Revision von Versailles und nach Expansion.

Ergänzung:
An dieser Stelle wird die Frage auftauchen, warum die Militärs dies hinnahmen. Der Lehrer wird dann v. a. auf militärische Pläne für die Außenpolitik während der Weimarer Republik zurückgreifen. Als ein Beispiel hierfür bietet sich der sog. „Stülpnagel-Plan" vom 6. 3. 1926 an (Joachim v. Stülpnagel gehörte zur Abrüstungsabteilung des Reichswehrministeriums und war ein enger Vertrauter Schleichers): „Als nächstes Ziel bezeichnete er die ‚Wiedergewinnung der vollen Souveränität über das Deutschland verbliebene Gebiet [...] und die Wiedererlangung der für das deutsche Wirtschaftsleben unentbehrlichen Teile', d. h. – in dieser Reihenfolge – 1. Befreiung des Rheinlandes und des Saargebietes, 2. Beseitigung des Korridors und Wiedergewinnung Polnisch-Oberschlesiens, 3. Anschluß Deutsch-Österreichs, 4. Beseitigung der entmilitarisierten Zone." (A. Hillgruber, Kontinuität und Diskontinuität in der deutschen Außenpolitik von Bismarck bis Hitler, Düsseldorf 3/1971, S. 19)

Unterrichtsschritt 3:
Durchsetzung der 1. Stufe des ‚Stufenplans'

In diesem Teil der Stunde wird die Brücke zwischen Innen- und Außenpolitik geschlagen, indem Ergebnisse der 7. Stunde aufgegriffen werden. Dabei wird den Schülern nochmals der Primat der Außenpolitik gegenüber der traditionellen Innenpolitik – die Rassenpolitik also ausgenommen – deutlich.
Als Gesprächsimpuls dient die Aufgabe:
- Zeigen Sie die wesentlichen Maßnahmen, durch die Hitler sein innenpolitisches Ziel erreicht hat!

Die wichtigsten Ergebnisse hält ein Tafelbild fest.
(siehe Vorschlag für ein Tafelbild).

Unterrichtsschritt 4:
Hitler in der Öffentlichkeit

Als Überleitung dient die Frage:
- Welche Schwierigkeiten bestanden 1933 für die Durchsetzung der außenpolitischen Ziele?

Als Ergebnisse des Unterrichtsgesprächs werden erwartet:
- der Versailler Vertrag mit seinen Rüstungsbeschränkungen;
- der Locarno-Vertrag, in dem Deutschland die französische Ostgrenze und im Osten die Anwendung friedlicher Mittel garantiert hatte;
- das französische Bündnissystem;
- wirtschaftliche Probleme des Reiches, v. a. der Geld- und Rohstoffmangel und die geringe Produktion;
- der Aufbau der Diktatur mußte das Ausland, v. a. Frankreich mißtrauisch machen.

Um die Auswirkungen dieser Situation auf Hitlers Politik zu verdeutlichen, wird den Schülern eine Karikatur aus einer amerikanischen Zeitung vom 17. Mai 1933 vorgelegt. Sie zeigt ein gewaltiges Kanonenrohr mit Hitlers Gesicht am Ende, sein Mund als Mündung, die über aufmarschierte SA-Männer ragt und aus der eine Friedenstaube fliegt. Die Karikatur ist abgedruckt in:
- Zeiten und Menschen B 4, Schöningh, S. 109;
- Zeiten und Menschen G 2, Schöningh, zwischen den Seiten 128 und 129, Abb. 99.

Die Schüler werden aufgefordert, diese Karikatur zu erläutern und sie mit den „Abrüstungsvorschlägen" Hitlers in Verbindung zu setzen (vgl. Vorschlag für ein Zahlenblatt).
Den Unterrichtsschritt beendet ein Zitat von Mussolini, das den Sachverhalt treffend zusammenfaßt: „Vom Frieden reden und den Krieg vorbereiten".
Deutlich wird die „Verschleierungstaktik" Hitlers, denn seine Abrüstungsvorschläge waren nie ernst gemeint, sondern sollten nur die Westmächte als Schuldige hinstellen, die eigene Aufrüstung damit begründen helfen.

Unterrichtsschritt 5:
Die Außenpolitik 1933–1936

Auswerten einer Hausaufgabe: Erarbeitung der außenpolitischen Ereignisse anhand des Lehrbuchs und des Zahlenblattes.
Dabei werden drei Ereignisse ausführlicher besprochen:
1. der Austritt aus dem Völkerbund im Oktober 1933;
2. der deutsch-polnische Nichtangriffspakt vom 26.1.1934;
3. das deutsch-britische Flottenabkommen vom 18.6.1935.

Als Gesprächsimpulse dienen:
1. Warum verließ Hitler den Völkerbund?
2. Wie beurteilen Sie den deutsch-polnischen Nichtangriffspakt?
3. Welche Absichten könnte Hitler verfolgt haben?
4. Welche Motive der Partner stecken hinter dem Flottenabkommen 1935?

Die Fragen werden den Schülern mittels einer Folie gestellt und gezeigt.
Als Antworten werden erwartet:
1. Hitlers Endziel war der Krieg, daher wollte er eine Aufrüstung ohne jede Kontrolle;
   Hitler lehnte multinationale Bündnisse ab, da er sich nur durch zweiseitige Bündnisse territoriale Gewinne erhoffte; der Völkerbund war für Hitler lediglich eine Organisation der Siegermächte zur Erhaltung der Versailler Friedensordnung (vgl. hierzu Stunde 4, Unterrichtsschritt 2).
2. Bruch mit der bisherigen Außenpolitik der Weimarer Republik (bisher: Revision der deutschen Ostgrenze gegen Polen; gutes Verhältnis zur UdSSR).
3. Polen diente ihm als möglicher Bundesgenosse gegen die Sowjetunion (Polen als ‚Satellitenstaat'); Polen sollte als Bündnispartner Frankreichs ausgeschaltet werden (vgl. „Liebmann-Aufzeichnung"); als Beweis der Friedensliebe (selbst mit Polen, dem der Korridor und Teile Oberschlesiens zugesprochen worden waren, schließt Hitler einen Vertrag).
4. Motive Hitlers:
   Flottenabkommen als Vorstufe zu einem umfassenden Bündnis; Isolierung Frankreichs;
   Englands Motive:
   Verhinderung eines erneuten Wettrüstens zur See (Wettrüsten birgt Kriegsgefahr);
   die deutsche Friedenspropaganda und Hitlers Antibolschewismus wirkten;
   die deutschen Konzessionen erschienen als gut.

Am Schluß der Stunde erfolgt eine Phaseneinteilung der NS-Außenpolitik im Unterrichtsgespräch:
- 1. Phase: 1933–1936/37:
  Die vorbereitende Phase;
- 2. Phase: 1937–1939:
  Der Weg in den Krieg

Im Tafelbild werden die wichtigsten Ergebnisse festgehalten.

Hausaufgabe:

Untersuchung der „Hoßbach-Niederschrift" 1938.
Aufgabenstellung siehe 15. Stunde, Unterrichtsschritt 2

Vorschlag für eine Zeittafel *(14. und 15. Stunde)*

3.2.1933:	Geheimrede Hitlers vor den Kommandeuren der Reichswehr
16.3.1933:	Macdonald-Plan: Abrüstung der europäischen Armeen im Lauf von 5 Jahren auf deutschen Stand
14.10.1933:	Austritt Deutschlands aus dem Völkerbund
24.10.1933:	deutscher Abrüstungsplan: deutsches Heer mit 300000 Mann und einjähriger Dienstzeit; Bündnisangebot an England
26.1.1934:	deutsch-polnischer Nichtangriffspakt auf 10 Jahre
19.2.1934:	Eden in Berlin; Abrüstungsangebot Hitlers: deutsches Heer mit 300000 Mann, Kontrolle von SA und SS, Verringerung der deutschen Polizei um 50000 Mann
13.1.1935:	nach Volksabstimmung kommt das Saargebiet zu Deutschland
9.3.1935:	Bekanntgabe der Aufstellung einer deutschen Luftwaffe
16.3.1935:	Goebbels verkündet die allgemeine Wehrpflicht; Begründung: nur Deutschland sei abgerüstet, Frankreich und die UdSSR vermehrten ihre Streitkräfte
11.4.1935:	Stresa-Konferenz der Westmächte begnügt sich mit Protesten
2.5.1935:	französisch-sowjetischer Beistandspakt auf 5 Jahre
16.5.1935:	sowjetisch-tschechoslowakischer Beistandspakt (wirksam nur bei französischer Hilfe für die Tschechoslowakei)
18.6.1935:	deutsch-britisches Flottenabkommen (Stärkeverhältnis: 35:100 für England, bei U'booten Parität möglich)
Herbst 35:	italienischer Angriff auf Abessinien; Völkerbundsanktionen; beginnende deutsch-italienische Annäherung
7.3.1936:	deutscher Einmarsch ins entmilitarisierte Rheinland mit italienischer Rückendeckung
11.7.1936:	Deutschland anerkennt vertraglich die Unabhängigkeit Österreichs
18.7.1936:	Putsch General Francos in Spanien; verstärkte deutsch-italienische Annäherung bei der Hilfe für Franco
Oktober 36:	Außenminister Ciano betont die deutsch-italienische Freundschaft; Plan eines „Weltpolitischen Vierecks": Italien, Japan, Deutschland, England.
Sept. 1936:	Denkschrift zum Vierjahresplan: Kriegsbereitschaft bis 1940.
25.11.1936:	deutsch-japanischer ‚Antikominternpakt': gemeinsame Maßnahmen gegen Propagandatätigkeit der kommunistischen Internationalen; geheimes Zusatzprotokoll: Neutralitätsversprechen bei Angriff der UdSSR auf einen der Partner.
5.11.1937:	Besprechung Hitlers mit den Befehlshabern der Wehrmacht und dem Reichsaußenminister (Hoßbach-Niederschrift)
6.11.1937:	Beitritt Italiens zum ‚Antikominternpakt'
27.12.1937:	Weisung an die Oberkommandos: Angriff auf CSR vorbereiten
4.2.1938:	„Gleichschaltung der Wehrmacht", Bildung des OKW; v. Ribbentrop neuer Außenminister
12.2.1938:	‚Berchtesgadener Abkommen': Amnestie für österreichische Nationalsozialisten, freie Betätigung für diese Leute, Ernennung Seyß-Inquarts zum Innenminister in Österreich
11.3.1938:	deutsches Ultimatum: Rücktritt Schuschniggs und Ernennung Seyß-Inquarts zum Bundeskanzler; wird erfüllt Beginn des deutschen Einmarsches
13.3.1938:	Seyß-Inquart entschließt sich zum „Anschluß"
14.3.1938:	Anschluß per Reichsgesetz verkündet
10.4.1938:	gemeinsame Volksabstimmung in Deutschland und Österreich („Ostmark"): 99,7% für den Anschluß.

22.4.1938: brit. Unterstaatssekretär Butler: Deutsche und Engländer seien gleichen Blutes (!), daher nie mehr Krieg zwischen beiden Völkern; Hitler könne die Sudetengebiete haben, aber nur auf friedliche Weise durch Verhandlungen.

21.4.1938: Weisung Hitlers an das OKW, bewaffnetes Vorgehen gegen die CSR vorzubereiten („blitzartiges Handeln auf Grund eines Zwischenfalls")

24.4.1938: ‚Karlsbader-Programm' der „Sudetendeutschen Partei" (SdP) Konrad Henleins: Volle Gleichberechtigung der Deutschen; Achtung des deutschen Siedlungsgebietes; Autonomie dieser Gebiete; Schutz der deutschen Sprachinseln; Wiedergutmachung; in deutschen Gebieten nur deutsche Beamte und öffentliche Angestellte

20.5.1938: Teilmobilmachung der CSR

28.5.1938: Hitler: „Es ist mein unerschütterlicher Wille, daß die Tschechoslowakei von der Landkarte verschwindet."

30.5.1938: Termin der Intervention: 30. Oktober 1938

Aug./Sept. 1938: Vermittlungsmission Lord Runciman's in der CSR: Abretung der deutschen Grenzgebiete der CSR, da die Mehrheit der dort lebenden Deutschen dies wünscht; Autonomie für die Deutschen in der „Resttschechei"; Garantie der Neutralität der CSR

Sept. 1938 Treffen Hitlers mit Chamberlain

22.9.1938: Angehörige der „Sudetendeutschen Legion" besetzen Eger, Asch und Franzensbad

Tschechoslowakische Mobilmachung im Vertrauen auf Frankreich

26.9.1938: Hitlers „Sportpalastrede": Kriegsdrohung

29.9.1938: Beginn der Münchner Konferenz (Münchner Abkommen)

– Abtretung der sudetendeutschen Gebiete; französisch-britische Garantie der „Resttschechei"

10.11.1938: Hitler vor geladenen Journalisten: „Pazifistische Platte" sei nun abgespielt; Presse müsse das Volk auf Krieg einstimmen

14.3.1939: Unabhängigkeit der Slowakei proklamiert, unter dem „Schutz" des Reiches

15.3.1939: Besetzung Prags durch deutsche Truppen

16.3.1939: Proklamation des „Protektorats Böhmen und Mähren" als Bestandteil des Deutschen Reiches

22.3.1939: Litauen gibt das Memelland an Deutschland zurück

März 1939: Beginn französisch-britisch-russischer Verhandlungen

31.3.1939: britische Garantieerklärung für Polen

3.4.1939: Weisung Hitlers, Angriff auf Polen für 1.9. vorzubereiten

April 1939: Italien annektiert Albanien

28.4.1939: Hitler kündigt das Flottenabkommen mit England

3.5.1939: Molotow neuer sowjetischer Außenminister; Beginn einer deutsch-sowjetischen Annäherung

22.5.1939: deutsch-italienisches Militärbündnis **(„Stahlpakt")**

Ziel: Sicherung des Lebensraums; enge militärische Zusammenarbeit.

23.8.1939: deutsch-sowjetischer Nichtangriffspakt auf 10 Jahre mit geheimem Zusatzprotokoll:

– Nichtangriffsabkommen; Versprechen, kein gegen den Partner gerichtetes Bündnis einzugehen;
– Finnland, Estland, Lettland, Bessarabien: sowjetisches Interessensgebiet;
– bei Umgestaltung Polens: Teilung (Narew-Weichsel-San-Linie)

25.8.1939: britisch-polnisches Militärbündnis (wird in England stark kritisiert)

31.8.1939: Hitlers „Weisung Nr. 1": Angriff auf Polen am 1.9.1939

1.9.1939: Überfall auf Polen

3.9.1939: englisch-französische Kriegserklärung an das Reich

28.9.1939: deutsch-sowjetischer Grenzvertrag: Litauen an die UdSSR, Lublin und Warschau an Deutschland.

15. Stunde: Der Weg in den Krieg

Verlaufsskizze:

Unterrichtsschritt 1:
Die außenpolitische Lage 1937

Zu Beginn der Stunde zeigt ein Schüler mit Hilfe einer Folie die außenpolitische Situation 1937 und erläutert unter Hinweis auf das Arbeitsblatt (vgl. Vorschlag für eine Zeittafel für Stunden 14 und 15) die wichtigsten Aspekte. Durch diese Wiederholung wird die „neue" Politik Hitler-Deutschlands von der bislang verfolgten abgegrenzt (siehe Vorschlag für eine Folie).

Die Schüler werden aufgefordert, die Situation 1937 in bezug auf das Programm Hitlers zu beurteilen. Als Ergebnis wird festgestellt:
- Hitler hat weder sein angestrebtes Bündnis mit Italien, noch das mit England erreicht;
- aber es waren Verträge zustande gekommen, die das Verhältnis zu beiden Ländern verbesserten;
- trotz des französisch-sowjetischen Vertrages 1935 war das französische Sicherheitssystem geschwächt.

Unterrichtsschritt 2:
Die „Hoßbach-Niederschrift"

Die Behandlung der „Hoßbach-Niederschrift" vom 10.11.1937 über eine Besprechung Hitlers mit den Befehlshabern von Heer, Marine, Luftwaffe – v. Fritsch, Dr. h.c. Raeder, Göring –, dem Reichskriegsminister (!) v. Blomberg und dem Reichsaußenminister v. Neurath steht im Mittelpunkt der Stunde. Da der Text umfangreich ist, wurde er den Schülern zur Vorbereitung als Hausaufgabe gestellt. Der Text findet sich – z.T. gekürzt und in unterschiedlichen Auszügen – u.a. in:
- W. Conze (hg.), Der Nationalsozialismus, Teil 2, Klett, S. 40ff. T47;
- B. Hey/J. Radkau (hg.), Nationalsozialismus und Faschismus, Klett, S. 95f. T60;
- H. Hofer (hg.), Der Nationalsozialismus, fi-Tb, S. 193ff. T110;
- Grundzüge der Geschichte, Oberstufe, Quellenband II, Diesterweg, S. 258ff. T266;
- Politik und Gesellschaft, Bd. 2, Hirschgraben, S. 168f. T2; Weltgeschichte im Aufriß, 3/1, Diesterweg, S. 418ff. T3d.

Als Aufgabenstellung hat sich bewährt:
1. Was ist bereits bekannt, was ist Ihrer Meinung nach neu?
2. Welche ökonomischen Erfahrungen haben Hitlers Ausführungen geprägt?
3. „Zur Rechtfertigung seines Kriegsentschlusses beruft Hitler sich auf historische Vorbilder. Versuchen Sie die charakteristischen Züge und Einseitigkeiten von Hitlers Geschichtsbild zu bestimmen!" (B. Hey/J. Radkau, Nationalsozialismus und Faschismus, Klett, S. 96f.).

Im Unterrichtsgespräch werden u.a. folgende Ergebnisse zusammengetragen:
1. bereits bekannt:
   - Ziel sei die „Lösung der Raumnot";
   - die rassenideologische Begründung;
   - Lebensraum nur in Europa, nicht in Kolonien;
   - dazu notwendig: Krieg;

   neu ist:
   - England wie Frankreich ein „Haßgegner"; (Hitlers Englandpläne sind gescheitert);
   - England kein starker Gegner, da durch Probleme im Empire geschwächt;
   - Bekanntgabe der nächsten Ziele: Ausschaltung Österreichs und der CSR als Flankenbedrohung (um diesen Aspekt zu illustrieren, wird eine Karte herangezogen, z.B. Mitteleuropa 1937); (kein Hinweis auf rassenideologische Motive:

„gemeinsames Blut gehört in ein gemeinsames Reich“);
- Terminierung der Außenpolitik zur Durchsetzung dieser Ziele;

2. – die Erkenntnis, daß schrankenlose Rüstungspolitik, die katastrophale Devisenlage das Reich ruinieren mußte;
   - das Wissen um die Unmöglichkeit einer deutschen Autarkie ohne Expansion auch im landwirtschaftlichen Bereich;
   - die Ablehnung der traditionellen Kolonialpolitik, die sich mit Ausbeutung „begnügte“ – solche Kolonialreiche waren für Hitler nicht lebensfähig, da das Bevölkerungsproblem dadurch nicht gelöst würde;
3. Im Zentrum des NS-Geschichtsbildes stehen Lebensraum- und Rassenkriege; nur durch Kriege seien Staaten und Nationen entstanden. Ein gemeinsames Interesse der Völker nach Frieden, Sicherheit, Entspannung hat in diesem einseitig auf den Krieg hin ausgerichteten Geschichtsbild keinen Platz.

Im Tafelbild werden Hitlers „Nahziele“ festgehalten. Auf die nach 1945 aufgeworfene Frage nach der Authentizität dieser Aussagen, geht der Lehrer nur kurz ein. Er verweist dazu auf die Weisung Blombergs „für die einheitliche Kriegsvorbereitung“ vom 24. Juni 1937 (vgl. A. Kuhn, Hitlers außenpolitisches Programm, S. 208f.):
- Vorbereitungen seien so zu treffen, daß „etwa sich ergebende politisch günstige Gelegenheiten militärisch“ genutzt werden könnten;
- Pläne:
  - Aufmarsch ‚Rot‘: Zweifrontenkrieg mit Schwerpunkt im Westen;
  - Aufmarsch ‚Grün‘: Zweifrontenkrieg mit Schwerpunkt im Südosten; Endziel: Zerschlagung der Tschechoslowakei; Österreich müsse vorher wieder an das Reich angeschlossen werden;
  - Fall ‚Otto‘: bewaffnete Intervention in Österreich.

Unterrichtsschritt 3:
Das ‚Münchner Abkommen‘
und die „Zerschlagung“ der CSR

Im Anschluß an die Besprechung der „Hoßbach-Niederschrift“ wird Hitlers Politik gegenüber der Tschechoslowakei 1938/39 besprochen.
Zunächst werden anhand des Zahlenblattes die politischen Ereignisse des Jahres 1938, besonders der „Anschluß“ Österreichs („Ostmark“) im März 1938 untersucht. Es wird festgestellt (im Lehrervortrag), daß Hitler eines seiner Nahziele erreicht hatte.
Im Lehrervortrag wird dann die Lage im „Nationalitätenstaat“ Tschechoslowakei nach 1918 aufgezeigt. Als Grundlage könnte dienen:
- A. Schickel, Das Münchner Abkommen, in: Aus Politik und Zeitgeschichte B 26/71, S. 3–30
- J. K. Hoensch, Geschichte der Tschechoslowakischen Republik 1918 bis 1965, Stuttgart 1966, S. 9–65

Vorschlag für einen Lehrervortrag:
Die Vorgeschichte des Münchner Abkommens beginnt 1918 mit dem Zerfall der Habsburger Monarchie.

Auf Grund der Ideen Wilson's sollten alle Völker des Habsburgerstaates eine freie und autonome Entwicklung nehmen dürfen;
→29. 10. 1918: die sudetendeutschen Gebiete erklären den Anschluß an Österreich;
→12. 11. 1918: Österreich entscheidet sich für den Anschluß an Deutschland; (verankert in Art. 61 WRV);

Beide Voten werden von den Siegermächten ignoriert, Art. 61 WRV mußte gestrichen werden, die von Sudetendeutschen bewohnten Gebiete wurden Teil der neuen Tschechoslowakei. Die Prager Regierung versprach Minderheitenrechte, Föderalismus, doch beide Zusagen wurden nie erfüllt.
→CSR, ein „Nationalitätenstaat“: 49,8%

Tschechen, 23,8% Deutsche, 17,6% Slowaken, der Rest waren Polen, Ungarn u.a.;
→ kein „Nationalitätenausgleich": von Prag oktroyierte Verfassung; Tschechisch als alleinige Amtssprache; Bevorzugung von Tschechen in der Beamtenschaft; Begünstigung von Tschechen bei Bodenreform;
→ Entstehen eines „Geistes der Unduldsamkeit";

Die deutschen Parteien betonten das Selbstbestimmungsrecht, waren aber zur Zusammenarbeit mit der Prager Regierung bereit. Diese Annäherung fand mit der Weltwirtschaftskrise ihr Ende:
→ Massenarbeitslosigkeit v.a. in den industrialisierten Regionen des Sudetenlandes;
→ Prager Hilfsmaßnahmen benachteiligten die Deutschen.

Von den tschechischen Parteien war nur die Kommunistische Partei für die Deutschen (Forderung in „Rude Pravo" 1931: Abtreten der deutschen Gebiete an das Deutsche Reich!);
→ Anfang der 30er Jahre bezeichnete der britische Gesandte in Prag Addison die Lage als „unerfreulich und äußerst gespannt";
→ Bildung deutscher Widerstandsgruppen:
- „der parteilose ‚Turnerbund'", der v.a. die jüngeren Generationen ansprach;
- der ‚Kameradschaftsbund' (Sammelpunkt v.a. der deutschen Intelligenz);
- die ‚Jungmannschaft', eine Art ‚Wandervogelbewegung'.

Nach 1933 spannte Hitler diese Gruppen vor den Karren seiner Politik; v.a. die DNSAP, die radikal jeden Ausgleich mit den Tschechen ablehnte.
Am 1.10.1933: Gründung der „Sudetendeutschen Heimatfront" durch Konrad Henlein (später auf Druck Prags in „Sudetendeutsche Partei" SdP umbenannt); Ziele: Volksgemeinschaft und christlich orientierte Weltanschauung; Demokratie; Sozialgesetzgebung; Zusammenarbeit mit Prag auf der Basis der Gleichberechtigung.
1935: SdP hinter der tschechischen Agrarierpartei zweitstärkste Kraft im Prager Parlament;
→ Verschärfung der Lage:
- Rüstungsaufträge nur noch an tschechische Firmen; Entlassung eines Teils der deutschen Angestellten und Arbeiter in rüstungswichtigen Betrieben;
- Kontrolle der gewerblichen Wirtschaft in den Grenzbereichen durch die Prager Regierung;
- SdP zur „staatsfeindlichen Partei" erklärt;

Warnung der britischen Regierung, die Minderheiten weiterhin ungerechtfertigt zu benachteiligen;
→ Prager Regierung sucht Verständigung mit der SdP und versprach mehr Rechte für die Deutschen bei Verzicht auf jede Anschlußforderung.

Die folgenden Ereignisse können dann anhand der Zeittafel verfolgt werden. Besonders betont wird dabei das ‚Karlsbader Programm' der SdP vom 24.4.1938, das für die Prager Regierung unannehmbare Forderungen enthielt, und die englische Vermittlungsaktion Lord Runciman's im August und September 1938, da sie ein bezeichnendes Licht auf die britische Politik des Appeasement dieser Jahre wirft (vgl. Ergänzung zu diesem Unterrichtsschritt). Die Schüler werden aufgefordert, anhand des Lehrbuches die Ergebnisse der Münchner Konferenz zusammenzutragen. Zum Problem der Gültigkeit des Vertrags weist der Lehrer auf den Beschluß der Bundesregierung 1969 hin, der das Abkommen als ungerecht, völkerrechtswidrig und heute ungültig bezeichnete.
Anhand des Zahlenblattes wird dann das weitere Vorgehen gegen die „Resttschechei" verfolgt und die Aktion vom März 1939 als reine Aggression ohne jeden Rechtsanspruch entlarvt, die nur zur Durchsetzung des zweiten Nahzieles diente.

Besonders kritisch muß die Methode der Hitlerschen Politik gewertet werden, indem die Rolle des Selbstbestimmungsrechts und des Gewaltverzichts in den öffentlichen Reden Hitlers hinterfragt wird.

- Welche Rolle spielte Hitlers Appell an das Selbstbestimmungsrecht?

Erwartete Ergebnisse:

1. Ein taktisches Mittel zur Durchsetzung eigentlich aggressiver Ziele;
2. Rechtfertigung widerrechtlicher Expansion;
3. Bestandteil einer „Doppelstrategie" aus Friedensbeteuerungen und Gewaltanwendung.

Ein Tafelbild hält die wichtigsten Ergebnisse dieses Unterrichtsschrittes fest (vgl. Vorschlag für ein Tafelbild).

Ergänzung:
An dieser Stelle bietet es sich an, die britische Deutschlandpolitik seit 1933 und den Begriff „appeasement" genauer zu untersuchen. Dabei wird entweder von zeitgenössischen Texten ausgegangen oder von einem Text aus der Sekundärliteratur. Dazu eignet sich besonders G. Niedhart, Britische Deutschlandpolitik vor dem Zweiten Weltkrieg, in: Aus Politik und Zeitgeschichte B 13/77. „Appeasement" wird verstanden als „globale Defensive Großbritanniens" (G. Niedhart, Britische Deutschlandpolitik, S. 27), als eine seit der Mitte des 19. Jahrhunderts kontinuierlich vorhandene Krisenstrategie, die sich nie als bloße Beschwichtigungspolitik verstand, sondern als „dual policy of peace" (Lord Halifax 1935) (zit. in: G. Niedhart, Britische Deutschlandpolitik, S. 31), die an die Stelle kriegerischer Konfliktaustragung eine multinationale, friedliche Konfliktlösung setzte. Friede basierte nicht allein auf der Rüstung, sondern auf internationaler Stabilität mit freien Wirtschaftsbeziehungen. Aus innenpolitischen Gründen – Probleme innerhalb des Empire – wollte man jeden Krieg vermeiden u. z. durch eine Vertragspolitik gekoppelt mit einer langsamen Aufrüstung ohne Machtdemonstration. Die 1919 geschaffenen Verhältnisse sah man als z. T. ungerecht an, v. a. waren sie eine ständige Bedrohung des Friedens; hier strebte man eine vertraglich gesicherte Neuordnung an, stellte sich aber langfristig auf einen Krieg ein (vgl. G. Niedhart, Britische Deutschlandpolitik, S. 31 und S. 40). Vergleiche auch: H. Herzfeld, Zur Problematik der Appeasement-Politik, in: Aus Politik und Zeitgeschichte B 16/63 S. 3–24.

Exkurs:
Eine Möglichkeit zur kritischen Diskussion über das Münchener Abkommen bietet die Frage:

- War dieser den Tschechen von außen aufgezwungene Vertrag rechtsgültig und ist er es noch heute?

Hierzu bieten folgende Arbeiten Ansatzpunkte:

- A. Schickel, Das Münchner Abkommen;
- E. Röper, Zur Ungültigkeit des Münchner Abkommens;
- H. Seibert, Das Münchner Abkommen als Problem des Völkerrechts; alle erschienen in: Aus Politik und Zeitgeschichte B 26/71.

(Vgl. Europa Archiv 1974, 24, S. D 575–577)

Unterrichtsschritt 4:
Der Weg in den Krieg 1939

Auswertung zweier Urteile über den Ausbruch des Zweiten Weltkrieges: aus:

- Walter Hofer, Die Entfesselung des Zweiten Weltkrieges, Frankfurt 1960;
- H.-A. Jacobsen, Der Zweite Weltkrieg, Frankfurt 1965;

Beide Texte sind abgedruckt in:

- Zeiten und Menschen, G2, Schöningh, S. 365 ff. T27 a, b.

Weitere geeignete Texte finden sich in:

- H. Nitzschke (hg.), Umstrittene Probleme der neuesten Geschichte, Schöningh, Paderborn 1969, S. 218–224.

Es empfiehlt sich aus Zeitgründen, die beiden Texte getrennt von zwei Gruppen in Schülerpartnerarbeit untersuchen zu lassen. Als Aufgaben werden gestellt:

- Welche Stellung beziehen die Autoren zum 1. 9. 1939?
- Wie begründen sie ihre jeweilige These?
- Wie beurteilen sie dabei die Politik der Westmächte und der UdSSR?

Als Ergebnisse werden erwartet:

- Hofer:
  - Hitler hat den Krieg bewußt „entfes-

selt“, d.h. „lange geplant“; der Krieg brach anders als 1914 nicht abrupt aus;
  - Hitler ist der alleinig Verantwortliche;
  - die UdSSR hat ihn durch Abschluß des Nichtangriffspaktes in seinem Tun begünstigt (hier Hinweis auf die „Grüne-Licht-These“ K. D. Erdmanns geben – Die Zeit der Weltkriege, in: B. Gebhardt, Handbuch der deutschen Geschichte, Bd. 4/2, S. 487);
  - Hitlers Politik bestand aus Verbrechen und Lügen, seine Diplomatie war ein Hasardspiel ohne jedes Verantwortungsbewußtsein;
  - Krieg ist keine „Fortsetzung der Politik mit anderen Mitteln“;

- Jacobsen:
  - kaum eine Macht sei frei von Mitverantwortung;
  - appeasement-Politik; „Fahrlässigkeit Italiens“; die „Überheblichkeit polnischer Staatsmänner“; die UdSSR durch den „Hitler-Stalin-Pakt = *passive Schuld;*
  - Hitler trägt „den größten Teil der Verantwortung“ durch seine „hemmungslose Gewaltpolitik“ = *aktive Schuld;*
  - Schuld hat „die spätimperialistische Machtpolitik Deutschlands. Japans und Italiens“;
  - gewisse Kontinuität mit dem Imperialismus des Kaiserreichs, nur jetzt kontinental.

Anhand der Zeittafel zeigt der Lehrer den Weg zum Kriegsausbruch am 1. 9. 1939 auf, wobei besonders auf die Bedeutung des „Hitler-Stalin-Paktes“ (23. 8. 1939) hingewiesen wird.

Alternative:
Anstatt sich mit dem Problem des Kriegsausbruches genauer zu beschäftigen, wird der „Hitler-Stalin-Pakt“ vom 23. 8. 1939 untersucht (Stillarbeit).

Als Aufgaben haben sich bewährt:
- Welche Regelungen trifft der Vertrag?
- Zeigen Sie die Motive Stalins und Hitlers! Nehmen Sie Stellung zu Alfred Rosenbergs Bemerkung, der Vertrag sei ein „Verrat“ an der NS-Idee!
- Beurteilen Sie danach die sog. „Grüne-Licht-These“!

Als Ergebnisse werden u. a. erwartet:
- Nichtangriffsabkommen auf zunächst 10 Jahre: Versprechen, keinen Bund einzugehen, der sich gegen den Partner richtet;
  Aufteilung Osteuropas, besonders Polens
  Hitler ermöglicht Stalin ein Vorrücken nach Westen auf Kosten Finnlands, der baltischen Staaten und Polens;
- Motive Hitlers:
  - Ausschalten der Sowjetunion als möglicher Partner der Westmächte;
    Vertrag als notwendige Zwischenlösung (vgl. Bündnisvorstellung, Stunde 3);
- Stalins Motive:
  - Absicherung gegenüber einem als expansiv erkannten Deutschland;
    „Unzuverlässigkeit“ der Westmächte (München!); Stalins eigenes Expansionsstreben (Hitler „bot“ mehr);
    Angst vor einer „Koalition der kapitalistischen und faschistischen Staaten“ gegen die UdSSR (vgl. K. Hildebrand, Deutsche Außenpolitik 1933–1945, S. 90)
- Die militärischen Planungen seit 1937 schlossen den Zweifrontenkrieg mit ein; aber der Vertrag hat Hitlers Entschluß zum Angriff auf Polen erleichtert; Stalin hätte den Krieg nicht verhindern können, selbst wenn er es gewollt hätte, aber er hätte ihn hinauszögern können, bis die Westmächte kriegsbereit gewesen wären.

Hausaufgabe:

Vorbereitende Textanalyse:
Drei Definitionen zum Begriff ‚Widerstand‘ (Aufgabenstellung s. Stunde 16, U’schritt 2)

Vorschlag für eine Folie
(zu Unterrichtsschritt 1)

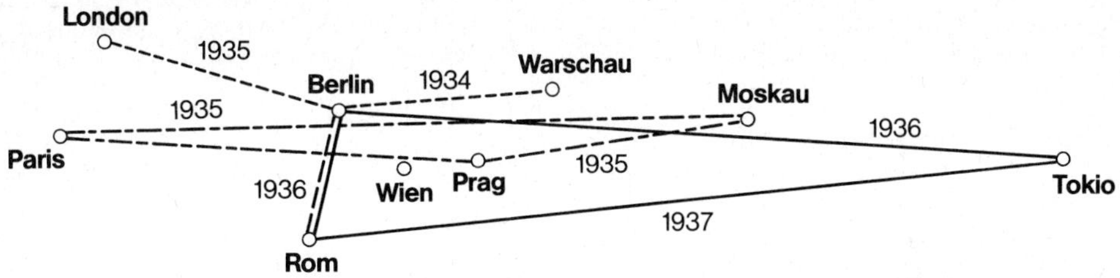

Alternative zur 14. und 15. Stunde: Die NS-Außenpolitik im Spiegel der Forschung

Als weitere Möglichkeit der Analyse der NS-Außenpolitik bietet sich an, die Ereignisse in der 14. Stunde zu besprechen, ausgehend von einem der beiden angeführten ‚Schlüsseldokumente' oder einem zentralen Ereignis. In der 15. Stunde wird dann die NS-Außenpolitik im Spiegel der Forschung betrachtet. Wert sollte dabei gelegt werden auf möglichst kontroverse Forschungstexte. Hierzu bieten sich drei Alternativen an, wobei Gruppenarbeit möglich ist:

1. untersucht man je einen Text eines „Kontinentalisten" und eines „Globalisten" (zu den Begriffen vgl. 4. Stunde, Vorbemerkung);
2. konfrontiert man zwei oder mehrere Meinungen zum Kriegsbeginn 1939 (vgl. Textvorschlag zur 15. Stunde, Unterrichtsschritt 4);
3. setzt man sich mit der sog. „Kontinuitätsthese" auseinander, d.h. mit der Frage, „inwieweit die NS-Außenpolitik imperialistische Tendenzen der Vorkriegszeit und die nationalistischen Zielsetzungen der 20er Jahre fortgesetzt hat" (H. Mommsen, Aufstieg der NSDAP und NS-Herrschaftssystem, in: A. Mannzmann [hg.] Hitlerwelle, S. 38). Hauptvertreter der Kontinuitätsthese ist u.a. K. Hildebrand (Deutsche Außenpolitik 1933–1945, S. 9–18, S. 135–145), Vertreter der These, daß die Außenpolitik Hitlers einen Bruch mit den bisherigen Zielen und Methoden darstellt, sind u.a. F. Dickmann (Machtwille und Ideologie in Hitlers außenpolitischen Zielsetzungen, in: Festschrift für Max Braubach, S. 915–941) und H.-A. Jacobsen (Nationalsozialistische Außenpolitik 1933–1938, Frankfurt 1968). Nach H. Mommsen (Aufstieg der NSDAP und NS-Herrschaftssystem, in: A. Mannzmann [hg.], Hitlerwelle, S. 38) „verfolgte das Regime mehrere außenpolitische Linien gleichzeitig, die traditionelle der nationalstaatlichen Revision von Versailles, die kriegsimperialistische einer Gleichstellung mit England unter Aufbau eines begrenzten Kolonialreiches und die für die Alldeutsche Bewegung charakteristische Ostexpansion". Abweichend davon waren die Bevorzugung des Kontinentalimperiums und die rassenideologische Untermauerung der Ostexpansion (vgl. Vorschlag für ein Materialienblatt).

Vorschlag für ein Materialienblatt

1. aus: F. Dickmann, Machtwille und Ideologie in Hitlers außenpolitischen Zielsetzungen vor 1933, S. 920ff.
[...] Diese Verkennung war möglich, weil das, was Hitler als sein außenpolitisches Programm verkündete, allen Traditionen deutscher Außenpolitik so völlig widersprach und sich allen überlieferten Maßstäben [...] so radikal entzog, daß es [...] in das Bewußtsein der deutschen Öffentlichkeit nicht einging. Schon der Ansatzpunkt, die Theorie vom radikalen Kampf aller gegen alle, hob das überlieferte außenpolitische Denken aus den Angeln, denn damit wurde die Außenpolitik auf die Ebene des rein Naturhaften, Animalischen herabgezogen. Sie ist in der Tat für Hitler nichts anderes als Kampf um „Lebensraum", das heißt um Besitz am Boden, um Anteil an der Erdoberfläche. Ständiger Besitzwechsel erscheint ihm ebenso natürlich wie es geologische Veränderungen sind. Es gibt keinen anderen Rechtstitel als den primitiven Grundsatz: Die Erde gehört dem, der sie sich nimmt und bebaut! [...] Von solchem Standpunkt aus konnte alle bisherige deutsche Außenpolitik, auch die Bismarcks und des Wilhelminischen Deutschlands, mochten ihre Ziele noch so weit gesteckt sein, immer nur als „Grenzpolitik" erscheinen. Die [NS-] Außenpolitik wird dem gegenüber „Raumpolitik" sein. Um die wirtschaftliche Zukunft des deutschen Volkes zu sichern, genügte es nach Hitlers Meinung nicht, die Revision des Versailler Friedens, die Wiederherstellung der [...] Grenzen von 1914 oder darüber hinaus gewisse Grenzverbesserungen, wie sie die deutsche Führung im Ersten Weltkrieg angestrebt hatte, zu fordern. Nicht einmal die Vereinigung aller Deutschen in einem großdeutschen Reich würde ausreichen. Das Ziel muß vielmehr die Erweiterung des deutschen Siedlungsraumes um hunderttausende von Quadratkilometern sein, auf denen Millionen deutscher Bauern Grund und Boden finden sollen [...]. Man sieht: Jede europäische Einigung, die nicht auf dem Wege der Gewalt erfolgte und nicht im Zeichen schonungsloser Unterwerfung aller Völker unter den Willen des Herrenvolkes stünde, erscheint Hitler als etwas Unnatürliches [...]. Übrigens würde selbst eine erfolgreiche Lösung dieser Art keinen „Erfolg" in seinem Sinne bedeuten, sondern nur [...] zur „rassischen Niedersenkung" des siegreichen Volkes führen. Die Konsequenz ist völlig klar: Im deutschen Großraum, im „Lebensraum" des deutschen Volkes ist für andere Völker kein Platz. Soweit sie nicht als Sklaven dem „Herrenvolk" zu dienen bestimmt sind, ist Vertreibung oder Ausrottung ihr Schicksal. [...]

2. aus: A. Hillgruber, Deutschlands Rolle in der Vorgeschichte der beiden Weltkriege, S. 68f.
[...] Es trat heraus, daß der in „Mein Kampf" gesperrt gedruckte Satz „Deutschland wird entweder Weltmacht oder überhaupt nicht sein" in einem ganz wörtlich zu nehmenden Sinn Hitlers „Programm" umfaßte.
Knapp zusammengefaßt lautete sein Ziel, nach Erringen der Macht im Innern und der Konsolidierung seiner Herrschaft in Zentraleuropa das Deutsche Reich in zwei großen Etappen zur „Weltmacht"-Stellung zu führen: zunächst ein ganz Europa beherrschendes Kontinentalimperium mit einem festen machtpolitischen und „wehrwirtschaftlichen" Rückhalt im weiten europäischen „Ostraum" zu schaffen und danach durch Gewinnung eines kolonialen Ergänzungsraumes in Afrika und durch Schaffung einer starken Flotte mit Stützpunkten im Atlantik Deutschland zu einer der vier [...] verbleibenden „Weltmächten", neben dem britischen Empire, neben dem Großraum Japans in Ostasien und [...] neben den USA, zu machen. Für die folgende Generation [...] erwartete er einen Entscheidungskampf zwischen den beiden bedeutendsten „Weltmächten", der „Weltmacht" Deutschland und der „Weltmacht" Amerika, gewissermaßen um die „Weltherrschaft". Für diese gewaltige Auseinandersetzung in der Zukunft, einen Kampf der Kontinente, wollte er in seiner Zeit dem zu errichtenden „Germanischen Reich deutscher Nation" die notwendige „großräumige" Basis schaffen, ohne die Deutschland [...] unvermeidlich zur machtpolitischen Bedeutungslosigkeit verurteilt sei. [...]

3. aus: H.-J. Bartmuss u. a. (hg.), Deutsche Geschichte in drei Bänden, Berlin-Ost, 1968, Bd. 3, S. 279.
Der deutsche Imperialismus trat als Hauptaggressor an der Spitze der faschistischen Koalition im imperialistischen Konkurrenzkampf auf. Er entfesselte den Krieg, als er gegenüber seinen [...] Rivalen einen zeitweiligen Rüstungsvorsprung besaß und die Befürchtung hegte, daß die Zeit gegen ihn arbeite. Die Tatsache, daß die Friedenskräfte in der Welt zersplittert waren und die antisowjetische Be-

schwichtigungspolitik der Westmächte die Mehrheit der Völker desorientiert hatte, nutzten sie bei der Wahl des Zeitpunkts für den Kriegsbeginn aus. Die deutschen Imperialisten begannen mit dem Überfall auf Polen den zweiten Versuch, eine Neuverteilung der Welt zu ihren Gunsten zu erreichen. Die Annexion Mitteleuropas, die „Neuordnung" Europas, die gewaltsame Eroberung von „Lebensraum" vor allem in der Sowjetunion und von Kolonien in Afrika und letztlich der Kampf um die Weltherrschaft mit den imperialistischen Konkurrenten waren ihr Eroberungsprogramm. Dieser Kampf um völlig von ihnen beherrschte Rohstoffgebiete und Absatzmärkte war untrennbar mit dem politischen Kriegsziel verbunden, [...] die sozialistische Ordnung in der Sowjetunion zu zerschlagen sowie die sozialistischen und alle demokratischen und nationalen Bewegungen in Europa und der Welt zu vernichten. Das Kriegsprogramm sollte stufenweise verwirklicht werden, und die Unterwerfung Polens war darin lediglich ein erster Schritt. [...]

4. aus: W.B. Uschakow, Deutschlands Außenpolitik 1917–1945, Berlin-Ost 1964, S.6.
Die Entstehung und Entwicklung des Versailler Systems wurde durch den Sieg der Großen Sozialistischen Oktoberrevolution und die damit offen zum Ausbruch gekommene allgemeine Krise des Kapitalismus, die alle Widersprüche des Kapitalismus vertiefte, wesentlich beeinflußt. Seit den Tagen seines Bestehens war dieses System noch dazu in sich selbst widersprüchlich: Einerseits sollte Deutschland als Verliererstaat und Konkurrent unterdrückt werden, andererseits wollte man jedoch gleichzeitig den aggressiven deutschen Imperialismus für eine Intervention gegen den Sowjetstaat wiederaufrichten. Da sich die Siegermächte in ihren antisowjetischen Bestrebungen mit weiten Kreisen der besiegten deutschen Imperialisten, deren antisowjetische Haltung sehr ausgeprägt war, einig wußten, unterstützten sie während der Novemberrevolution und danach die Kräfte des Militarismus und des Junkertums. [...] Infolgedessen bestimmten die reaktionären, militaristischen und revanchistischen Elemente wiederum das politische Leben in Deutschland und seine Außenpolitik, wobei die herrschenden Kreise der Weimarer Republik und später des Nazireiches aber nicht nur antisowjetische Pläne schmiedeten. Sie trugen sich all die Jahre hindurch auch mit der Idee, ihre Konkurrenten im Westen zu bekämpfen. Die deutschen Imperialisten wollten wieder eine selbständige Stellung im imperialistischen Lager erringen, eine Groß-, ja eine Weltmacht werden und sich dann aus den Besitzungen ihrer Konkurrenten eigene Einflußsphären und Kolonialreiche zusammenrauben. Sie glaubten, ihren weitgesteckten Eroberungszielen näher zu kommen, wenn sie den Westmächten mit dem Schreckgespenst einer „bolschewistischen Gefahr" drohten und wenn sie geschickt die Widersprüche zwischen den Siegerstaaten ausnutzten [...].

5. aus: A. J. P. Taylor, Die Ursprünge des Zweiten Weltkrieges, Gütersloh 1962.
Auf einem einzigen Gebiet änderte [Hitler] nichts. Seine Außenpolitik war die seiner Vorgänger [...] und wirklich praktisch aller Deutschen. Auch Hitler wollte Deutschland von den Einschränkungen des Friedensvertrages befreien, die große deutsche Armee wiederherstellen und dann Deutschland durch sein natürliches Gewicht zur größten Macht Europas erheben. Es gab gelegentlich Unterschiede in der Betonung (S.93f.). In Hitlers Außenpolitik fand sich ein einziger systematischer Zug, und der war nicht neu. Seine Zielsetzung war „kontinental" wie vorher die Stresemanns. [...] Hitler stellte wie Stresemann das westliche Bündnis nicht in Frage. Er wollte das britische Empire nicht zerstören, und er wollte selbst den Franzosen nicht Elsaß-Lothringen nehmen. Dafür wollte er, daß die Alliierten [...] zugestanden, daß Deutschland im Osten gesiegt hatte. Das war kein widersinniges Programm. (S.95)
Alle deutschen Staatsmänner, von den Sozialdemokraten 1919 bis zu Hitler zwanzig Jahre später, stimmten darin überein, daß „Versailles" und alles was damit zusammenhing, zunichte gemacht werden müßte. Ein einziger Unterschied (ein wichtiger) bestand in der Methode. Einige, zum Beispiel Stresemann, glaubten, daß der friedliche Weg erfolgreich wäre [...] Andere glaubten, daß nur ein neuer Krieg helfen könnte: Darum wollten die Generäle wiederum eine große deutsche Armee aufbauen – sie faßten einen Krieg ins Auge [...] Wieder andere glaubten, daß man mit Geschick und Drohungen zum Ziel kommen könnte. Nach meiner Ansicht [...] gehörte Hitler zur letzten Gruppe. Ich bezweifle, daß Hitler einen großen Krieg plante, bestimmt plante er keinen gegen den Westen.

Seine militärischen Vorbereitungen scheinen der entscheidende Beweis zu sein. ... (S. 357 f.).

Aufgaben:

1. Zeigen Sie die Stellung des jeweiligen Autors als „Globalist" oder als „Kontinentalist" und begründen Sie stichwortartig Ihre Einschätzung!
2. Lassen sich innerhalb der Gruppen Unterschiede feststellen? Begründen Sie Ihre These durch Beispiele aus den Texten!
3. Welche Argumente werden gegen die Kontinuitätsthese vorgebracht?
4. Wie wird die Politik der europäischen Staaten beurteilt?

16. Stunde: Der deutsche Widerstand

Vorbemerkung:

Bei der Behandlung des deutschen Widerstands gegen die Diktatur des Nationalsozialismus soll der Schüler verschiedene Arten des Widerstands und des nonkonformen Verhaltens kennenlernen, sowie einen Überblick über die Vielfalt der politisch-ideellen Komponenten und Motive der verschiedenen Gruppen erhalten. Dabei soll die Darstellung des deutschen Widerstands nicht nur historische Kenntnisse vermitteln, sondern den Jugendlichen Identifikationsmuster für demokratisches und humanes Handeln liefern; sie sollen also Beispiele für Zivilcourage und Nonkonformität erhalten. Somit werden die Schüler Situationen erfahren, die Illoyalität gegenüber einem Unrechtsregime erforderlich machen. Die Schüler lernen ferner Alternativkonzepte und deren Entstehung kennen und beurteilen.

Die Bedeutung des deutschen Widerstands gegen den Nationalsozialismus wird in jüngster Zeit immer stärker erkannt und für den Unterricht verpflichtend: „Die Behandlung des Widerstands gegen die nationalsozialistische Gewaltherrschaft in Schule und politischer Bildung hat das Ziel, Erinnerungen wachzuhalten, geschichtliche Grundkenntnisse zu vermitteln und das politische Urteil zu schärfen. Dadurch soll sie bei jungen Menschen demokratische Werthaltungen festigen und entsprechende Verhaltensweisen aufbauen." (Empfehlung zur Behandlung des Widerstands in der NS-Zeit im Unterricht, Bekanntmachung vom 28. Januar 1981 III 3550/52, in: Kultus und Unterricht 5/1981, 2.3.1981, S. 149). Dabei ist besonders erfreulich, daß diese Empfehlungen den neueren Forschungsstand berücksichtigen. Es wird nämlich darauf hingewiesen, daß die vielfältigen „Erscheinungen heute differenzierter und umfassender gesehen und gewürdigt werden können als noch vor Jahren. Sichtbar ist heute, daß es nicht nur den systematischen und programmatischen Widerstand politischer Gruppen gegeben hat (z. B. Goerdeler-Kreis, Kreisauer Kreis, Neubeginnen etc.), sondern auch einen weitverbreiteten Widerstand im Volk, der sich in Formen der Nichtanpassung, der Verweigerung im Einzelfall, oft der passsiven Resistance geäußert hat. Sichtbar ist auch, daß es unterschiedliche weltanschauliche und politische Motive waren, die zum Widerstand geführt haben. Der Widerstand kann nicht auf einen einzigen Nenner gebracht werden, er darf deswegen auch nicht von einer einzigen Seite betrachtet oder gar vereinnahmt werden." (Empfehlungen zur Behandlung des Widerstands, S. 148). Gerade dies war jedoch bisher die Situation in der Forschung des deutschen Widerstands: „Die Teilung Deutschlands, die Politik des Kalten Krieges in den 50er Jahren und die antikommunistische Ausrichtung politischer Kräfte in der Bundesrepublik haben [...] dazu beigetragen, daß nicht alle Widerstandsgruppen eine einheitliche Bewertung erfuhren. Indem die DDR den kommunistischen Widerstand als Legitimationsbasis für sich in Anspruch nahm, orientierte sich die Bundesrepublik

Deutschland wesentlich am bürgerlichen und militärischen Widerstand, da deren Zielvorstellungen am ehesten mit dem westlichen Verständnis einer parlamentarischen Demokratie in Einklang zu bringen waren. Dies verzögerte die Aufnahme des kommunistischen Widerstandes und des Arbeiterwiderstands in die Forschung und in die allgemeine Widerstandsrezeption." (T.-D. Schramm, Der deutsche Widerstand gegen den Nationalsozialismus, Pädagogik und Soziologie, Bd. 1, Berlin 1980, S. 140f.). „Erst in den letzten Jahren erweiterte sich der traditionelle Themenkanon von Gedenkfeiern und Schulbuchartikeln über den Dreiklang Graf Stauffenberg, Kardinal von Galen und den Geschwistern Scholl, also von Militär, Kirche und bürgerlicher Jugend." (D. Peukert, Der deutsche Arbeiterwiderstand 1933-45, in: Der Nationalsozialismus als didaktisches Problem, Bonn, 1980, S. 77)
Diese Problematik wirkte sich auch auf die Bestimmung des Begriffs „Widerstand" aus: „Die Geschichte der NS-Zeit ist bisher überwiegend geschrieben worden mit dem Blick auf Hitler, auf die Entscheidungen und das Handeln an der Spitze des Regimes, im Hinblick auf die nationalen Ereignisse und Maßnahmen der Innen-, Außen- und Kriegspolitik. Dementsprechend ist auch unter dem Begriff ‚Widerstand' in erster Linie verstanden worden, der ‚Widerstand gegen Hitler', die konspirative Aktivität einflußreicher Personen mit dem Ziel, den Diktator zu stürzen, oder die prinzipielle Opposition gegnerischer Gruppen, vor allem der linken Arbeiterbewegung, die sich nur noch im Untergrund entfalten konnte. Als ‚Widerstand' werden auch in der zeitgeschichtlichen Literatur meist nur diejenigen Bestrebungen klassifiziert, die wenigstens in der Tendenz die Beseitigung des NS-Regimes zum Ziel hatten." (M. Broszat anläßlich einer Pressekonferenz am 9. 12. 1977, zit. nach: T.-D. Schramm, Der deutsche Widerstand gegen den Nationalsozialismus, Bd. 1, S. 17).

Nachdem die Schüler in die Problematik des Widerstands durch einen aktuellen Anlaß eingeführt worden sind, lernen sie die „Verbindung von Erkenntnisinteressen und Begriffsinhalt" kennen. (T.-D. Schramm, Der deutsche Widerstand, Bd. 1, S. 17). Bevor die Schüler einen Überblick über den deutschen Widerstand erhalten, werden sie durch die Frage nach den heutigen Möglichkeiten des Widerstands noch stärker für dieses Thema sensibilisiert. Besonders wichtig erscheint es in dieser Stunde, daß die Schüler die Mannigfaltigkeit der Widerstandsformen kennen und beurteilen lernen. Die zweite Stunde über den deutschen Widerstand ist von Gruppenarbeit bestimmt. Die Schüler sollen sich hierbei nicht nur mit Motiven und Formen, sondern auch mit den Zielen verschiedener Widerstandsgruppen auseinandersetzen. Als Abschluß der Stunde soll noch einmal auf die Probleme eingegangen werden, die im Unterrichtsschritt 1 auftauchten. In einer offenen Diskussion sollen die Schüler ihre Meinung zum Widerstand äußern, wobei auch die Frage nach möglichen Identifikationsmöglichkeiten gestellt werden kann. Verzichtet werden muß leider auf eine Würdigung der Verbindungen zum Ausland und auf das Problem der Emigration.

Lernziele:

Die Schüler erkennen
- die Problematik des Widerstands gegen den Nationalsozialismus für die Gegenwart;
- die Schwierigkeiten einer exakten Begriffsbestimmung;
- Möglichkeiten und Bedingungen des Widerstands in einem faschistischen Staat;
- die Phasen des Widerstands in Reaktion auf die staatlichen Unterdrückungsmaßnahmen;
- die Verschiedenartigkeit der Motive und

Handlungen der Widerstandsgruppen und einzelner Persönlichkeiten;
- Alternativkonzepte der Arbeiterbewegung und des bürgerlich-militärischen Widerstands;
- die „differenzierte Realität sozialen Verhaltens vom Mitläufer- und Denunziantentum über elementare Proteste bis hin zur Arbeit für den Sturz des Regimes " (Ergebnisse einer Gruppenarbeit, in: Der Nationalsozialismus als didaktisches Problem, hg. Bundeszentrale für pol. Bildung, Bonn 1980);
- daß der Widerstand der Arbeiterbewegung der konsequenteste und opferreichste war und sich prinzipiell gegen den Nationalsozialismus und nicht nur gegen dessen Auswüchse richtete;
- daß der Widerstand bei einigen Gruppen nicht durch die Ablehnung des faschistischen Systems motiviert war, sondern durch dessen Mißerfolg;
- daß „alle Formen breiterer und offensiverer Resistance, auf die die Völker Westeuropas zu Recht stolz sind, zumindest in Keimformen auch in Deutschland vorhanden waren". (D. Peukert, Der deutsche Arbeiterwiderstand 1933–45, in: Der Nationalsozialismus als didaktisches Problem, hg. Bundeszentrale für pol. Bildung, Bonn 1980, S. 91).

Die Schüler erarbeiten
- aus einem Zeitungstext, aus Quellentexten und aus der Forschungsliteratur Probleme, Motive, Methoden und Ziele des Widerstands;
- in Gruppenarbeit Motive und Ziele des Widerstands;
- aus den im Unterricht gefundenen Ergebnissen eine Zusammenstellung der Widerstandsgruppen und der Gründe ihres Scheiterns.

Die Schüler beurteilen
- die Problematik des Widerstands (Eid, „Verrat", Notwendigkeit des Widerstands und des nonkonformen Verhaltens, Stellung in der Gegenwart);
- Motive und Ziele des Widerstands der verschiedenen Gruppen und Persönlichkeiten;
- die Gründe für das Scheitern des Widerstands;
- ob Persönlichkeiten des Widerstands Identifikationsmuster für Jugendliche sein können.

Verlaufsskizze:

Unterrichtsschritt 1:
Probleme des Widerstands

Als Einstieg wird den Schülern der ZEIT-Ausschnitt (siehe Vorschlag für ein Arbeitsblatt) „Kein Platz für die Weiße Rose" vorgelegt. Sie sollen aus diesem Zeitungstext erkennen, welche Probleme der Widerstand gegen Hitler heute noch in der Bevölkerung der Bundesrepublik Deutschland aufwirft. Der Lehrer kann die allgemeine Frage stellen:
- Weshalb ist es Ihrer Meinung nach heute noch problematisch, eine Straße nach deutschen Widerstandskämpfern zu benennen?

Folgende Antworten sind möglich:
- die Menschen in der Bundesrepublik haben die Niederlage des Dritten Reiches noch nicht verarbeitet;
- deshalb können sie sich noch nicht mit diesem Abschnitt ihrer Geschichte auseinandersetzen;
- sie sehen Politik als etwas Negatives an, lehnen deshalb jede Auseinandersetzung, jedes Lernen aus diesem Bereich ab (Terrorismus wird offensichtlich im Zusammenhang mit Widerstand gesehen);
- sie ziehen sich ins Private zurück (nicht stören beim „shopping");
- Unternehmer (mit Gewerkschaftsunter-

nehmen verbunden) und Geschäftsleute können es wagen, kundzutun, daß sie sich ihr Geschäft nicht durch den Widerstand gegen den Nationalsozialismus vermasseln lassen wollten.

Im Anschluß daran wird gefragt, was man denn eigentlich unter Widerstand versteht.

Unterrichtsschritt 2:
Der Widerstandsbegriff

Als Hausaufgabe untersuchen die Schüler mit Hilfe eines Arbeitsblattes (siehe Vorschlag für ein Arbeitsblatt) die Problematik des Widerstandsbegriffs. Sie verwenden dabei auch eine Liste mit verschiedenen Widerstandsformen- und Methoden (siehe Vorschlag für ein Arbeitsblatt).
Folgende Aufgabe wird gestellt:
- Vergleichen Sie die drei Definitionsversuche zum Widerstand und nennen Sie die jeweiligen Probleme.
- Prüfen Sie die Definitionen auch an der Liste über „Arten, Formen, Methoden und Techniken des Widerstands".

Folgende Antworten sind möglich:
- Rothfels versteht offensichtlich unter Widerstand vor allem die Verschwörung gegen das Leben des Diktators, also eine Art staatsstreichförmigen Versuch der Beseitigung von Herrschaft mit staatlichen Mitteln (daher u.a. die positive Beurteilung des 20. Juli); die Gefahr dieser Betrachtungsweise liegt darin, daß der gesamte Faschismus auf die Person Hitlers reduziert wird. (Die Schüler sollen schon hier die Frage entwickeln, wie die Widerstandskämpfer zu den einzelnen Entwicklungen im Dritten Reich standen, wann sich Widerstand entzündete.) Widerstand von unten wird somit durch Rothfels' Definition nicht abgedeckt.
- van Roons Definition ist allumfassend: aktiver wie passiver Widerstand, Widerstand mit und ohne Gewalt sind erfaßt.
- Zipfel erkennt ebenfalls ein weites Spektrum des Widerstands an, grenzt ihn aber noch schärfer als van Roon ab.

Mit Hilfe der Liste der Widerstandsformen und -methoden können die Definitionen an Beispielen verifiziert werden.

Alternative:
Der Lehrer gibt einen knappen Überblick über Widerstand in der Geschichte; dabei können folgende Beispiele herangezogen werden: Zwingli, Calvin – im Vergleich dazu Luther; die amerikanische Unabhängigkeitserklärung (1. Satz!); die Befreiungskriege. Hieran schließen sich dann die Fragen, wann Widerstand erlaubt ist und was man unter Widerstand versteht.

Unterrrichtsschritt 3:
Das heutige Widerstandsrecht

Der Lehrer schreibt folgende Verfassungsartikel an die Tafel:
1. Art. 147, 1 der hessischen Landesverfassung: „Widerstand gegen verfassungswidrig ausgeübte öffentliche Gewalt ist jedermanns Recht und Pflicht".
2. Art. 20, 4 Grundgesetz: „Gegen jeden, der es unternimmt, diese Ordnung zu beseitigen, haben alle Deutschen das Recht zum Widerstand, wenn andere Abhilfe nicht möglich ist".

Der Lehrer erläutert kurz, wie die Aufnahme des Widerstandsrechts und gar der Widerstandspflicht in die Verfassungen zu erklären ist: die hessische Verfassung vom 11. Dezember 1946 hat diesen Artikel in unmittelbarer Reaktion auf den gescheiterten Widerstand im Dritten Reich aufgenommen.
Art. 20, 4 entstand im Anschluß an die Notstandsgesetzgebung und sollte ein Gegengewicht gegen die dort gestärkte Stellung der Exekutive bilden.
Der Lehrer stellt dann die Frage:
Welche Widerstandsmethoden gibt es?
Die Schüler erkennen schnell, daß Aktionen, die zu einer funktionierenden Demokratie

gehören (z. B. Aufklärung, Aufruf, Broschürenherstellung, Flugblattverteilung, Plakatanschlag u. a.) im Faschismus zu Widerstandsformen werden, daß der Widerstand also unmittelbar zusammenhängt mit der Gewalt des herrschenden Systems.
Als Abschluß sollte die Formulierung "[...] wenn andere Abhilfe nicht möglich ist" diskutiert werden.
Am Ende der Diskussion sollten die Bedingungen, unter denen Widerstand nötig und noch möglich ist, klargestellt sein.

Unterrichtsschritt 4:
Bedingungen und Grenzen der Widerstandsgruppen

Die wichtigsten Widerstandsgruppen werden im Lehrervortrag vorgestellt. Vorerst wird dabei der Widerstand gegen den Faschismus als Ganzes betrachtet. Eingeleitet wird dieser Unterrichtsschritt mit der Überschrift über das Tafelbild: "Wir sind Gefangene in einem großen Zuchthaus." (Leuschner) Damit wird nicht nur eine Empfindung ausgedrückt, sondern der Schüler lernt, unter welchen Bedingungen Widerstand geleistet werden mußte. Der Lehrer geht bei seinem Vortrag historisch vor, wobei drei Phasen berücksichtigt werden:

1. Phase von 1933–35
Konsolidierung des Systems
und Ausbau des Polizeistaates

- „Nachfolgewiderstand" aus der Arbeiterschaft: unter den neuen Bedingungen wird versucht, die traditionellen Formen von Aktivität und Zusammenhalt zu bewahren;
- Übergang der Parteien und Gruppen der Arbeiterbewegung vom legalen Kampf gegen den Faschismus in die Untergrundarbeit: Bildung unabhängiger lokaler Gruppen, Vertrauensleutenetze im Ausland, Zusammenhalt in informellen Gesprächskreisen;
- Selbstkritik innerhalb der Arbeiterbewegung, Beginn einer neuen Theoriediskussion.

2. Phase von 1936–39
Formierungsanspruch des NS-Regimes in allen gesellschaftlichen Regionen; neue, systemspezifische Widersprüche durch Aufrüstungsboom; christliche Konfessionen versuchen ethische Maximen zu verteidigen.

- die Untergrundarbeit der Arbeiterbewegung wird durch zunehmende Perfektionierung des Polizeiapparates zerschlagen;
- dadurch wird das antifaschistische Exil für den Zusammenhalt des innerdeutschen Widerstands bedeutender;
- die Tendenz zu gemeinsamen Überzeugungen bei Parteien und Gruppen, die anfangs unversöhnbar schienen, nimmt zu;
- der Versuch der Nationalsozialisten, die Eigenständigkeit der Kirchen zu beeinträchtigen, veranlaßt diese, die christliche Weltvorstellung noch eindeutiger zu verteidigen;
- ein Teil der militärischen Führung widerspricht 1938/39 der NS-Außenpolitik,
- Unzufriedenheit bei der Bevölkerung durch soziale und wirtschaftliche Konflikte, die durch die Aufrüstungspolitik ausbrechen.

3. Phase von 1939–45
Ausweitung des Krieges –
militärischer Widerstand verstärkt sich

„In den verschiedenen Etappen der Kriegszeit (1939–41, 1941–43, 1943–45) entwikkeln sich drei für diese Phase charakteristische Hauptprozesse: erstens die Intensivierung der Massenverfolgung und Massenvernichtung; zweitens die Desintegration der staatlichen und militärischen Führung bis zur Herausbildung der Konstellation des 20. Juli 1944; drittens die Neuformierung und partielle Konvergenz der Widerstandskräfte. Im Brennpunkt des 20. Juli 1944 treffen die verschiedenen sich in der Krise des NS-Regimes herausbildenden Widerstandsströme aufeinander: die Militäropposition und ihre assoziierten Kräfte aus der Staatsverwaltung, wobei unter Würdigung aller moralischen Betroffenheit der an der Verschwörung Beteiligten [...] nicht übersehen werden kann, daß ein wesentlicher Anstoß zum Handeln aus der Sorge herrührte, die vorauszusehende Niederlage würde die Bewahrung der traditionellen politisch-strategischen Grundkonzepte der deutschen Militärführung gefährden." (in: Der Nationalsozialismus als didaktisches Problem, hg. Bundeszentrale für politische Bildung, Bonn 1980, S. 172: Ergebnis einer Gruppenarbeit!),

- Entstehung eines neuen Typs von Widerstandskreisen mit intellektuellem Profil, z. B. Kreisauer Kreis, die Weiße Rose und die Rote Kapelle;
- der Arbeiterwiderstand festigt sich wieder und nimmt Kontakte zur Gruppe des 20. Juli auf.

Vorschlag für ein Arbeitsblatt

(zu Unterrichtsschritt 1)

Kein Platz für die weiße Rose

Symbol des Widerstands stört beim Shopping

In Volksdorf kocht der rechte Bürgerzorn. Noch vor der Eröffnung des neuen Zentrums Anfang September machte die der „Neuen Heimat" verbundene Bauträgerfirma Urbantrakt mit einer Eingabe an das Ortsamt den dringenden Wunsch vieler Anlieger und Geschäftsinhaber nach einer Änderung des Namens geltend. Bei der Eröffnung würdigten alle Redner das Kapitel „Weiße Rose" durch Verschweigen, und im Lageplan der Urbantrakt war für die Kundschaft alles mögliche angezeigt, nur nicht die „Weiße Rose" – dort hieß die neue Zone noch „Im alten Dorfe", nach der Straße, von der man sie abgezweigt hatte.

Ortsamtsleiter Warnke befürchtet, daß sich die Abneigung der Volksdorfer gegen den Namen „Weiße Rose" an diesem Ort nicht legen, sondern eher noch verschärfen wird. Ihm ist in den letzten Wochen eine Welle von Protestbesuchen und Protestbriefen entgegengeschlagen: „Ein Geschäftsmann hat mich zu einer Geschäftseröffnung am 1. Oktober eingeladen. Was der mir gesagt hat, das kann ich hier gar nicht wiederholen."

Ein in der dörflichen Diskussion stets wiederkehrendes Argument: Der Name „Weiße Rose" wirke in einem Einkaufszentrum, an einem Tummelplatz merkantiler Interessen, deplaziert. Die Erinnerung an die Opfer der nationalsozialistischen Gewaltherrschaft gehöre an eine Stätte der Besinnung. Ortsamtsleiter Warnke verhehlt nicht, daß auch ihm eine solche Lösung lieber gewesen wäre. Er verweist darauf, daß es nebenan noch Parks „ganz ohne Namen" gibt.

Die Frage, ob eine Einkaufspassage der richtige Ort sei, des Widerstandskampfes der Geschwister Scholl und ihre Gruppe zu gedenken, war auch Gegenstand der Beratungen im Ortsausschuß. Martin Meier-Siem: „Wir entschieden uns schließlich dafür in dem Bewußtsein, daß die Erinnerung an die Taten und das Opfer des Kreises der Weißen Rose in der Öffentlichkeit viel zuwenig lebendig ist und daß man sie nicht wachhalten kann mit Zeichen an wenig besuchten, meist friedhofsähnlichen Gedenkstätten."

Der Name „Weiße Rose" steht für einen Kreis von etwa 50 Personen in Hamburg und etwa 30 in München, zumeist Studenten, Schüler, Professoren, Ärzte, die sich zunächst in passivem, dann wachsendem aktiven Widerstand gegen das NS-Regime stellten. Sie schrieben „Nieder mit Hitler" und „Freiheit" auf Mauern und Gehsteige und brachten Flugblätter lebensgefährlichen Inhalts gegen die Nazis in Umlauf. 14 Mitglieder ihres Kreises wurden zwischen 1943 und 1945 von den Nazis enthauptet, gehenkt, in den Tod getrieben. Sie kämpften, wie der Münchner Professor Kurt Huber in seinen letzten Worten nach dem Todesurteil vor dem Volksgerichtshof sagte, für eine „Rückkehr zu klaren, sittlichen Grundsätzen, zum Rechtsstaat, zum gegenseitigen Vertrauen von Mensch zu Mensch..."

Wie die Volksdorfer-Diskussion zeigt, ist das Wirken der Gruppe, wo nicht gänzlich unbekannt, in der Öffentlichkeit einigen Mißverständnissen ausgesetzt. Ein Volksdorfer Bürger, aufgerufen, seine Meinung zu sagen, schrieb an die Lokalredaktion des *Hamburger Abendblatts:* „Weshalb müssen immer wieder alte Wunden aufgerissen werden, an denen unsere Kinder unbeteiligt waren. Ich bin politisch unbelastet und möchte beim Einkaufen nicht täglich an das Gewesene erinnert werden. An einem Platz, der als Einkaufszentrum dienen soll, wird in dieser Form Politik betrieben! Wir Volksdorfer lieben unsere natürliche friedliche Umgebung. Es ist traurig genug, daß Terrorismus schon wieder unsere friedlichen Bestrebungen erschüttern will." Ein anderer Briefschreiber findet, daß das „Empfinden" nun mal unangenehm berührt sei, wenn man „mit einem Kopf voller Einkaufssorgen an Atomkraftwerke, Wahlversprechen oder Widerstand gegen die Nazis ermahnt wird". Die Mehrzahl der Briefe sei aber positiv gewesen, vermerkt das *Abendblatt*. Der Ortsamtsleiter kennt da seine Volksdorfer besser. Er hat die neuen Straßenschilder jetzt so hoch hängen lassen, daß niemand mehr heran kann.

Aloys Behler

(aus: Die Zeit, Nr. 41, vom 30.9.1977)

Aufgabe:
Weshalb ist es Ihrer Meinung nach heute noch problematisch, eine Straße nach deutschen Widerstandskämpfern zu benennen?

Vorschlag für ein Arbeitsblatt
(zu Unterrichtsschritt 2)

Der Begriff „Widerstand"

1. *H. Rothfels,* Die deutsche Opposition gegen Hitler, Frankfurt 1977, S. 20:
„Wer immer sich mit den Problemen der deutschen Opposition gegen Hitler beschäftigt, wird zunächst sich dem sichtbarsten Ausdruck des Widerstandes zuwenden, der in dem Anschlag auf das Leben des ‚Führers' am 20. Juli 1944 zutage trat. In der Reihe von Aktionen, die entweder im Stadium des Planes steckengeblieben oder in der Ausführung mißglückten, war dies die einzige, die tatsächlich durchgeführt wurde und nahe zum Ziel kam. So hat das Datum des 20. Juli eine Art symbolische Bedeutung gewonnen."

2. *Ger van Roon,* Neuordnung im Widerstand, München 1967, S. 18:
„Jeder, der vom verordneten Modell abweicht, der sich auf irgendeinem Gebiet nicht ‚gleichschalten' läßt, ist für die Führung des totalitären Staates ein Widerstandskämpfer und erfährt die Folgen."

3. *F. Zipfel,* Die Bedeutung der Widerstandsforschung für die allgemeine zeitgeschichtliche Forschung, in: Stand und Problematik der Erforschung des Widerstands gegen den Nationalsozialismus, Bad Godesberg 1965, S. 3 (= Studien und Berichte aus dem Forschungsinstitut der Friedrich-Ebert-Stiftung):
„Vom historischen Blickwinkel her können wir darunter jede Handlung sehen, die darauf gerichtet war, dem totalitären Staat in den Arm zu fallen, sei es, um die eigene oder die Gruppenexistenz zu behaupten oder um Unrecht im kleinen wie im großen zu verhüten, die sich darum bemühte, eine Staatsordnung zu erhalten oder vorzubereiten, die den Prinzipien des nationalsozialistischen Staates widersprach oder die danach strebte, die bestehenden Machtverhältnisse durch Propaganda oder mit den Mitteln der Gewalt zu ändern. Im allgemeinen verbindet sich mit dem Begriff ‚Widerstand im totalitären Staat' die Vorstellung, daß diese Handlungen unter bewußter Inkaufnahme der Gefahr von persönlichen Nachteilen, von Maßregelungen, Inhaftierungen oder gar der Todesstrafe begangen wurden. Bloße Unzufriedenheit und daraus resultierende Affekthandlungen, die unter Umständen auch schwerste Bestrafungen nach sich ziehen konnten, werden schwerlich als Widerstand bezeichnet werden können."

Vorschlag für ein Arbeitsblatt
(zu Unterrichtsschritt 2)

Arten, Formen, Methoden und Techniken des Widerstands

Agententätigkeit
Agentenwerbung
Agitation
Attentat
Aufklärung
Aufruf
Barrikadenbau
Befehlsverweigerung
Besetzung
Bewaffnete Aktion
Boykott
Broschürenherstellung
Bürgerkrieg
Demonstration
Desertation
Diversion
Emigration
Entwurf für gesellschaftliche Neuordnung
Eidesverweigerung
Fälschung
Flugblattherstellung und Verteilung
Flüsterpropaganda
Flüsterwitze

Funkmitteilung
Gegenterror
Geheimnisverrat
Gehorsamsverweigerung
Generalstreik
Getarnte Kritik
Hilfe für Verfolgte
Hochverrat
Konspiration
Korrumpierung der Systemträger
Kritische Denkschrift
Kurierdienst
Landesverrat
Leben in der Illegalität
Memorandum
Mitarbeit in der Widerstandsgruppe
Nichtbeteiligung an Aktionen des Systems
öffentliche Protestkundgebungen
Partisanenkrieg
passive Resistenz
Plakatanschlag
Demonstrative Predigt
Putsch
Revolution
Demonstrativer Rücktritt vom Amt
Rundfunksendung
Sabotage
Selbstmord
Schmuggel
Spionage
Sprengstoffanschlag
Streik
Staatsstreich
Übernahme eines Amtes
Unterlassen der Anzeigepflicht
Untertauchen
Unterwanderung
Verbergen
Verbleiben im Amt
Verrat
Verschwörung
Verteilung von Druckschriften
Wandinschriften

(aus: Widerstand gegen den Nationalsozialismus, hg. von der Landeszentrale für politische Bildungsarbeit Berlin, Gedenk- und Bildungsstätte Stauffenbergstraße, Berlin 1975, S. 5 [Ausstellungskatalog])

Aufgaben:
Vergleichen Sie die drei Definitionen zum Widerstand und nennen Sie die Probleme, die sich ergeben!
Überprüfen Sie die Definitionen anhand der o. g. Liste!

17. Stunde: Der deutsche Widerstand (Gruppenarbeit)

Vorbemerkung:

Die Schüler sollen in Gruppenarbeit Beispiele des deutschen Widerstands gegen den Faschismus kennenlernen. Da unser Entwurf Erarbeitung und Präsentation in eine Unterrichtsstunde zusammenfaßt, mußte eine strenge Auswahl getroffen werden; dabei wurde versucht, bekanntere Widerstandsgruppen (Kreisauer Kreis, Weiße Rose und militärischer Widerstand), aber auch unbekanntere, vernachlässigte (Edelweißpiraten) zu berücksichtigen.
Sollte die Zeit nicht ausreichen, alle vier vorgeschlagenen Widerstandsgruppen zu behandeln, so kann der Lehrer auf einem Arbeitsblatt Informationen über die nicht ausführlicher behandelten liefern. Der Schwerpunkt sollte dann auf dem Jugendwiderstand liegen, da die Schüler hierbei eine reiche Palette nonkonformer Verhaltensweisen kennenlernen.
Diese Auswahl rechtfertigt sich auch nach dem Stand der gegenwärtigen Forschung, die immer mehr die Bedeutung des Widerstands „von unten“, also des „Volkswiderstands“ anerkennt (vgl. u. a. Gegner des Nationalsozialismus. Wissenschaft und Widerstandskämpfer auf der Suche nach historischer Wirklichkeit, hg. Chr. Kleßmann und F. Pingel, Frankfurt 1980).
Außerdem erscheint es wichtig, daß die Schüler erkennen, „daß auch Menschen, die aufgrund ihrer sozialen Zugehörigkeit nur begrenzten Einfluß besitzen, dem NS-Staat nicht nur passiv und ohnmächtig ausgeliefert sind, sondern sich in offenen Situationen bewähren und handeln können“ (H.-J. Markmann, Kinderschicksale unter dem NS-Regime, in: Der Nationalsozialismus als didaktisches Problem, hg. Bundeszentrale für politische Bildung, Bonn 1980, S. 154).

Verlaufsskizze:

Unterrichtsschritt 1:
Gruppenarbeit

Die Schüler besprechen und strukturieren in Kleingruppen die Ergebnisse der Hausaufgaben. Jede Gruppe erarbeitet eine Zusammenfassung zu der jeweiligen Widerstandsgruppe und trägt die Ergebnisse anschließend der Klasse vor.

Unterrichtsschritt 2:
Vorstellung der Ergebnisse

Gruppe 1: Die „Weiße Rose"
Als Einführung stellen die Schüler dieser Gruppe die Repräsentanten der „Weißen Rose" vor, während ihre Mitschüler die Ergebnisse ins Heft eintragen: Hans und Sophie Scholl, Willi Graf, Alexander Schmorell und Christoph Probst. (Bilder von jugendlichen Widerstandskämpfern könnten schon vorher im Klassenzimmer angeheftet werden; zu finden in: Der deutsche Widerstand 1933–45, Informationen zur politischen Bildung, 160, S. 18–19). Dabei sollte betont werden, daß die Mitglieder dieser Gruppe aus dem Bildungsbürgertum stammten, stark literarisch-künstlerisch interessiert waren, den Nationalsozialismus zunächst begeistert aufnahmen, bald aber dessen geistige Bevormundung ablehnten. Die Schüler geben dann ihre Fragestellung bekannt, unter der sie den Quellentext („Aufruf an alle Deutschen", in: W. Hofer (hg.), Der Nationalsozialismus, fi-Tb, S. 327–28) untersucht haben:

1. Beurteilung des Nationalsozialismus und dessen Zukunft durch die „Weiße Rose"
2. Zielvorstellungen der „Weißen Rose"

Folgende Ergebnisse werden vorgetragen und (wie bei allen Gruppen) im Heft notiert:

1. Die Fortführung des Krieges wird als sinn- und verantwortungslos angesehen; die Nationalsozialisten werden als „Verbrecher" erkannt, von denen sich die Nation trennen sollte; die Parolen der Nationalsozialisten werden als „Durchhalteparolen" entlarvt, Imperialismus und Militarismus werden verdammt.
2. Die Verfasser treten ein für:
   - die geistige Erneuerung Europas
   - den Föderalismus
   - einen „vernünftigen" Sozialismus
   - internationale wirtschaftliche Zusammenarbeit
   - die Verantwortung gegenüber ärmeren Ländern
   - Grund- und Menschenrechte
3. als oberstes Ziel wollen sie: die bisherige Lähmung durchbrechen und den Schritt von der Theorie zur Praxis, vom Wissen zum Widerstand vollziehen!

Gruppe 2: Die „Edelweißpiraten"
Zur Aktualisierung liest ein Schüler den Zeitungstext der Frankfurter Rundschau vor (siehe Vorschlag für ein Arbeitsblatt). Die daraus resultierende Problemstellung wird den Mitschülern bekannt gemacht: Die Edelweißpiraten – Widerstandskämpfer oder Kriminelle?

Erweiterung: Sollte diese aktuelle Problematik ausgebaut werden, so sei auf folgende Informationsquellen verwiesen: Frankfurter Rundschau vom 18. 9. 1978, 29. 9. 1978, 4. 11. 1978, 12. 12. 1978. D. Gerhard, Antifaschisten – Proletarischer Widerstand, 1933–45, Berlin 1976. Es gab nicht nur den 20. Juli... Dokumente aus einer Sendereihe, hg. von der Pressestelle d. Westdt. Rundfunks, Wuppertal 1980. Terror und Hoffnung in Deutschland 1933–45. Leben im Faschismus, hg. von J. Beck u. a., Reinbek 1980.

Um dieses Problem diskutieren zu können, berichtet die Schülergruppe über die aus den Quellen gewonnenen Erkenntnisse über die „Edelweißpiraten".
Oppositionelle Verhaltensweisen:
- die Jugendlichen (ab etwa 14 Jahren) lebten nach bündischem Vorbild, machten

Fahrten, sangen Lieder am Lagerfeuer; auch Protestlieder;
- sie unterschieden sich äußerlich von Jugendlichen der HJ durch längere Haare, lässigere Kleidung und Haltung;
- im Gegensatz zur Geschlechtertrennung der NS-Organisationen gehörten zu den „Edelweißpiraten“ auch Mädchen;
- die „Edelweißpiraten“ unternahmen gewalttätige Aktionen gegen die Gestapo u. a. NS-Organe;
- sie verteilten Flugblätter und brachten Klebezettel mit Parolen gegen das NS-Regime an;
- sie leisteten Hilfe für NS-Gegner;
- hörten fremde Sender ab.

Das Vorgehen der NS-Organe gegen die „Edelweißpiraten“:
- Schnüffeleien
- Schlägereien
- Verhaftungen, Vernehmungen, Prügel bei dieser Gelegenheit;
- Einlieferung in Jugend-KZ;
- Hinrichtungen durch den Strang

Schließlich sollte noch einmal auf die aktuelle Ausgangsposition zurückgeführt werden anhand des Ausspruchs des Kölner Regierungspräsidenten: „Was damals Recht war, kann heute nicht Unrecht sein.“ (Der Nationalsozialismus als didaktisches Problem, hg. Bundeszentrale für politische Bildung, Bonn 1980, S. 152.)

Gruppe 3: Der „Kreisauer Kreis“
Bearbeitet werden von der Gruppe die „Grundsätze für die Neuordnung“ vom 9. 8. 1943; in:
- Weltgeschichte im Aufriß 3/1, Diesterweg, S. 477–80
- R. Kühnl (hg.), Der deutsche Faschismus, Pahl-Rugenstein, S. 448 ff.
- W. Hofer (hg.), Der Nationalsozialismus, Dokumente 1933–45, fi-Tb, S. 333 ff.
- G. van Norden, Das Dritte Reich im Unterricht, S. 113–119

Die Schülergruppe bearbeitet die Quellen unter folgender Fragestellung:
Inwiefern stellten die Ziele des „Kreisauer Kreises“ einen echten Gegenentwurf zum Nationalsozialismus dar?
Folgende Ergebnisse sind möglich:
- ideologisch: Dem Rassegedanken und dem Kollektivismus des Nationalsozialismus setzte der „Kreisauer Kreis“ die Wertschätzung des Individuums entgegen, das aus christlicher und sozialer Verantwortung heraus handelt. Grundlage sollte die enge Zusammenarbeit von Staat und Kirche sein. Eine Reform der Erziehung auf dieser Grundlage sollte die Jugend von den Vorstellungen des Faschismus befreien.
- politisch: Das Individuum soll zu mehr Eigenverantwortung geleitet werden, verstärkte Partizipation an politischen Prozessen soll die Machtkonzentration des Staates einschränken, was im System des Föderalismus verwirklicht werden soll.
- wirtschaftspolitisch: Der Staat soll das Recht haben, bei großer Machtkonzentration in der Wirtschaft einzugreifen. Forderung nach Mitbestimmung! (Diese Vorstellungen sind noch wenig konkret.)
- außenpolitisch: (z. T. starke Gegensätze innerhalb des Kreises) Ablehnung des Nationalismus (mit Einschränkungen); Einsicht in die Notwendigkeit guter Beziehungen zu allen Staaten; enge europäische Zusammenarbeit; Forderung nach einer Weltorganisation, die stärker ist als der Völkerbund (Bestrafung von Kriegsverbrechern durch einen internationalen Gerichtshof).

Gruppe 4: Militärischer Widerstand
Die Quellen (in: Der deutsche Widerstand 1933–45, Informationen zur politischen Bildung 160, S. 24 f.; B. Hey/D. Radkau (hg.), Nationalsozialismus und Faschismus, Klett S. 123–124) sind unter folgender Fragestellung zu bearbeiten:
1. (zu Text 83 c): Wie sind die außenpolitischen Ziele auf dem Hintergrund der da-

maligen militärischen Lage zu beurteilen? Sind die Akteure des 20. Juli „nur graduell unterschiedene Militaristen, die durch Opferung eines Schuldigen einen Verhandlungsfrieden erreichen und den deutschen Militarismus vor der Katastrophe retten“ wollten? (G. Plum, Widerstandsgruppen, S. 296)

2. (zu Text 84 a): Vergleichen Sie diesen Verfassungsentwurf mit anderen Ihnen bekannten Verfassungen (z. B. 1871, 1919, 1949)!

Zu Beginn der Vorstellung der Ergebnisse können die Schüler die wichtigsten Repräsentanten des militärischen Widerstands vorstellen. Danach sollte folgendes als Ergebnis genannt werden:

1. (zu Text 83 c):
- der national-konservativen Goerdeler-Gruppe galt das alte Europa als Nabelschnur der Welt, die weiße Rasse den anderen als überlegen!
- Modellcharakter hatte für sie das Bismarck-Reich ergänzt durch Teile der früheren Donaumonarchie;
- diese Gruppe strebte die deutsche Hegemonie an und lehnte jede Begrenzung der Souveränität ab.

Bei der Behandlung des Problems: die Akteure des 20. Juli – nur graduell unterschiedene Militaristen? sollte sich der Lehrer zurückhalten und nur Informationen z. B. zur militärischen Lage zu dieser Zeit einfügen.

2. (zu Text 84 a):
antidemokratische, antiliberale, autoritäre Tendenzen mit z. T. faschistoiden Zügen. Da die Wiedereinführung der Monarchie vorgesehen war und andere demokratische Rechte im Vergleich zu den Verfassungen von 1871 und 1919 beschnitten wurden, bedeuteten diese Vorstellungen einen teilweisen Rückschritt bis vor 1871.

Mit Hilfe einer Folie könnten diese Ergebnisse der Klasse erläutert werden (siehe Vorschlag für eine Folie).

Unterrichtsschritt 3:
Gründe des Scheiterns des Widerstands

Ausgehend von den erarbeiteten Ergebnissen soll nach den möglichen Gründen des Scheiterns des Widerstands gefragt werden. Folgende Antworten sind möglich:
- ein zu starker und gefestigter Unterdrükkungsapparat (der Lehrer könnte ergänzen, daß z. B. ca. 40000 Gestapo-Beamte damit beschäftigt waren, mögliche Gegner des Regimes auszukundschaften; Gefahr des Spitzelwesens);
- enge Bindung der Militärs an die politische Führung (Eid-Problem angesichts der Kriegslage);
- fehlende Tradition des Widerstands in der deutschen Geschichte, dagegen Honorierung des Untertanengeistes;
- keine einheitliche Zielsetzung des Widerstands, zu viele unterschiedliche Gruppen, damit zusammenhängend:
- mangelnde Unterstützung durch das Ausland (Westmächte trugen vor dem Krieg durch Appeasement-Politik zur Systemfestigung bei); die Alliierten sahen im Widerstand keine Alternative zu Hitler, sondern nur den Versuch, einen günstigen Frieden zu erreichen.

Unterrichtsschritt 4:
Stellungnahme der Schüler zum deutschen Widerstand

Das abschließende Unterrichtsgespräch könnte von folgenden Fragen ausgehen:
- Wie beurteilen Sie den deutschen Widerstand und sein Scheitern?
- Welcher Widerstandsgruppe könnten Sie sich verbunden fühlen? Wovon scheint diese Entscheidung abhängig zu sein?
- Zu welchem Zeitpunkt sollte Ihrer Mei-

nung nach Widerstand gegen ein Unrechtsystem einsetzen? Mit welchen Mitteln?

Hausaufgabe:

E. Nolte, Die Individualität des Faschismus (Aufgabenstellung siehe 18. Stunde, U'schritt 2).

Vorschlag für ein Arbeitsblatt

(Gruppe 2)

„Ein Bürgerkomitee zur Rehabilitierung der Kölner Widerstandskämpfer, die unter dem Namen Edelweißpiraten bekannt wurden, ist unter Beteiligung namhafter Bürger und Politiker, wie dem Ex-Justizsenator von Hamburg, Ulrich Klug, und der SPD-Landtagsabgeordneten Anke Brun gegründet worden. Das Komitee [...] will erreichen, daß das Kölner Regierungspräsidium den am Ende des Zweiten Weltkriegs als Kriminelle von den Nazi-Behörden gehenkten Edelweißpiraten aufgrund neuer Dokumente nicht länger die Anerkennung als Widerstandskämpfer verweigert." (Frankfurter Rundschau, 12.12.1978)

Einige Beispiele mögen die Skala oppositioneller Verhaltensweisen belegen;
Informelle Kontakte:
„Es waren Gruppen von Jungen und Mädchen, die sich spontan zusammenfanden, die sich gegenseitig besuchten, gemeinsame Lieder sangen, die sich auch einig in ihrer Auffassung waren, auch hin und wieder politische Gespräche führten. Aber bei 15-/16jährigen mangelt es ja leider an der Erfahrung für solche Gespräche, so daß in dieser Art wenig getan wurde. Es gab ja keine Leitstelle, es gab keine Führung [...]"

Kontakte zu Widerstandskämpfern:
„Wir erfuhren nun von Ehrenfelder Freunden [...], daß dort eine Widerstandsgruppe existierte [...] Gemeinsam mit einem Freund wurde ich nach dorthin geleitet und fand in der Schönsteinstraße [...] einen ehemaligen Kazetthäftling vor, der von einem Bombenentschärfungskommando geflüchtet war [...] Er hatte einen Kreis von Antifaschisten, Russen, Deserteuren und jungen Männern, welche nicht mehr zum Kriegsdienst eingezogen werden wollten, um sich geschart [...] Der, Bombenhans' (so nannte man den Leiter der Gruppe, Anm. d. Verf.) hatte nun die Absicht, Blindgänger [...] in einen Wagen zu verfrachten und mit diesem Wagen zur Gestapo zu fahren. Der Wagen sollte [...] dann [...] vor dem Haus der Gestapo [...] in die Luft gesprengt werden."
„Dann kam ein entscheidender Einschnitt, denn wir erhielten 1940 oder 1941 Kontakt zu damaligen illegalen Funktionären der KPD [...] Einmal fragte mich Kaps (Reichsinstrukteur der KPD, Anm. d. Verf.), ob ich bereit sei, mehr gegen die Nazis zu tun, als abends mit den anderen Jungen gemeinsam zu singen [...] Von Kaps bekam ich dann Flugblätter und Klebezettel. Sie waren oft schwer an den Mann zu bringen, besonders die Flugblätter. Mit den Klebezetteln war das einfach, die klebten wir bevorzugt in Telefonzellen."

Demonstrative Akte:
„Manche unserer Unternehmungen war [...] leichtfertig, z.B. unsere Aktion in der NS-Dienststelle in Gerresheim. Wir marschierten da einfach in den Flur hinein und spielten auf der Gitarre eine halbe Strophe der Internationale. Dann liefen wir zu unseren Rädern und machten uns aus dem Staub [...] damals hatten wir einfach das Bedürfnis, den Nazis zu zeigen, daß es auch noch Andersdenkende gab."

Einige Berichte sollen diese Maßnahmen der Gestapo veranschaulichen:
„Nachdem die Ehrenfelder Widerstandsgruppe von der Gestapo und der SS aufgebracht worden war, ging natürlich die Jagd nach deren Mitgliedern und Sympathisanten los. In diesem Zusammenhang wurde auch ich von 3 Gestapoleuten [...] verhaftet [...] Nachdem ich kurz im El-De-Haus festgehalten worden war, fuhr ich nachts mit 4 Gestapobeamten nach Brauweiler und kam dort in das Zellenhaus [...], wo ich dann 4 Monate in Einzelhaft lebte. Bei Vernehmungen waren die üblichen Prügeleien durch die Gestapobeamten an der Tagesordnung. Man mußte bis 30 zählen, und wenn man sich verzählte, begann die Schläge wieder von vorn. Ich wurde mit Stuhlbeinen und sonstigen Geräten völlig willkürlich am ganzen Körper geschlagen [...]."
„Ich glaube, daß wir etwa 150 Häftlinge gewesen sind. Als im Februar '45 die alliierten Verbände ihre Offensive begannen, wurden wir nach Siegburg gebracht, und da waren wir nur noch 75. Die restlichen waren z.T. verhungert, hingerichtet, erschlagen oder erschossen worden [...] Wir hatten es geschafft, daß wir Jugendlichen zusammen kamen.

Der Älteste von uns war 17 Jahre [...] Jeden Tag starb ein Gefangener [...] Bei meiner Inhaftierung hatte ich 125 Pfund gewogen. Als dann die Amerikaner [...] einmarschierten, wog ich noch 75 Pfund."
Von den ehemals 150 Häftlingen kehrten nur noch 4 nach Köln zurück.
(aus: H.-J. Narkmann, Kinderschicksale unter dem NS-Regime, in: Der Nationalsozialismus als didaktisches Problem, Beiträger zur Behandlung des NS-Systems und des deutschen Widerstands im Unterricht, Schriftenreihe der Bundeszentrale für politische Bildung, Bonn 1980)

Wer waren die „Edelweißpiraten"?
Die Akten im Koblenzer Bundesarchiv beweisen: Die Ehrenfelder Gruppe hat politischen Widerstand geleistet. Dr. Heinz Boberach, Leitender Archiv-Direktor, ist den Spuren nachgegangen:
„Dann gibt es aber eben einen Kern, und zu dem gehört die Ehrenfelder Gruppe, die Beziehung zur echten Opposition bekommt. Dazu gehört auch ein Einfluß aus der Gruppe der organisierten Ost-Arbeiter [...]
Das fing ja mit dem einfachen Mitleid mit den Ost-Zwangsarbeitern an und ging dann bis zur Unterstützung geflohener Ost-Arbeiter. Und daraus hat sich dann das gebildet, was schon über eine Jugendopposition hinausgeht; eine echte Widerstandsgruppe, die dann im Winter '44 nach diesen schrecklichen Ereignissen in der Hüttenstraße auch in Köln gewisse Erfolge hatte, bis dahin, daß der Leiter der Kölner Gestapo-Stelle in einem Feuergefecht erschossen worden ist [...]
Natürlich hatte die Gestapo ein Interesse daran, in ihren Akten das zu kriminalisieren. Und das kann man auch nicht wegdiskutieren: Die Jungen hatten damals Hunger, und die haben sich dann organisiert, was sie brauchten, und haben es natürlich auch zum Teil organisiert – angeleitet vielleicht, um untergetauchte Fahnenflüchtige, untergetauchte geflohene Ost-Arbeiter mit Lebensmitteln zu versorgen – den Kontex muß man halt darin sehen. Aber natürlich, wenn Sie so wollen, ist auch die Tat des Grafen Stauffenberg im Sinne des Strafgesetzbuches ein Mord in mehreren Fällen. Das kann man alles kriminalisieren."

„Die Jugend ist unsere Zukunft"
Dr. Heinz Boberach, Leitender Archiv-Direktor im Koblenzer Bundesarchiv, über die Bedingungen, unter denen damals Jugendliche zu Widerstandskämpfern wurden:
„Es gab vielleicht noch nicht das Wasser, in dem der Fisch des Widerstandskämpfers schwimmen konnte. Aber es gab doch – und gerade eben auch in der Jugend, die doch eigentlich nach dem Selbstverständnis des Nationalsozialismus die Zukunft sein sollte, das haben wir ja immer wieder gehört: ‚Die Jugend ist unsere Zukunft' – gerade dort gab es eine Bereitschaft, die nur geweckt zu werden brauchte, die hätte geweckt werden können bei einem erfolgreichen Attentat auf Hitler, die aber eben, wie in dem Fall der Ehrenfelder, geweckt wurde durch Verbindung zu Fahnenflüchtigen, zu Ost-Arbeitern, und sich dann von der bloßen Resistenz über die Opposition zur echten Widerstandsbewegung entwickelt hat.

„Anglophile Tendenzen"
Wie ernst die Nationalsozialisten die „Edelweißpiraten" oder die „Swingjugend" nahmen, bezeugt ein Brief des Reichsführers SS und Chef der Polizei, Heinrich Himmler, an den Leiter der Sicherheitspolizei. Reinhard Heydrich: „Alle Rädelsführer, und zwar die Rädelsführer männlicher und weiblicher Art, unter den Lehrern diejenigen, die feindlich eingestellt sind und die Swingjugend unterstützen, sind in ein Konzentrationslager einzuweisen. Dort muß die Jugend zunächst einmal Prügel bekommen und dann in schärfster Form exerzieren und zur Arbeit angehalten werden. Irgendein Arbeitslager oder Jugendlager halte ich bei diesen Burschen und diesen nichtsnutzigen Mädchen für verfehlt. Der Aufenthalt im Konzentrationslager für diese Jugend muß ein längerer, zwei bis drei Jahre sein. Es muß klar sein, daß sie nie wieder studieren dürfen. Nur, wenn wir brutal durchgreifen, werden wir ein gefährliches Um-sich-greifen dieser anglophilen Tendenzen einer Zeit, in der Deutschland um seine Existenz kämpft, vermeiden können."
(aus: Es gab nicht nur den 20. Juli...; Dokumente aus einer Sendereihe im WDR, hg. von der Pressestelle des WDR, Wuppertal 1980, S. 86–88); siehe auch ZEIT magazin Nr. 32, 31. 7. 1981: „Kein Recht für diese ‚Piraten'", S. 14–19 (mit Bildmaterial!).

Vorschlag für eine Folie *(Gruppe 4)*

Plan für die Gliederung einer Übergangsregierung nach einer Beseitigung Hitlers

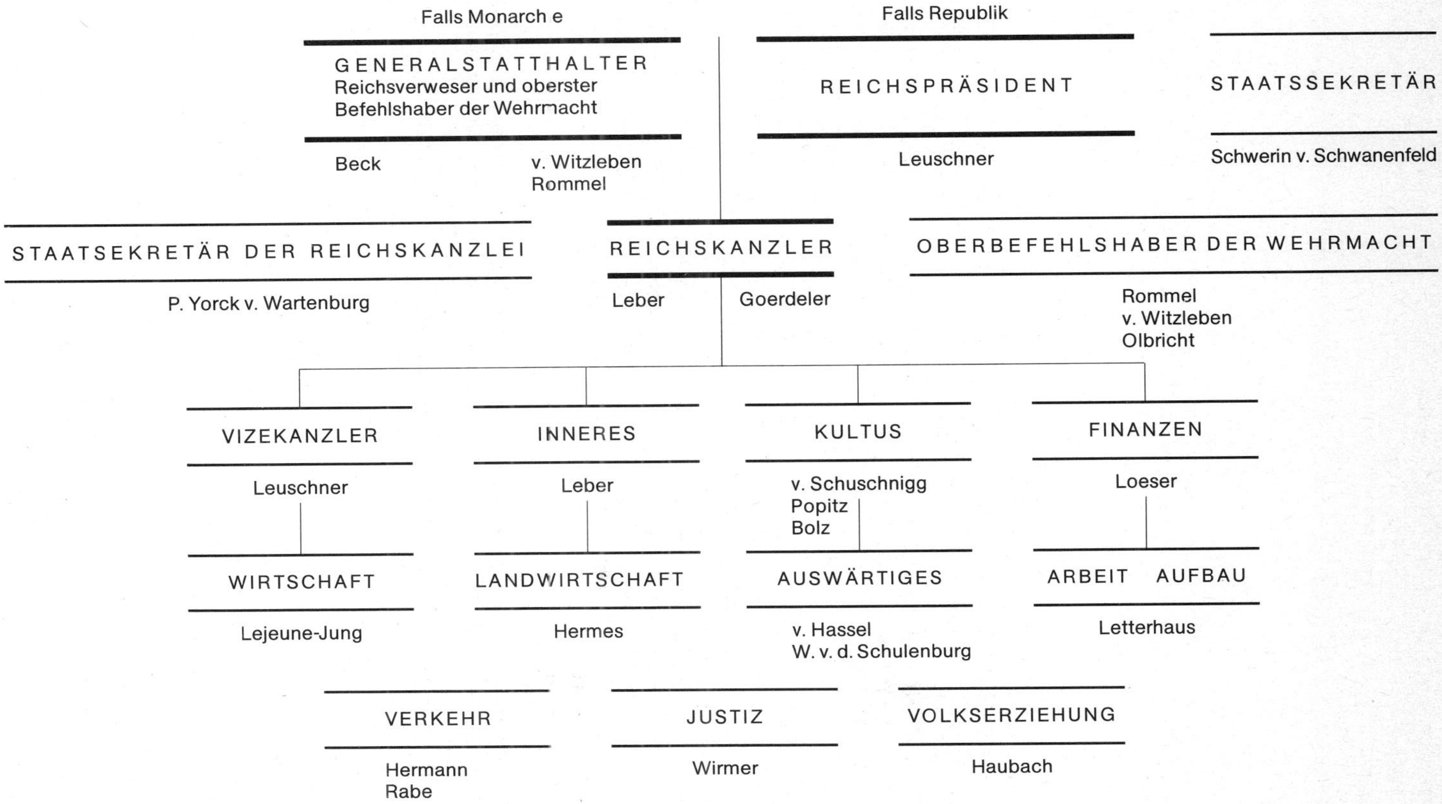

Juli 1944

Vorschlag für ein Arbeitsblatt *(zu Unterrichtsschritt 2)*

	Weiße Rose	Edelweißpiraten	Kreisauer Kreis	Militärischer Widerstand
Herkunft	Groß- bzw. Bildungsbürgertum	Arbeiterschaft	Groß- bzw. Bildungsbürgertum	Adel, Groß- bzw. Bildungsbürgertum
Politische Einstellungen;	radikale Kritik am Nationalsozialismus: = „Verbrecher"! **Für:** – Demokratie, Föderalismus, Grund- und Menschenrechte – „vernünftigen" Sozialismus – internationale Zusammenarbeit	kein politisches Programm: Jugendliche (ab ca. 14 Jahre) – gegen Bevormundung des NS-Regimes – für freiere Lebensweise (Kleidung, Haare usw.) – z. T. bündisch-romantische Vorstellungen – Jungen und Mädchen!	– Wertschätzung des Individuums – christl.-soziale Verantwortung – gegen polit. u. wirtschaftl. Machtkonzentration; – für europäische Zusammenarbeit – für Bestrafung der Kriegsverbrecher	– national-konservativ – außenpolitisch: Bismarck-Reich plus Teile der früheren Donaumonarchie = Ziel! – autoritär, antidemokratisch, antiliberal, z. T. faschistoide Vorstellungen
Methoden des Widerstands Probleme	Verteilung von Flugblättern Aufklärung Grundsätze für eine Neuordnung Hilfe für Verfolgte	Bewaffnete Aktionen, Flugblattverteilung Plakatanschläge Hilfe für Fahnenflüchtige und Ost-Arbeiter – Vorwurf der Kriminalität	Denkschrift: Entwurf für eine gesellschaftliche Neuordnung; Hilfe für Verfolgte Verbleiben im Amt Zusammenarbeit mit Verschwörern	Denkschrift: Entwurf einer Neuordnung Hilfe für Verfolgte Vorbereitung und Durchführung einer Verschwörung Eid-Problem!
Folgen ihres Widerstands	Hinrichtung	öffentliche Hinrichtung Jugend-KZ	Hinrichtung Gefängnis	Hinrichtung Gefängnis

18. Stunde: Das Faschismusproblem

Vorbemerkung:

Zusammen mit der Einführungsstunde bildet die 18. Stunde eine Klammer, welche die einzelnen Blöcke der Unterrichtseinheit miteinander verbindet. Daher erfüllt sie eine doppelte Funktion:

1. bietet die Stunde die Möglichkeit, die in Stunde 1 aufgeworfene Frage nach dem ‚Faschismus' zu beantworten, wobei die am Beginn der Unterrichtseinheit gefundenen Aspekte überprüft und ergänzt werden. So ermöglicht die Stunde eine Ergebnissicherung, denn die Schüler sollen zwei kontroverse Theorien mit Hilfe ihrer Kenntnisse über den Nationalsozialismus beurteilen;
2. erlaubt sie es, das Problem, ‚Faschismus' zu aktualisieren.

Für die Besprechung des Themas bieten sich verschiedene Möglichkeiten an:

1. Möglichkeit:
Man geht aus von der Frage: War das Dritte Reich ein totalitärer Staat?
Als Grundlage dienen zwei kontroverse Texte; z.B.
- C. F. Friedrich/Z. Brzezinski, Die allgemeinen Merkmale der totalitären Diktatur, in: H.-G. Herrnleben (hg.), Totalitäre Herrschaft, Ploetz, S. 71f., T61;
- B. Seidel, Problematik des Totalitarismusbegriffs, in: H.-G. Herrnleben (hg.), Totalitäre Herrschaft, S. 74ff.; T65.

2. Möglichkeit:
Untersucht wird die zeitgenössische Betrachtung des Faschismus und seiner Beurteilung: z.B.
- A. Thalheimer, Über den Faschismus (1930), in: Politik und Gesellschaft, Bd. 2, Hirschgraben, S. 140f., T1;
- M. J. Bonn, Das faschistische und das demokratische Prinzip (1928), in: Weltgeschichte im Aufriß 3/1, Diesterweg, S. 314f., T3;
- Demitroff/Kusinen, Der Klassencharakter des Faschismus (1933), in: Weltgeschichte im Aufriß 3/1, Diesterweg, S. 318, T7.

3. Möglichkeit:
Es werden je ein Vertreter der phänomenologisch-typisierenden Methode und der kausal-erklärenden Methode gegenübergestellt. Als Vertreter bieten sich an:
- E. Nolte, Die Individualität des Faschismus, in: Weltgeschichte im Aufriß, 3/1, Diesterweg, S. 330f., T4.
- R. Kühnl, Faschismus, in: Politik und Gesellschaft, Bd. 2, Hirschgraben, S. 143, T4.

Die Verfasser schlagen diese dritte Möglichkeit vor, weil die Totalitarismustheorie den Nationalsozialismus zu eng mit dem Kommunismus in der UdSSR in Verbindung bringt, ohne daß hier die unterschiedliche soziale Komponente berücksichtigt werden kann (Wissensdefizit der Schüler) (siehe auch Allgemeine Vorbemerkung, S. 8). Bei interessierten und kompetenten Kursen besteht die Möglichkeit, die in den Stunden 2 bis 17 erarbeiteten Strukturmerkmale des nationalsozialistischen Systems mit Hilfe der Kategorien der beiden Theoretiker auf ihre faschistischen Elemente zu überprüfen und zu beurteilen. Besonders geeignet für dieses Verfahren erscheinen
- Mitgliederstruktur der NSDAP
- Parteigliederungen
- Verhältnis von Nationalsozialismus und Unternehmertum
- imperialistische Außenpolitik
- „Judenpolitik"

Ziele der Stunde:

Die Schüler erarbeiten aus Quellen
- zwei exemplarische Ansätze zur Erklärung des Phänomens ‚Faschismus'

Die Schüler erkennen
- den phänomenologisch-typisierenden Ansatz von E. Nolte
- den kausal-erklärenden Ansatz von R. Kühnl
- die Herkunft des Begriffs ‚Faschismus' und seine begrifflichen Wurzeln im 19. Jahrhundert
- die Problematik des Faschismusbegriffs in bezug auf die Einordnung politischer Bewegungen
- den Faschismus als latente Gefahr in bürgerlich-kapitalistischen Gesellschaften.

Die Schüler beurteilen
- das Verhältnis von Faschismustheorie zur politischen Realität.

Verlaufsskizze:

Unterrichtsschritt 1:
Problematisierung und Wiederholung

Als Einstieg in die Stunde dient ein Zitat von Angelo Tasca aus dem Jahre 1938, das heute noch Gültigkeit hat; es wird den Schülern mittels einer Folie vorgestellt: „Der Faschismus ist eine Diktatur; davon gehen alle bisherigen Definitionen aus. Aber jenseits dieses einen Fixpunktes herrscht absolut keine Übereinstimmung mehr." (zit. in: W. Wippermann, Faschismustheorien, S. VIII). Das Zitat soll den Schülern zeigen, daß der Faschismus als politische Bewegung kontrovers diskutiert wird und es durchaus keine einheitliche Definition gibt, wie man vielleicht nach der ersten Stunde glauben konnte. Die Schüler werden anschließend aufgefordert, die in Stunde 1 festgestellten Merkmale faschistischer Bewegungen zu nennen und diese aus ihrer Kenntnis des Nationalsozialismus heraus zu ergänzen, da verschiedene Aspekte im damals besprochenen Text nicht genannt sind, die aber für den Nationalsozialismus wesentlich sind: z. B. eine innerstaatlich expandierende Partei als Herrschaftsinstrument, das radikale Vorgehen gegen Minderheiten (Juden, Zigeuner, geistig und körperlich behinderte Menschen), der Expansionsdrang (Lebensraum). Die Antworten der Schüler werden auf einer Nebentafel stichwortartig festgehalten.

Unterrichtsschritt 2:
Der Faschismusbegriff bei E. Nolte

Den Schülern wurde hierzu eine vorbereitende Hausaufgabe gestellt:
- E. Nolte, Die Individualität des Faschismus, in: Weltgeschichte im Aufriß 3/1, Diesterweg, S. 330f., T4.

Aufgabenstellung:
1. Welche Ursachen für die Entstehung des Faschismus nennt Nolte?
2. Was meint er mit „Krise des liberalen Systems"?
3. Welche Merkmale sind für den Faschismus charakteristisch?

Als Antworten werden erwartet:
1. – „Krise des liberalen Systems"
   - der 1. Weltkrieg mit übersteigertem Nationalismus und der Enttäuschung der Erwartungen (verlorener Krieg; statt Expansion Gebietsverluste und Verlust der Großmachtstellung)
   - die russische Revolution und die marxistische Bedrohung des Bürgertums und seiner Ideale;
2. – Bedrohung der liberal-kapitalistischen Ordnung
   - drohende Proletarisierung des Kleinbürgertums durch Verlust seiner ökonomischen Basis (durch verlorene Kriegsanleihen, Inflation)
   - Verlust bürgerlicher Vorrechte, die auf Besitz beruhen
3. – „Organisation nach militärischem Muster" (Prinzip von Befehl und Gehorsam)
   - Anti-Marxismus
   - Anti-Modernismus (z. B. Städtefeindlichkeit)

- Nationalismus in übersteigerter Form
- Tendenz zum Antisemitismus und zur Ablehnung der christlichen Lehre
- autoritäre bzw. diktatorische Herrschaftsausübung
- Mobilisierung der Straße.

Der Lehrer erläutert die wissenschaftliche Methode Noltes:
die phänomenologisch-beschreibende Methode, die versucht, übereinstimmende Qualitäten und Merkmale im Erscheinungsbild faschistischer Systeme zu finden und so eine Typologie des Faschismus zu entwerfen. Mit Hilfe einer Folie in Verbindung mit einem Informationsblatt wird eine solche Typologie vorgestellt (siehe Vorschlag für eine Folie und ein Informationsblatt).

Unterrichtsschritt 3:
Die kausal-erklärende Methode R. Kühnls

Der beschreibenden Methode Noltes wird Kühnls kausale Methode gegenübergestellt. Dazu untersuchen die Schüler in Partnerarbeit einen Textauszug aus:
- R. Kühnl, Faschismus, in: Lexikon zur Geschichte und Politik im 20. Jahrhundert, Köln 1971, S. 239; der Text findet sich auch in:
- Politik und Gesellschaft, Bd. 2, Hirschgraben, S. 143, T4.

Als Fragen für die Texterschließung und ein Unterrichtsgespräch werden gestellt:
1. Wodurch kann Faschismus entstehen?
2. Welche Merkmale faschistischer Systeme nennt Kühnl? Inwiefern ist der Faschismus damit eine „Form bürgerlicher Herrschaft"?
3. Worin bestehen Ihrer Meinung nach Unterschiede zu der Auffassung Noltes?

Erwartete Schülerantworten, die auf Folie festgehalten werden:

1. – ökonomische Krisen in der bürgerlichen Gesellschaft und im Kapitalismus;
   – die Anfälligkeit des Bürgertums in Krisensituationen für autoritäre Lösungen;
2. – Militante, mittelständische Bewegungen mit dem Ziel der Beseitigung von Demokratie, Marxismus und der Beschränkung des Kapitalismus;
   – nach der Machteroberung etabliert sich der Faschismus als „Monopolpartei";
   – „Ideologie proklamiert die Volksgemeinschaft", verschärft nationalistische und völkische Bestrebungen des 19. Jahrhunderts;
   – Ablenkung von Aggressionen nach außen und auf Minderheiten („Sündenbockphilosophie"); Ordnungsdenken; „System von Befehl und Gehorsam"; Erfassen aller Lebensbereiche;
   – Festigung des Kapitalismus durch Auflösung der Gewerkschaften und der Arbeiterparteien; aber: staatliche Eingriffe in die Wirtschaft sind möglich;
   – „terroristische Herrschaftsmethoden"; „staatliches Propaganda- und Informationsmonopol";
3. Für Kühnl ist der Faschismus anders als für Nolte nicht aufgrund seiner Erscheinungsformen zu definieren, vielmehr versucht er, den Faschismus primär als das Ergebnis einer bestimmten Gesellschaftsstruktur (bürgerlich-kapitalistisch) und einer bestimmten historischen Entwicklung zu erklären und nach seinen Funktionen zu untersuchen.

Am Schluß dieses Unterrichtsschrittes könnte eine Anwendung der beiden Theorien auf den Nationalsozialismus stehen. Als Gesprächsimpuls könnte dienen:
- Welche Merkmale des Nationalsozialismus werden in den beiden Theorien explizit genannt, und wo liegen die jeweiligen Schwerpunkte der beiden theoretischen Ansätze?

Unterrichtsschritt 4:
Die Herkunft des Begriffs ‚Faschismus'

Im Lehrervortrag oder durch ein Schülerreferat wird dann die Herkunft des Begriffs ‚Faschismus' kurz erläutert. Als Grundlage könnte u. a. dafür dienen:

- W. Schieder, Faschismus, in: C. D. Kernig (hg.), Marxismus im Systemvergleich, Geschichte, Bd. 2, Spalte 1 f.;
- W. Alff, Der Begriff Faschismus, in: R. Kühnl (hg.), Texte zur Faschismusdiskussion I, Positionen und Kontroversen, Reinbek 1974, S. 103 ff.
  - etymologisch abgeleitet wird der Begriff vom Lateinischen fascis = Rutenbündel, dem „Symbol der Amtsgewalt der römischen Magistrate"
  - im 19. Jahrhundert verwandten italienische Sozialisten und Republikaner den Begriff „fascio", um damit „außerparlamentarische Organisationsformen [...] mit meist revolutionärem Charakter zu bezeichnen";
  - „Um 1890 nannten sich die agrarrevolutionären Vereinigungen der sizilianischen Landarbeiter fasci revolutionari"
  - am 23. März 1919 gründete Mussolini die ‚fasci di combattimento', die Kampfbünde;
  - Faschismus im engeren Sinne meint „seitdem die von Mussolini 1922 an die Macht geführte politische Bewegung und das von dieser in Italien bis 1945 ausgeübte Herrschaftssystem" (W. Schieder, Faschismus, Sp. 1);
  - Faschismus im weiteren Sinn meint aber auch „extrem nationalistische Bewegungen mit autoritär-hierarchischem Aufbau, antiliberaler, antidemokratischer und antisozialistischer Ideologie" (W. Schieder, Faschismus, Sp. 1 f.).

Exkurs:
Mit Hilfe einer Quelle wird der ‚Faschismus' aus faschistischer Sicht erläutert und zugleich Unterschiede und Gemeinsamkeiten von italienischem und deutschem Faschismus erarbeitet. Als Textvorlage bietet sich ein Auszug aus

- B. Mussolini, Der Geist des Faschismus, dt. 1943, in: Politik und Gesellschaft, Bd. 2, Hirschgraben, S. 147 f., T 1 an.

Fragestellung:

1. Welche Einstellung läßt der Text erkennen?
2. Welche Aussagen zum Staat und zur Rolle des Individuums macht Mussolini?
3. Welche Gemeinsamkeiten und Unterschiede in bezug auf die NS-Ideologie werden ersichtlich?

Unterrichtsschritt 5:
Faschismus als latente Gefahr

Der Unterrichtsschritt soll, die Interessenlage der Schüler berücksichtigend, über das eigentliche Thema „Nationalsozialismus" hinausführen, indem auf heutige Erscheinungsformen Bezug genommen wird. Dazu wird den Schülern zunächst eine Umfrage des Allensbacher Instituts im Auftrag des STERN vorgelegt, bei der die Befragten zu drei Fragen Stellung beziehen sollten:

1. „Hitler – einer der Größten?"
2. „War das Dritte Reich so schlecht?"
3. „Könnte Hitler unsere Probleme lösen?"

(in: STERN Nr. 21, 1975, abgedruckt in: A. Mannzmann [hg.], Hitlerwelle, S. 161 f., M 7/4)

Im Anschluß daran soll gefragt werden, wann und unter welchen Bedingungen Faschismus heute noch möglich wäre. Die Schüler können dabei die Aussagen von Nolte und Kühnl anwenden.

Erwartete Antworten:

- Solange es Marxismus und Bolschewismus gibt, besteht eine Gefahr des Faschismus (Furcht des Bürgertums vor marxistischer oder egalitärer Systemveränderung);
- in ökonomischen Krisenzeiten mit Massenarbeitslosigkeit und Zusammenbruch vieler kleiner und mittlerer Betriebe;
- soziale und politische Systemkrisen (Furcht des Großkapitals vor egalitären

Forderungen und Eingriffen in seine Wirtschaftshoheit);
– zunehmende Undurchschaubarkeit der Technik; überhandnehmende Verstädterung, Vereinzelung des Menschen, Zersiedelung der Landschaft, Gefährdung der Natur.

Alternative:
Anstelle der Allensbacher Umfrage wird den Schülern ein Auszug aus einem NPD-Programm zur Beurteilung vorgelegt. Eine thesenhafte Zusammenfassung findet sich in:

– W. Ritter/E. Eichengrün, Information für Demokraten: NPD, Schriftenreihe der Jungsozialisten 1/67 (1967) S. 20ff.;
– H. Bachem, Radikale Parteien im Demokratischen System, Bedingungen für Erfolg oder Mißerfolg, in: Aus Politik und Zeitgeschichte B 49/67, S. 20ff.;

längere Auszüge aus den Programmen der NPD 1968 und 1972 findet der Lehrer in:
– R. Kunz/H. Maier/Th. Stammen (hg.), Programme der politischen Parteien in der Bundesrepublik, Beck'sche Elementarbücher, München 1975, S. 284–294.

Vorschlag für eine Folie und ein Informationsblatt

Der Faschismus: Typologische Deutung

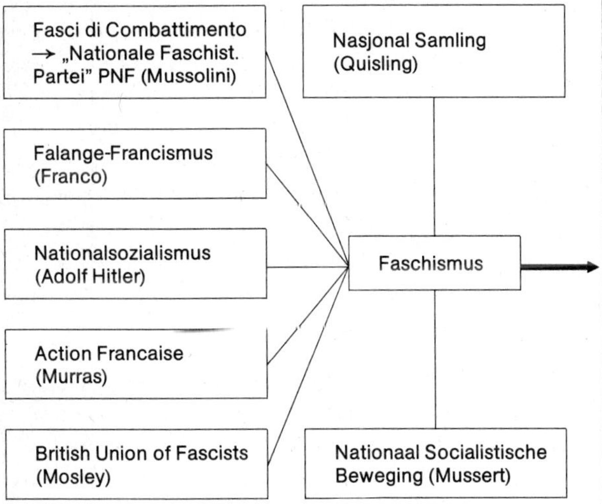

1. Ausgangspunkt: Staatskrise
2. militante Aktionen
3. Ziele: a) Beseitigung der Demokratie
   b) nationale Diktatur
   c) Expansion
   d) Vernichtung des Marxismus
4. Ordnungsprinzip mit bedingungsloser Gehorsamspflicht
5. Uniformität: Militarismus nach innen und außen „Gleichschaltung"
6. plebiszitärer Charakter → Akklamationsfunktion
7. Mittelstandsbewegungen und -ideologien
8. Kapitalistische Wirtschaftsordnung, aber im Dienst des Staates

Stundenblätter Geschichte/Gemeinschaftskunde

Sekundarstufe I

Greber, Ludwig/
Wurster, Karl-Heinz
Die Französische Revolution
Klettbuch 927631,
76 Seiten + 20 Seiten Beilage,
geheftet

Lehle, Stephan
Kommunalpolitik
Klettbuch 927641,
81 Seiten + 25 Seiten Beilage,
geheftet

Maier, Gerhart/
Müller, Hans Georg
Der Absolutismus
Staat, Gesellschaft, Wirtschaft
Klettbuch 927111,
72 Seiten + 22 Seiten Beilage,
geheftet

Müller, Hartmut
Imperialismus und
Erster Weltkrieg
Klettbuch 927681,
91 Seiten + 32 Seiten Beilage,
geheftet

Sekundarstufe II

Blumenthal, Hans-Ulrich/
Schlenker, Michael
Industrielle Revolution
und Soziale Frage
Klettbuch 927621,
99 Seiten + 24 Seiten Beilage,
geheftet

Göbel, Walter
Deutschlandpolitik im
internationalen Rahmen
Klettbuch 927671,
102 Seiten + 32 Seiten Beilage,
geheftet

Größl, Wolf-Rüdiger/
Herrmann, Harald
Die Russische Revolution
und die innere Entwicklung
der Sowjetunion
bis zum XX. Parteitag
Klettbuch 927651,
86 Seiten + 30 Seiten Beilage,
geheftet

Maier, Gerhart/
Müller, Hans Georg
Die Weimarer Republik
Klettbuch 927121,
122 Seiten + 28 Seiten Beilage,
kart.

Scholdt, Günter
Deutschland nach 1945
Klettbuch 927691,
99 Seiten + 29 Seiten Beilage,
geheftet

Stundenblätter gibt es auch für die Fächer Deutsch und Geographie.